누군가 한국 교회에 가장 필요한 것이 무엇이냐고 물으면, 난 그중 하나가 건강한 성경적 교회론을 정립하는 것이라고 거침없이 대답한다. 예수님의 마음속에 있던 교회, 그래서 바울과 초기 그리스도인들이 꿈꾸던 교회를 우리가 제대로 안다면, 교회를 세우기 위해 예수님과 바울처럼 생명까지도 아끼지 않을 것이다.
김형국_나들목교회네트워크 대표

이 책은 바울의 가장 중요한 개념 가운데 하나인 교회 공동체의 진정한 성격을 우리에게 가장 잘 제시한다. 뱅크스의 이해와 대화하는 가운데 우리는 성경이 제시하는 공동체 개념에 더 접근하게 될 것이며, 이 책은 우리에게 교회 공동체에 대한 성경적 개념을 깊이 생각하는 데 큰 도움을 주는 책으로 기억될 것이다.
이승구_합동신학대학원대학교 조직신학 교수

성경적인 교회와 하나님이 원하시는 공동체를 꿈꾸고 열망하는 하나님의 사람들은 반드시 이 책을 읽어야 한다. 바로 이 책에, 최고의 신학자요 최고의 목회자인 바울이 이해한 교회 공동체의 의미와 삶이 탁월하게 제시되어 있기 때문이다.
홍인규_백석대학교 신학대학원 은퇴교수

이 책의 이전 판들을 한국 독자들에게 소개한 번역자로서, 이번 40주년 개정판 역시 전 세계 독자들에게 영감과 기쁨을 주기를 기대한다.
장동수_『바울의 공동체 사상』 번역자

나는 수년 동안 내가 가르치는 신학교 선택과목 수강생들에게 『바울의 공동체 사상』과 『1세기 교회 예배 이야기』를 읽으라고 요구해 왔다. 두 권 모두 로버트 뱅크스의 작품이며, 한 세트처럼 긴밀하게 연결되어 있다. 수십 년 전 만난 이 책의 초판은 나의 학자로서의 순례에 지대한 기여를 했다. 그리고 이제, 25년 넘게 이어진 바울 연구로 더욱 보완된 작품을 만나게 된 나의 기쁨을 상상해 보라. 기독교 사회사 분야에서 뱅크스의 큰 공헌에 빚진 우리 모두가 이 고전의 개정3판을 환영할 것이다.
조 헬러맨_탈봇 신학교 교수

가정 교회들, 공동체의 역동성, 초기 교회에서 여성의 역할 등에 대한 뱅크스의 통찰 덕에 이 책은 학생들과 학자들에게 변혁적이었다. 나는 개인적으로 이 책을 수년 동안 학생들과 함께 사용해 왔고, 그들의 반응은 항상 긍정적이고 열정적이었다. 흔히 유행하는 성경의 규격화된 해석을 뛰어넘은 뱅크스의 해석은 오늘날에도 의의가 있다. 이번 개정3판은 바울 서신에 대한 우리의 이해를 증진하고 오늘날 세계에서 반드시 필요한 사역, 평등, 지도력에 대한 원리에 빛을 비춘다. 읽기 쉬우면서도 도전이 되는 이 작품을 강력 추천한다.
헬렌 두언_곤자가 대학교 명예교수

고전이 더 좋아졌다! 뱅크스는 바울의 그리스도인 공동체들이 1세기 세계의 다른 공동체와 어떻게 유사했는지, 그리고 어떻게 어떤 방식으로 달랐는지 질문한다. 이번 개정3판에서는 이 중요한 질문들에 대한 뱅크스의 매우 귀중한 통찰이 독자들로 하여금 바울의 그리스도인 공동체들이 지녔던 역동성을 이해하는 데 지속적으로 도움을 줄 것이다.
폴 트레빌코_뉴질랜드 오타고 대학교 교수

바울의 공동체 사상

IVP(InterVarsity Press)는
캠퍼스와 세상 속의 하나님 나라 운동을 지향하는
IVF(InterVarsity Christian Fellowship)의 출판부로
생각하는 그리스도인을 위한 문서 운동을 실천합니다.

© 1994, 2020 by Robert J. Banks
Originally published in English under the title
Paul's Idea of Community, 3rd Edition by Baker Academic,
A division of Baker Publishing Group
P.O. Box 6287, Grand Rapids, MI 49516, U. S. A.
All rights reserved.

Used and translated by the permission of Baker Publishing Group
through rMaeng2, Seoul, Republic of Korea.

This Korean edition © 2023 by Korea InterVarsity Press
156-10 Donggyo-ro, Seoul 04031, Republic of Korea.

이 책의 한국어판 저작권은 알맹2를 통하여
Baker Publishing Group과 독점 계약한 IVP에 있습니다.
신 저작권법에 의하여 한국 내에서 보호받는 저작물이므로
무단 전재와 무단 복제를 금합니다.

Paul's Idea of Community

초기 가정 교회들의 정신과 문화

바울의 공동체 사상

개정3판

로버트 뱅크스 장동수 옮김 **IVP**

Paul's Idea of
Community

차례

개정3판 서문		9
개정2판 서문		13
개정2판 한국어판 서문		15
초판 서문		17
약어표		23
들어가는 글		25
1	사회문화적 배경과 종교적 배경	29
2	타자 지향적 자유의 복음	43
3	가업 거주지에 있는 교회	59
4	지상에 현존하는 하늘의 실체로서의 교회	77
5	사랑하는 가정으로서의 공동체	89
6	유기적 조화로서의 공동체	103
7	믿음을 서로 배우고 연단하기	117
8	공동 식사와 교제의 표지들	131
9	은사의 나눔과 사역	147

10	은혜와 질서의 상호작용	161
11	지체들의 통일성과 다양성	175
12	교회에서 여성의 기여	187
13	지체들 간 종교적 구별의 철폐	199
14	직위가 아닌 기능으로 정의되는 지도력	215
15	방문 선교사들의 역할	231
16	선교 팀과 교회의 연계	245
17	바울의 권위의 성격	257
18	바울의 영향력 행사	271
	나가는 글	283

부록: 목회서신에 나타난 이탈	287
용어 해설	297
선별된 참고 문헌	305
찾아보기	319
성경 및 고대 문헌 찾아보기	324

Paul's Idea of Community

개정3판 서문

이 소박한 책이 이렇게 오래도록 유용하게 읽힐 줄은 전혀 예상하지 못했다. 지속적으로 학계와 일반 독자 사이의 경계를 넘나들며 학술 서적과 신학 과정 그리고 전문가 영역에서뿐 아니라 사려 깊은 일반 독자들에게도 폭넓은 평가를 받고 있다는 점에서 특히 기쁘다.

이번 3판은 40년 전의 초판을 전제적으로 수정하고 갱신했다. 이 책은 바울이 말한 바에 대한 종합적 이해를 제공한다는 면에서 학자들과 사려 깊은 독자들 모두에게, 그리고 종교적 성향의 사람들뿐 아니라 1세기 기독교에 역사적 관심이 있는 사람들에게도 무리 없이 다가간다. 이러한 사실이 이 책의 형태에 영향을 미쳤다. 이 책은 바울을 해석할 뿐 아니라 그가 살았던 환경 속에 그를 확고히 세워 보려고 노력한다. 바울을 그의 사회적·문화적 배경 안에 배치하고 그의 동시대인들과 비교하기만 해도, 그의 접근 방식이 지닌 독특한 요소가 드러난다. 여러 면에서 바울은 상당히 그 시대에 속한 사람이었지만, 다른 여러 면에서는 그 시대 사람들보다 놀라울 정도로 앞서 있었다.

이 책이 비록 전문 서적은 아니지만, 관련된 1차 및 2차 자료에 대한 철저한 조사에 기초하며, 바울의 저술에 대한 신선한 해석도 상당수 제공한다. 바울의 견해에 대한 나의 관심은 학문적 연구를 통해서뿐 아니라 바울이 자신의 삶에 중요한 관련성이 있다고 확신하는 이들의 모임에 참여하면서 자극을 받았다. 우리는 과거에 대해 합리적 반추를 통해 배우기도 하지만, 과거와 엮여 있는 현재의 활동들에 직접 참여함으로써 배우기도 한다.

각주와 참고 문헌을 정리하면서, 나는 그것들을 주로 사용할 사람들을 염두에 두었다. 불필요하게 분량이 늘어나는 것을 피하기 위해, 2차 문헌들에 대한 언급은 제외시켰다. 그 대신 이 책의 주제들에 부합하는 도서들을 상당수 엄선하였다. 더 광범위한 독자들을 고려하여 외국어 저작들은 생략했다. 접근성이 떨어지는 자료들(예를 들어, 헬라어 파피루스나 비문 모음집과 랍비들의 주석이나 법전)은 그것들을 더 쉽게 사용할 수 있는 이들을 위한 책에 실려야 할 것이다. 용어 해설에서는 이 책에 언급된 주요 인물, 저술, 운동 들이 익숙하지 않은 독자를 위해 간단히 기술했다.

1990년대 초반에 이 책의 두 번째 판이 출간된 이후로, 바울 연구의 주된 발전은 첫째로 바울의 저술과 시기에 대한 사회문화적 연구와, 둘째로 바울의 선교와 교회적 노력에 관한 저작들에서 나타났다. 비록 이러한 사회문화적 연구들이 바울 공동체의 실제적 형태에 대해 계속 다양한 해석을 만들어 내고는 있지만, 바울의 활동들을 묘사하는 데는 확실히 도움이 된다. 학자들 사이에 합의가 항상 도출되는 것은 아니지만, 그들은 바울이 한 일을 더 구체적이고 일상적인 용어로 묘사하는 데 도움을 주었다. 한편, 바울 저술에 대한 상당한 양의 주석과 신학적 연구는 바울의 사상과 생애에 대한 우리의 해석을 지속적으로 확장시키고 풍성하게 한다. 이 모든 최근의 바울 연구들과 상호 작용함으로써, 바울의 구상들과 실천에 대한 나의 이해는 새로운 정보와 미묘한 뉘앙스를 계속 더해 간다.

출판사가 나의 작은 책 『1세기 교회 예배 이야기』(Going to Church in the First Century, IVP)를 이 책에 포함하는 데 동의해 주어서 특별히 기쁘다.[1] 지금은 '서사 해석학'이라고 불리는 범주에 속하는 이 소책자는 『바울의 공동체 사상』 출간 직후에 그 자매편으로 처음 쓴 것이다. 이후 다양한 버전을 거쳤지만 지금까지 단독으로 출간된 것은 단 한 번이다. 내가 알기로 이 이야기 버전의 자료는 다양한 출판물의 형태로 광범위한 독자들—교회 학교부터 청소년 모임, 장년 성경 공부, 성경 읽기 모임, 신학 세미나, 신학교까지—을 만나고 있으며 한국어, 일본어, 덴마크어, 독일어 등 여러 나라의 언어로 번역되어 읽히고 있다.

2018년 9월, 호주 캔버라에서
로버트 뱅크스

---

[1] 원서 개정3판에서는 'Appendix 2'로 『1세기 교회 예배 이야기』 전문을 수록했으나 한국어판에는 싣지 않기로 했다. 『1세기 교회 예배 이야기』(IVP)는 로버트 뱅크스의 〈IVP 1세기 기독교 시리즈〉 1권으로 단독 출간되었다.—편집자.

Paul's Idea of
Community

개정2판 서문

이 책은 출간된 지 15년이 지났으나, 여전히 필요한 것 같다. 그래서 나는 본문을 다시 살펴보고, 다양하게 다듬었다. 이 일은 언젠가는 하고 싶었던 일이다.

이 개정판은 몇 문단만 그대로 두었을 뿐 전체적으로 개정한 결과물이다. 이렇게 함으로써 본문을 쉽고 명료하게 읽을 수 있도록 했다. 또한 바울 서신들에 대한 최근의 학문적인 연구들과 나의 지속적인 연구 결과들을 더 고려하여 몇몇 해석과 관점들은 새롭게 했다. 참고 문헌을 확장하고 완전히 갱신했으며, 고대 문헌 찾아보기도 첨가했다. 이 모든 일은 헨드릭슨 출판사의 학술 부문 부편집장인 셜리 여사의 도움이 있었기에 가능했다. 그녀는 우리가 바랄 수 있는 최고의 편집장이었다. 그녀에게 깊이 감사한다.

이 책에 대한 지속적인 관심에 감사하며, 독자들이 이 책이 좀 더 최근의 자료를 포함하며 읽기 쉽게 되었음을 알게 되리라고 믿는다. 이 책의 주제는 변함없이 중요하지만, 바울의 관점들을 현대적인 것으로 변환하는 일은 언제라도 시급하다.

Paul's Idea of
Community

개정2판 한국어판 서문

이 책 초판의 한국어판에 대한 반향에도 용기를 얻었지만, 이제야 개정판을 번역할 만큼 충분하고 지속적인 관심이 있다는 사실에 더욱 격려를 받는다. 나는 1990년대에 풀러 신학교에서 한국 학생을 여럿 만나고, 한국을 직접 방문하여 중심 교단뿐 아니라 새로운 가정 교회들에서 사역하는 목회자들과 평신도들을 만나면서, 많은 사람에게 이 책이 도움이 되었다는 사실에 기뻤다. 또 이 책이 한국의 몇몇 신학교에서 교과서로 사용되었음에 감사한다.

이 개정판에서는 초판의 본문과 참고 문헌을 아주 많이 개정했는데, 이 일은 예전부터 하고 싶었던 일이다. 초판의 주된 논지는 거의 동일하게 남아 있지만, 한 쪽도 손대지 않고 놓아둔 곳이 없다. 본문은 읽기 쉽게 만들고, 참고 문헌에는 초판 이후에 나온 문헌들을 포함하고, 성경 본문에 대한 해석 중 어떤 것은 다듬고, 본문에 언급된 인물이나 운동들을 설명하기 위해 고대 자료에 사용된 용어의 해설을 첨가하는 작업 등에 애를 썼다.

특별히 두 분께 감사를 드린다. 첫째는, 헨드릭슨 출판사의 셜리 데

커-류케 여사인데, 이 개정판에 대한 그녀의 날카로운 코멘트와 사려 깊은 제안들 그리고 주의 깊은 편집 작업에 대해 감사를 드린다. 그녀는 저자가 바라는 편집자였다. 둘째는, 이 책의 초판(『바울의 그리스도인 공동체 사상』, 여수룬)뿐만 아니라, 나의 소책자인 『1세기 교회의 예배 모습』(여수룬) 그리고 이 두 책의 실제적인 적용서인 『교회, 또 하나의 가족』(The Church Comes Home, IVP)을 한국어로 번역한 장동수 교수께 감사를 드린다. 그분은 이전에 이러한 책들을 모두 번역하는 수고에서 더 나아가 이 개정판에 대해서도 수고를 했다. 그는 저자가 바라는 번역자였다.

나는 이 개정판이 새롭고 더 폭넓은 독자들을 확보하기 바란다. 바울이 어떻게 교회들을 개척하고 길러냈으며, 어떻게 선교를 수행하고 다른 이들을 그 사역에 참여시켰는가는 여전히 중요한 연구 주제이며, 이 주제에 대한 그의 관점을 더욱 숙고하기 위해 현재 우리의 방법과 체계들을 교정하는 것도 여전히 시급한 일이기 때문이다.

2006년 8월, 호주 시드니에서
로버트 뱅크스

초판 서문

이 책은 전문적이지 않지만 대중적이지도 않다. 이미 바울의 교회관에 관한 여러 고무적인 전문 서적이 나왔고, 교회 생활에 관한 대중적인 서적도 많이 나왔으며, 그 내용들은 여러 측면에서 바울의 견해를 기초로 제시되어 있다. 그러나 전문 서적은 대부분의 독자가 이해하기 어려웠고, 대중적인 서적은 강조점이 너무 특별하거나 그 방향이 심리적이어서 바울을 적절하게 취급한 연구로는 충분하지 못했다. 나는 이 두 입장의 중간에 서서 바울이 말한 바를 포괄적으로 기술하고 이해할 수 있는 용어로 정리하려고 애쓰는 사람들을 위해 이 책을 썼다. 하지만 기독교적 관점으로 편향된 것만을 취급하지는 않았다. 바울의 공동체 사상은 역사적으로도 매우 흥미로울 뿐만 아니라 의미 있는 것이어서, 종교적 관점에만 갇힐 수 없기 때문이다.

이러한 사실이 이 책의 형태에 영향을 미쳤다. 나는 바울을 해석할 뿐만 아니라 그가 살았던 환경 속에 그를 확고히 세워 보려고도 노력했다. 바울을 동시대의 사람들과 비교해 보기만 해도 그의 접근 방법에서 참으로 독특한 점들이 뚜렷이 보인다. 여러 면에서 바울은 그 시대와 보조를 맞추었지만, 어떤 면에서는 놀라울 정도로 그 시대의 사람들보다 앞서 갔기 때문이다. 오늘날 많은 사람은 바울이 반문화 단체나 교회 조직의 대표자들보다 공동체에 대해 더 적실성 있게 말하고 있음을 발견한다. 한편 종교사회학자들은 바울을 아직 온전히 이해되지 않은 인물로 인식하기 시작했다. 애초에 이 책은 그러한 관심을 가진 사람들을 위해 추가 자료를 포함했지만, 그 자료를 적절히 수록하기에는 지면이 충분하지 못했다. 그런데도 바울 사상의 사회적 특성을 더 탐구하기 원하는 사람은 이 책에서 도움이 될 만한 것을 꽤 발견할 수 있을 것이다. 그리고 바울의 사상에서 문화 지향적인 측면과 영구적으로 적실성이 있는 측면을 좀 더 분명하게 밝혀내기를 원하는 사람도 많은 도움을 받을 것이다. 이 책의 후반에서는 이러한 두 측면에 관심을 더욱 집중하려 한다.

　이 책은 비록 전문 서적이 아니지만 관련된 1차 및 2차 자료에 대한 철저한 조사에 기초하며, 관련 자료에 대한 새로운 해석도 많이 제안한다. 이 주제에 대해 처음으로 연구를 시작한 것은 약 15년 전이며, 그 이후 다양한 단계에 걸쳐서 이 주제에 사로잡혀 있었다. 이 책의 일부분이 완성된 지 거의 5년이 지나서야, 몇 번의 개정을 거쳐 현재의 형태를 갖추게 되었다. 바울의 견해에 대한 나의 관심은, 학문적 차원에서 읽고 생각하는 것을 통해서뿐만 아니라, 바울이 말한 바가 자신들의 공동체 생활에 지속적인 적실성이 있다고 느끼는 모임들에 참여하면서 자극받았다. 우리는 과거에 대해 합리적인 추론을 통해 배우기도 하고, 또한 과거와 관계있는 현재의 양상들에 직접 참여함으로써 배우기도 한다. 이것은 일반인들뿐만 아니라 역사학자인 우리에게도 마찬가지다. 우리는 그러한 개인적 참여를 통해 특정 과거에 관해 날카로운 질문들을 던지며 과거에 더욱 깊이 공감하게 된다. 이 책에는 여러 새로운 노선의 사상이 수록되어 있고, 전통적인 것보다는 더 넓은 역사적 맥락 속에서 바울의 사상이 정립되어 있다. 또한 바울을 조직신학자라기보다는 사회사상가로 다루기 때문에, 나는 이 책을 성경학자, 고대 역사학자 및 사상사학자 등을 염두에 두고 집필했고 또한 그들이 읽기를 바란다.

각주와 참고 문헌을 배열할 때, 나는 그것들을 주로 사용하게 될 사람들을 염두에 두었다. 이차적인 문헌들에 대한 언급은 불필요하게 분량이 늘어나는 것을 피하고자 각주에서 제외했다. 그 대신에 이 책의 주제들에 부합하는 엄선된 도서 목록을 실었다. 참고 문헌 목록에는 더 자세하게 여러 노선의 주장을 뒷받침하는 서적과 여러 면에서 바울의 견해를 더 넓게 다루는 서적을 포함했으며, 더 나아가 나의 주장에 대한 대안들을 실은 서적들도 포함했다. 1차 자료에 대한 언급 중 어떤 것은 편리를 위해 본문 안에 적어 넣었고, 좀 긴 것은 대개 주로 처리했다. 바울 서신에서 인용한 성경 구절은 모두 표시했다. 다른 동시대의 문헌들은 대표적인 것만 언급했는데, 이는 이 책에서 그 문헌들을 모두 다루기보다는 대표적인 증거 자료로서만 취급했기 때문이다. 헬라어 파피루스 모음집, 비문 모음집, 랍비들의 주석과 법전 등과 같은 자료들은 비교적 접하기가 어렵기 때문에 일반 독자들이 쉽게 구할 수 있는 것들만 언급했다. 더 전문적인 자료들을 참고하기 원하는 전문 학자들은 관련 자료들을 찾는 데 어려움이 없을 것이다. 그것들은 참고 문헌 목록에 장별로 수록했다. 그러나 더 접근하기 어려운 항목들이 바레트(C. K. Barrett)의 신약 배경 문헌집 등과 같은 선집들에 있기 때문에 이런 선집들도 참고 문헌 목록에 포함했다. 생소한 사람들을 위해 이 책의 마지막 부분에 본문과 주에 등장하는 주요 인물, 저서와 운동 등에 관한 용어 해설도 수록했다.

  나아가 이 책을 쓰도록 격려해 주신 분들께 감사를 드리며, 너무 많아서 일일이 거명할 수 없음을 유감으로 생각한다. 그러나 시드니의 대주교이신 도널드 로빈슨에게는 이 자리를 빌려 감사를 드린다. 나는 수년 전 그의 강의를 통해 처음으로 바울의 교회관의 두드러진 특징 중 일부에 눈을 뜨게 되었다. 그리고 나의 좋은 친구 제프리 문도 수없이 많은 토론에서 관련된 여러 논점에 대한 내 생각에 자극을 주고 그것을 분명하게 해 주었다. 그 당시 안지아 출판사의 부장이었던 존 워터하우스에게도 감사한다. 그는 이 주제에 대한 또 다른 전문적인 논문집이 아니라 좀 더 일반적인 서적의 필요성을 확신시켜 주었고, 원고를 세밀하게 편집하는 일을 도와주었다. 그리고 최근에 파터노스터 출판사의 관리 이사가 되기 전까지 이 작업에 계속 관심을 둔 하워드 머딧트에게 감사한다. 「인터체인지」(*Interchange*)와 「기독교교육 저널」(*Journal of Christian Education*)의 편집인들은 "바울과 여성의 해방"(*Interchange*, No. 18, 1975, 81-105)과 "교육에서의 자유와 권위-I. 바울의 자유관; II. 바울의 권위관"(*Journal of Christian Education*, No. 55, 1976, 40-48와 No. 56, 1976, 17-24) 등과 같은 기사에서 자유롭게 몇 문단을 이용하도록 허락해 주었다. 맥쿼리 대학교의 고대사 교수인 에드윈 저지와 노팅엄 대학교의 신약학 교수인 제임스 던은 친절하게도 최종 원고를 읽고 도움이 되는 여러 제안을 해 주었다.

  나의 대학원생인 스티븐 바턴과 피터 마셜에게도 최초 타이프 사본을 교정해 준 것에 대해 감사한다. 캔버라에 있는 성 마가 연구소 소장인 로버트 위디콤 박사와 캔버라의 신학대학 학장인 데이비드 듀리 목사에게도, 마지막 교정쇄를 점검함으로써 나를 도와준 것에 대해 감사를 표한다. 수년에 걸쳐서 글을 쓰는 동안 격려와 개인적인 도움을 준 오드리 던컨에게 감사한다. 아내 줄리는 책 내용에 대해 여러 번 논의할 때, 여러 기본적인 생각을 명확하게 하는 데 도움을 주었고, 원고를 점검하는 일도 도와주었다. 나의 자녀들 마크와 사이먼은 이 모든 일을 인내하며 참아 주었다. 나는 언젠가 그들이, 바울이 어떻게 한 사람의 생각을 사로잡을 수 있었는지(나를 사로잡은 것처럼) 완전히 이해하기를 바란다.

Paul's Idea of
Community

약어표

구약 외경

Ecclus.	Ecclesiasticus (Sirach)	2 Macc.	2 Maccabees
Jdt.	Judith	Wis.	Wisdom of Solomon
1 Macc.	1 Maccabees		

위경

Apoc. Mos.	Apocalypse of Moses	Let. Arist.	Letter of Aristeas
2 Bar.	2 Baruch	3 Macc.	3 Maccabees
1 En.	1 Enoch	Sib. Or.	Sibylline Oracles
Jub.	Jubilees	T. Levi	Testament of Levi

사해 두루마리

CD	Damascus Document	1QM	War Scroll
1QHa	Thanksgiving Hymns	1QS	Rule of the Community

미쉬나(Mishnah)

Arakh	Arakhin	Ketub	Ketubbot	Shabb	Shabbat
Avot	Avot	Ma'as. Sh.	Ma'aser Sheni	Sotah	Sotah
Ber.	Berakhot	Mak.	Makkot	Sukkah	Sukkah
B. Metz.	Bava Metzi'a	Meg.	Megillah	Ta'an.	Ta'anit
Demai	Demai	Pe'ah	Pe'ah	Tamid	Tamid
Ed.	Eduyyot	Pesah.	Pesahim	Yevam.	Yevamot
Git.	Gittin	Qidd.	Qiddushin	Yoma	Yoma
Hag.	Hagigah	Rosh Hash.	Rosh Hashanah		

토세프타(Tosefta)

Ber.	Berakhot

페시크타(Pesiqta)

Pesiq. Rab Kah.	Pesiqta of Rab Kahana

기타

LXX	칠십인역	NRSV	New Revised Standard Version
NLT	New Living Translation	RSV	Revised Standard Version

Paul's Idea of
Community

들어가는 글

1세기 기독교 저술들에는 공동체의 의미와 실제 모습에 대한 다양한 입장이 반영되어 있다. 그러나 가장 자세한 자료는 그 저술들 중 가장 일찍 쓰인 바울의 서신들에 들어 있다. 그 외의 저술들은 간헐적 혹은 간접적으로 이 사안을 다루거나 너무 간단하기 때문에 완벽한 그림을 그려 낼 수가 없다. 사실상 그 저술들이 모두 바울 서신들보다 나중에 쓰였다 하더라도, 간혹은 바울 서신들보다 앞서 존재했던 공동체에 대한 연구 흔적을 보존하고 있다. 바울은 그리스도인 공동체 사상을 최초로 형성시킨 사람이 아니다. 하지만 그가 1세기에 그 누구보다도 이 사상에 많은 주의를 기울였음은 틀림없다. 그의 모든 서신에서 공동체 생활의 여러 측면이 논의되며, 몇몇 서신에서는 그것이 주요 논제로 등장한다.

  1세기의 다른 이들과 구별되는 점은 바울이 이룬 공헌의 범위뿐만 아니라 질적인 측면이다. 우리는 바울에게서 다른 모든 초대교회의 기독교 저술에 비해 더 분명하게 발전되고 심오하게 통찰된 공동체관을 발견할 수 있다. 이는 그가 공동체 사상에 대한 어떤 체계적인 연구물을 제시했다는 뜻이 아니다. 그는 대부분 특정 공동체의 문제들에 대응하여 자신의 견해를 피력했기 때문이다. 그의 서신들 중 소수만이 더 폭넓은 청중을 염두에 두고 좀 더 일반적인 용어로 주제를 다룬다. 그리고 이 소수조차 철저하게 조직적인 사고를 나타내지는 않는다. 그러나 이는 오히려 바울이 이론적 성찰과 미묘한 쟁점을 모두 다룰 능력을 겸비한 활동적이고 창조적인 사상가임을 보여 준다. 그의 서신들은 또한 그가 자기 견해의 실천적 중요성에 충실하게 관심을 가졌고 자신이 권장하는 바들의 실제적 결과에 직접 관여한 사람이었음을 밝혀 준다.

지난 세기까지 그리고 일부 보수 진영에서는 지금까지도, 신약에 대한 교리적 접근을 할 때 신약의 내용을 단색조로만 취급하는 경향이 있다. 이는 바울처럼 매우 개성 있는 저자들의 견해조차 너무나 자주, 다른 초기 기독교 인물들의 저술에 기재된 문장에 의해 해석되었음을 의미한다. 또 시간이 지나면서 바울의 견해가 발전했을 가능성에 대해 신중하게 고려하지 않았다는 의미도 된다. 신약에 대한 좀 더 역사적인 접근이 대두되면서 이러한 두 가지 방식은 마땅히 의문시되었다. 그러나 이 역사적 접근법으로 바울을 재평가한 최초의 결과물은 그를 1세기의 동시대 그리스도인들과는 너무 동떨어지게 다뤘고, 그가 썼다고 여겨지는 서신의 수도 지나치게 임의적으로 축소했다. 바울의 재평가에서 이러한 초기의 실험들은 일반적으로 그 방법론과 결론 모두에서 건전하지 못한 것으로 배척되었다. 좀 더 온건한 평가들은 기독교에 대한 바울의 해석과 다른 신약 저자들의 해석이 연계되었음을 인식하면서 우세해졌고, 그가 썼다고 여겨지는 서신의 수도 늘어났다.

그러나 바울의 두드러진 공헌은 무엇보다 그의 공동체 사상에 있다고 나는 말하고 싶다. 이후에 바울의 서신들을 자세히 살펴볼 때, 우리는 그가 깨달은 바의 바탕이 되는 기본 원리에 어떻게 도달했으며 그

원리로부터 어떻게 논증해 가는지에 주의하면서, 그의 접근 방법의 주요한 측면들을 차례로 살펴볼 것이다. 다만 두 가지는 여기서 언급해야겠다. 첫째, 우리가 주로 살펴보려는 것은 바울 공동체들의 내부적 역학이지 공동체 구성원들의 외부적 생활이 아니라는 점이다. 후자는 그것만을 전적으로 따로 다루어야 할 것이다. 어쨌든 일반적으로 그리스도인들은 공동체로서가 아니라 개인으로서, 가정으로서, 소그룹으로서 그들의 책임을 대부분 감당하고 수행한다는 것이 바울의 입장이다. 둘째, 바울의 접근 방법의 다양한 측면들은 그 자신의 삶을 포함하여 모든 것의 근본적 실재라고 보는 복음에 기초를 두기 때문에, 어떤 주제들은 이 연구 전반에 걸쳐서 반복적으로 나타난다. 공동체에 관한 바울의 사고는 논리적으로 하나의 요점에서 다른 요점으로 진행하는, 즉 각 단계가 다음 단계의 실마리를 지니고 자연스럽게 전개되는 것이 아니다. 오히려 그것은 하나의 중요한 모티브 위에 형성된 악곡(樂曲)과 같아서, 각 부분이 이 기본적인 주제에 변화를 보임으로써 모티브 자체가 여러 지점에서 다시 부상한다. 우리는 이러한 양상을 이 책에서 여러 번 접할 것이다.

   이 연구는 기본적으로 바울 서신에 기반을 두고 있다. 사실 특정 교회에 보낸 메시지라기보다는 넓은 범위의 그리스도인 그룹에 보낸 회람 서신인 에베소서가 바울의 서신인지 불확실하다는 의견이 있지만, 나는 바울의 서신으로 포함하기로 했다. 목회서신으로 불리는 디모데전후서와 디도서는 일부 보수적인 학자들조차 저자에 관한 복잡한 문제를 지속적으로 제기한다. 그 서신들이 바울의 영향을 깊이 받은 인물에게서 나왔다는 것은 누구도 의심하지 않는다. 그러나 바울 서신들의 특색에 잘 어울리지 않는, 마치 사도행전에서 누가가 바울의 설교를 재구성한 것처럼 후에 편집되었음을 시사하는 요소들도 상당수 있다. 그러나 나는 그것들이 기독교 정경에 속하는 저술들이라고 생각하기에, 이 책의 마지막 부분에서 그 서신들을 따로 다루었고 다른 서신들의 내용과 양립할 수 있는지는 독자의 판단에 맡겼다. 누가의 저술은 역사성 문제에서 일반적으로 신뢰를 축적해 가고 있기에, 나는 사도행전의 자료들 중에 공동체를 세운 바울의 활동들과 관련되는 자료들은 본문에 포함했다. 내 추측에 따르면, 바울이 서신들을 쓴 순서는 데살로니가전후서, 갈라디아서, 고린도전후서, 로마서, 빌립보서, 골로새서, 빌레몬서, 에베소서의 순이다.[1] 이 모든 서신은 주후 약 50/51년에서 61/62년 사이의 비교적 짧은 기간에 걸쳐 쓰였다.

---

1 각주에 수록한 성경 인용도 보통 이 순서를 따랐다.

1
사회문화적 배경과 종교적 배경

그 시대 사람으로서의 바울

어떤 인물과 그 인물의 활동은 그들이 살았던 시대와 분리해서 이해할 수 없으며, 바울의 경우는 특히 더 그렇다. 예수님의 부르심에 응답했을 때, 그는 자신이 주변 세상에서 벗어난 것이 아니라 도리어 세상 가운데로 맹렬히 던져졌음을 알았다. 그 결과 그는 이후 30년 동안 드넓은 지중해 연안 지역을 여러 번 넘나들면서 다양한 인종과 국가 배경을 가진 사람들을 접하게 된다. 그들 중에는 디아스포라 유대인, 본토 그리스 사람과 이주민 그리스인, 제국의 중심부에 사는 로마인, 키프로스인, 마케도니아인, 소아시아 여러 지역의 주민들, 그리고 소수지만 이집트, 크레테, 몰타, 스구디아 출신의 사람들도 있었다. 이러한 여행을 하면서 또한 여러 학파의 철학자들, 특히 스토아학파와 에피쿠로스학파의 철학자들을 만났고, 다른 종교전통 특히 전통적인 그리스 도시국가 종교와 해외에서 유입된 동양의 신비 종교들도 접했다. 또 여행하는 동안 여러 곳에서 여러 부류의 정부 당국 및 정치권력과 부딪쳤고, 다양한 법적 절차와 판결에 따른 영향을 직접 경험했다. 이런 식으로 바울은 당시의 중요한 시대사조 및 긴장 국면에 두루 관여했고 또 그로부터 영향을 받았기에, 이것들과 분리해서 그를 연구할 수 없다.

바울을 이같이 연구해야 한다고 주장하는 데는 그 이상의 이유가 있다. 이는 그가 만났던 사람들의 사상과 제도를 접하기만 한 것이 아니라 그것들과 관계를 맺고 다양한 대응을 발전시켰기 때문이다. 그것들의 특성과 자신의 상황에 따라 때로는 그것들을 수용했고, 때로는 반대했고, 때로는 변화시켰고, 때로는 무관심으로 대응했다. 이러한 유연성은 고린도의 그리스도인들에게 쓴 그의 첫 번째 편지에서 가장 분명하게 드러난다. "내가 여러 사람에게 여러 모습이 된 것은 아무쪼록 몇 사람이라도 구원하고자 함이니"(고전 9:22).

이것은 바울이 청중의 관심을 유발하기 위해 자신의 기본적인 신앙을 타협했다는 의미가 아니다. 그는 언제나 '복음'이라는 단어로 요약된 이러한 신앙에서 출발했다. 왜냐하면 그는 복음이 주변 사람들에게 기본적인 신앙의 내용들을 가장 잘 전달하고, 격려하고, 구체화할 방법임을 알았기 때문이다. 그는 그렇게 할 수 있는 곳에서는 어디에서나 다른 접근법들이 유효함을 인정하고 또한 그것들을 자신의 것으로 통합한다(행 17:22-34). 그러나 그렇게 할 수 없는 곳에서는 자신의 접근 방식의 우월성을 주장하고, 다른 사람들이 다른 곳에서 잘못 안내한 열망을 복음이 어떻게 충족시키는지 설명한다(골 2:8-23). 이 모든 것에서 그가 추구하는 주된 목표는 복음을 모든 문화와 모든 사람에게 유의미하게 만드는 것이다. 바울은 복음을 유대교라는 초기의 포장지에서 꺼냄으로써 완전히 다문화적인 복음의 대표자가 된다.

바울을 그의 문화적 맥락에서 연구해야 하는 또 다른 이유는, 그가 당대의 사회적 태도와 구조들에 대한 관심을 자주 나타냈기 때문이다. 그는 때로 이러한 태도와 구조들에 의문을 제기하고 말이나 행동으로 반박한다(고전 6:1-6). 그러나 어떤 때에는 그것들을 세심히 주목하고 따라야 한다고 주장한다(고전 11:14-15). 용인된 관례들이 복음의 기본적 의미와 대립할 경우, 어떤 것을 양보해야 할지에 대해 그는 조금도 주저하지 않는다(고전 10:14-22). 복음의 중심 의미에 관계된 것이 아닌 경우에는, 그리스도인 공동체 밖 사람들의 감정을 상하게 할 가능성이 있다면, 합법적 관행일지라도 기꺼이 피해야 한다(고전 8:7-13; 10:23-30). 이런 방식으로 그의 개종자들은 자신의 삶의 방식을 만들어 갈 때, 더 넓은 사회의 가치와 구조를 고려해야 했다. 이는 그들의 외부 활동뿐 아니라 내부적 활동의 측면에도 적용되었다.

바울의 공동체관을 다룬 많은 글은 이 점에서 적합하지 못하다. 바울의 견해를 그 역사적 배경 안에서 보기보다, 그것들이 출현한 더 넓은 맥락과 상관없이 논의를 펴 나가기 때문이다. 이는 바울의 관점에 영향을 미친 여러 환경과 무관하게, 주로 교리적으로만 바울의 견해를 연구하는 결과를 낳았다. 하지만 바울이 자신의 서신들에 표현한 견해들을 발전시키게 된 것은, 주변 사회와 교류하고 여러 공동체에 관여하는 과정을 통해서이지 일상생활의 굴곡과 분리된 신학적이고 윤리적인 사색을 통해서가 아니다. 이것이 바로 그의 서신들이 분명한 실제성을 담고 있으며 넘치는 활력과 실용성을 지니는 이유다. 바울의 공동체관은 결코 정적이거나 코드에 따라 조직되지 않았다. 그것은 생명체와 같아서 항상 변화에 열려 있고 적응을 목표로 한다.

그리스-로마 세계: 변화되는 공동체 개념

1세기 중엽 그리스-로마 세계의 두드러진 특성은 광대한 다양성에 있다. 로마 제국이 당시 지중해 전역을 지배했고 그리스 문화가 제국의 가장 먼 변방까지 침투하였지만, 지역적인 통치 형태와 생활 방식들은 계속 이어졌을 뿐만 아니라 사회 조직에 대한 새로운 형태들도 번성하기 시작했다. 전통적으로 사람들이 관여하는 공동체는 주로 두 가지 형태가 있었다. 하나는 '폴리테이아'(politeia)로, 이는 그들이 사는 도시나 국가의 공적인 생활을 의미하고, 또 다른 하나는 '오이코노미아' (oikonomia)로, 이는 그들이 출생하거나 합류하게 된 가정의 질서를 가리킨다. 어떤 사람에게는 이 두 유형의 공동체에 참여하는 것이 진정한 만족을 제공했다. 그러나 많은 노예와 일부 피부양자들 그리고 지역사회의 유동 인구를 포함한 다른 사람들에게도 항상 그런 것은 아니었다.

  1세기에는 각 사회와 가정 공동체에서 영향력을 행사해 왔던 사람들조차 여러 사회적 변화들에 직면하여 자신들의 자유가 매우 축소되는 것을 느꼈다. 정치권력은 점점 더 소수의 손에 집중되었다. 이 같은 경향은 로마에서도 마찬가지였다. 로마 군대가 계속 승리함에 따라 전통적 공화국들이 여러 곳에서 생겨났다. 하지만 독립은 절대 허용되지 않았고 권력은 일반적으로 자기 보호적 귀족층에 주어졌다. 그리스 도시국가, 즉 '폴리스'에 대한 환상에서 깨어나는 이들이 정치적 약자들 사이에서뿐 아니라 이전에 그 안에서 어느 정도 자리를 찾았던 사람들 사이에서도 모두 증가했다.

  얼마 동안 '오이코스'(oikos, 가정)는 이러한 추세의 수혜자였다. 사람들은 자신이 속한 큰 공동체에서 찾을 수 없는 것들을 작은 공동체 안에서 찾았다. 그 공동체에 속한 사람들의 수는 제한되었고 만남의 친밀함은 잘 유지되었다. 그러나 이것이 모든 열망을 만족시키기에는 지나치게 계급 중심적이었고 그 범위가 협소했다. 이러한 이유 때문에 일부 사람들의 충성도가 '오이코스'에서 다른 방향으로 표류해 가는 경향이 있었다. 일부 사려 깊은 사회 구성원들은 '폴리스'의 공적인 생활을 넘어 더 세계주의적 질서를 바라보기 시작했다. 그들은 사회의 기본적인 분열들을 해결할 수 있는 범세계 연방 혹은 국제적 형제애를 꿈꾸었다. 그것을 이성이 (스토아학파를 통해) 다스리는 연방국으로 보든지 메시아가 (경건한 유대인을 통해) 통치하는 신정 국가로 보든지, 이 사상은 당시 많은 사람에게 매력적으로 다가왔다.

그러나 다른 사람들에게는 이러한 기대가 한편으로는 너무 추상적이거나 귀족적이고 또 다른 한편으로는 너무 전투적이거나 유토피아적이었다. 이러한 와중에 고대 세계 전역의 여러 도시에서 증가하는 다양한 자발적 조합 또는 콜레기아(collegia)에서 자신들의 욕구가 충족된다고 느끼는 사람들이 많아지기 시작했다. 초기에는 다양한 목적을 위해 형성된 조합들이 선구적 역할을 했지만, 후기 헬레니즘 시기에는 그들 스스로 역량을 발휘하며 폭넓은 추종자 무리를 끌어들였다. 이 조합들은 지리적·인종적·자연적·법적 연결점이 아닌 다른 것에 기초하여 사람들을 한데 묶었다. 그들의 원칙은 '코이노니아'(koinōnia)로, 공동 관심사를 둘러싼 자발적 동반자 정신이었다.

그 관심사는 정치, 군사, 스포츠 관련 사안, 전문적이고 상업적인 길드 제도, 공예 장인 및 기능인 조합, 철학 학파, 종교 협회 등으로 매우 다양하다. 비록 소수의 단체들은 순수하게 종교적인 성격을 띠었지만, 종교적 차원은 일반적으로 어떤 신의 보호나 신전과의 연계 등을 통해 거의 모든 단체에 있었다. 대부분은 주로 사교(社交), 자선, 장례 등과 관련된 회원들의 필요를 충족시키기 위해 고안되었다. 이러한 자발적 친교 단체들의 회원 수는 열 명에서 백 명 사이로, 대개는 평균 서른 명 정도였다. 이로써 헬레니즘 세계의 많은 사람은 다른 곳에서는 함께하기를 거부당했던 일종의 공동체를 경험하기 시작했다. 그렇다고 하더라도, 이 단체들 중 대부분이 여전히 특정 국적, 가문, 계층, 성별에 대한 입회를 제한했다. 일부 단체만이 (적어도 어떤 면에서는) 모두에게 문을 개방했다.

우리의 목적에 따라, 이 단체들을 세 가지 주요 유형, 즉 자발적 조합, 종교 단체, 철학 학파로 나눌 수 있다. 이렇게 분류하는 중요한 기준 두 가지를 언급해야 한다. 첫째, 이 세 집단 모두에서 몇 가지 일반적 유사성들을 발견할 수 있다. 이는 부분적으로, 오늘날 '중간 조직'(intermediate organizations)이라 불리는 이런 류의 모든 기관들이 몇 가지 공통된 조직적 요소들을 포함해야 하기 때문이다. 비록 이 분야의 어떤 학자들은 그들 사이의 차이를 간과하려 하지만, 나는 그러한 조직들의 주요 특징과 부차적 특징, 형식적 특징과 본질적 특징, 일반적 속성과 특수한 속성을 명확히 구분해야 한다는 주장에 동의한다. 둘째, 이렇게 상이한 유형의 조직들을 더 획일적으로 보는 이들도 있지만, 그 조직들은 지역사회나 시민사회 또는 국가의 환경에 영향을 받는다.

전통 종교에서 깨어남

유대인 가운데서

이 시기의 다양한 조합들을 염두에 두면서 성격상 현저하게 종교적이었던 것들을 더 세밀하게 살펴볼 필요가 있다. 그러나 먼저 이 시기의 일반적 종교 상황에 대해 살펴보자. 유대인들 가운데서는 예루살렘의 제사장들에 대해, 특별히 그들이 로마 관리에게 협조하는 것과 그리스 문화를 받아들이는 것 때문에 불만이 확산하였다. 반작용으로 전통 신앙의 순수성을 지키고 메시아 대망의 열정을 간직하며 엄격한 윤리 조항 준수를 증진하려는 형제단들이 조직되었다. 이를 분명히 하기 위해 이들 형제단은 규율을 정해서 구성원들을 부패한 이방 문물로부터 보호하고자 했다.

일부 단체들은 민족의 공식적인 종교 지도자들이 신비 종교와 타협했다고 믿었다. 이로 인해 어떤 단체는 도시 지역 바깥의 수도원 공동체나 도시 환경 내의 비밀 구역 안으로 들어가야 했다. 이것이 사해 연안의 쿰란(Qumran) 공동체나 유대 도시들 및 식민지 여러 곳에 산재했던 에세네(Essene) 공동체가 택한 길이었다. 다른 단체들은 사회 전반에서 친목 단체를 형성하여 일상의 활동이 일어나는 가운데서 거룩한 삶을 살아가도록 교육하고 격려했다. 이러한 실천을 택한 깃은 바리새인들로, 이 용어는 유대 사회에서 같은 생각을 가진(꼭 일치하지는 않더라도) 경건한 집단을 포괄하는 말이 되었다. 이들은 스스로 순수성의 엄격한 기준을 유지하고 종교적 식사를 함께 경축하기 위해 '하부로트'(haburoth)를 형성했다.

이런 형제단들과는 별도로, 유대교 안에는 종교 생활과 공동생활의 중심이 되는 다른 기관, 곧 회당이 있었다. 회당의 기원은 수 세기 전으로 거슬러 올라가는데, 부분적으로는 확실하지 않다. 주전 8세기 후반과 6세기 초반에 이스라엘 왕정이 와해되고 뒤이어 백성들이 그 땅과 성전을 떠나 포로지로 가게 됨에 따라 유대 신앙을 보존하고 발전시키기 위한 새로운 형식이 필요해졌다. 지역의 유대인들이 율법을 낭독하고 설명하며 기도하기 위해 모이기 시작한 것이 아마도 이 무렵이었을 것이다. 회당이 교육을 위한 것인지 의식(儀式)을 위한 것인지, 이 두 요소 중 어느 것이 주된 것인지, 처음부터 둘을 분리할 수 없었는지는 분명하지 않다. 바빌론 포로에서 돌아온 후에 이 모임들은 적어도 예루살렘 이외 지역에서는 계속된 것 같다. 예루살렘에서는, 외국인 거주자를 제외하면, 재건된 성전이 예배와 가르침을 위한 중심 장소가 되었다.[1] 그 외 지역, 즉 갈릴리 같은 북쪽 지역,[2] 가이사랴와 같은 그리스 문화의 중심지,[3] 디아스포라 유대인들이 사는 여러 도시들에서는 회당이(유대 이외의 지역에서는 종종 '기도-집'으로 불렸다) 특히 주전 2세기와 1세기 동안 증가하였다.[4]

'쉬나고게'(synagogē)라는 용어는 처음에는 모임 자체를 가리켰으나(행 13:43), 이후 함께 모인 공동체와 관련되었고,[5] 결국 신약성경 대부분의 예와 같이 믿는 자들이 모인 건물을 지칭하게 되었다.[6] 당시 회당이 항상 독립된 건축물로 존재한 것은 아니었다. 어떤 모임은 가정집에서 혹은 이런 목적을 위해 따로 마련한 집 안의 특정 장소에서 열렸다. 고고학적 증거에 따르면 따로 구별된 건물이 있는 곳에서는 여행자들이

---

1 Josephus, *The Antiquities of the Jews*, 15.380-425. 『요세푸스: 유대 고대사』(생명의말씀사).
2 마 4:23; 9:35; 눅 4:15.
3 Josephus, *Jewish War*, 2.285, 289, 『요세푸스: 유대 전쟁사』(생명의말씀사); 참조. *Antiquities* 19. 300.
4 Philo, *On The Embassy to Gaius*, 156, 311; *On the Life of Moses*, 2.215; *Against Flaccus*, 45.
5 *Corpus Inscriptionum Graecarum* 9909, *The New Testament Background: Selected Documents*, ed. C. K. Barrett, rev. and exp. ed. (San Francisco: Harper & Row, 1989), 56; 행 6:9; 9:2; 계 2:9; 3:9.
6 Philo, *That Every Good Man is Free*, 81. Josephus, *Antiquitie* 19.305. 행 13-19장의 여러 곳.

사용할 수 있는 부속 건물들(영빈관, 목욕탕, 객실 등)도 더러 있었다.[7] 바리새인들은 이러한 모임에서 따뜻하게 환영받았고, 자신들의 가르침을 전파하기 위해 자주 회당을 사용했지만, 그들이 이 무렵 회당을 확산시킨 주된 세력은 아니었다.

그리스인과 로마인 가운데서

전통 종교의 미몽에서 깨어나는 현상은 그리스인과 로마인 가운데서도 나타났다. 어떤 철학자들은 공식적인 신들의 적실성과 때로는 그 실존에 대해 의문을 제기했고, 그 신들을 숭배하는 제의는 증가하는 참가자들의 필요를 충족시키지 못했다. 그 공백에 두 부류의 주요 침입자가 사람들의 헌신을 요구하며 들어왔다.

첫째는 그 시대의 다양한 철학자들인데, 이들은 포용적인 세계관과 질서 있는 삶을 위한 실제적 조언을 제공했다. 이것들은 더 사려 깊은 그리스인과 로마인의 마음을 끌었는데, 특히 순회 교사들이 제공하는 대중적인 형식 때문이었다. 그중에서도 가장 중요한 것은 스토아 철학으로, 기원은 4세기 후반으로 거슬러 올라간다. 스토아 철학은 주전 1세기의 포시도니우스(Posidonius)가 초월적이고 종교적인 성격으로 심화시키면서 신선한 활력을 얻었다. 이것을 소위 중기 스토아 철학(Middle Stoicism)이라고 하는데, 바울 당대 사람들의 글과 로마의 철학자 겸 정치가인 세네카(Seneca)의 글에서 나타난다. 무소니우스 루푸스(Musonius Rufus)와 조금 후기의 에픽테토스(Epictetus) 등, 더 전통적인 스토아 철학의 대표자들도 활동적이었다. 다른 철학들도 있었지만, 이

---

7 "Theodotus Inscription", Barrett, *Background*, 53-54.

들은 대중의 마음을 사로잡지 못했거나(에피쿠로스주의처럼), 일반적인 종교의식 속으로 침투하지 못했다(플라톤주의의 부활처럼). 견유학파(Cynics)에 대해서도 언급해야 하는데, 이들은 관습을 따르지 않는 순례자로서 종종 그들의 설교나 삶의 방식 때문에 동시대 사람들이 충격을 받았다. 견유학파는 스토아 철학과 많은 것을 공유했기에 주후 1세기 그들의 철학 사조를 간단히 '급진적인 스토아 철학'이라고 할 수 있다.

어떤 이들은 이러한 철학을 지나치게 지성에 호소하는 해결 방법이라고 생각했다. 이들은 불멸을 보장받고 자신의 좌표를 찾으려 했기 때문에, 결국 동방에서 서방의 지중해 연안 지역으로 유입되어 온 다양한 신비 혹은 밀의 종교들을 살펴보게 되었다. 이러한 종교들은 긴 역사를 가지고 있는데, 어떤 것은 공식 종교(official cults)로 세워질 정도로 오래된 그리스 민속 종교들에서 비롯되었다. 예를 들어, 엘레우시스 제전[Eleusinian mysteries, 곡식의 여신 데메테르(Demeter)를 받드는 신비적 의식―옮긴이]은 아테네의 도시 종교로 일찍이 융합되었고, 디오니소스 축제와 오르페우스 제의들은 공식 숭배 의식과 함께 지속되었으며, 가입하기 위한 전제 조건으로 다른 종교로부터 떠날 것을 요구하지도 않았다. 주전 3세기부터 근동의 여러 지방(이집트,[8] 브루기아,[9] 페르시아[10] 등)의 종교들이 헬레니즘 세계 전역으로 퍼져 나갔다. 이 종교들은 이민자, 상인, 군인, 심지어는 노예들을 통해 유입되었으나 주후 2세기경에는 일부 지식층과 통치자들에 의해서 발전되기도 했다. 이들은 사설 종교 조합을 설립했음에도 불구하고, 당시 공식 숭배에 참여하거나 심지어 다른 신비

---

8   Plutarch, *Isis and Osiris*, 여러 곳.
9   Eusebius, *Praeparatio Evangelica*, 2.2.22이하.
10 "Mithras Liturgy", in Barrett, *Background*, 132-133.

종교에 참여하는 것을 금하지 않았다. 이것이 키벨레(Cybele), 아티스(Attis), 이시스(Isis)와 세라피스(Serapis), 아도니스(Adonis) 그리고 후대의 미트라스(Mithras) 형상과 같은 이방 신들과 연합된 제의들이 제국 전역으로 퍼져나간 방식이다. 이들은 철학 학파들보다도 훨씬 더 실제적인 방법으로 사람들의 심리적인 필요를 충족시켰는데, 주로 여러 극적인 제의들과 신비한 체험을 통해서였다.[11] 이러한 종교들은 민주적인 경향이 있어서 여자들과 종들뿐 아니라 모든 국적의 사람들에게 문호를 개방했으며, 그들의 활동에 관해서는 엄격하게 비밀을 유지했기에, 많은 사람을 강력하게 끌어당기고 매료시켰다.

바울이 접한 다른 종교 단체들

바울은 다른 1세기 종교 단체들과 얼마나 접촉했을까? 그는 분명히 '하부라'(*haburah*, 바리새인의 식탁 교제) 회원이었고 회당과 성전의 참석자였다. 그는 어린 시절에 다소(Tarsus, 길리기아의 수도)에서 예루살렘으로 왔고, 그곳에서 공식적인 교육을 받은 것 같다(행 22:3; 26:4). 그는 아마도 누가가 언급한 길리기아와 아시아 사람들의 회당과 관련이 있었을 것이다(행 6:9; 참조. 24:19). 바울은 다마스쿠스에 있는 그리스도인들을 수색하는 공적인 임무를 띠고 그곳으로 가는 도중에 회심하여, 그 일을 하는 대신 그들의 회당에 나가 복음을 전했다(행 9:2, 20). 그 후에 예루살렘에 있던 헬라파 유대인들에게도, 아마도 그들의 회당에서 복음을 전했다(행 9:29). 결국은 그가 다소에 돌아온 후에도 (그리고 아마도 먼저

---

11 Apuleius, *Metamorphoses* 11, 여러 곳.

는 안디옥에서도)¹² 회당을 중심으로 활동했던 것 같다. 그가 폭넓은 선교 사역을 본격적으로 시작했을 때, 살라미(행 13:5), 비시디아 안디옥(행 13:14), 이고니온(행 14:1), 데살로니가(행 17:1), 베뢰아(행 17:10), 아테네(행 17:17), 고린도(행 18:4) 그리고 에베소(행 18:19; 19:8) 등의 도시에 있는 회당들은 지속해서 잠재적 개종자들을 접할 수 있는 장소가 되었다(행 17:2).

바울이 이 지역들에 있었던 다른 자발적 조합들에 대해 얼마나 알고 있었는가를 판단하기는 어렵다. 그가 때때로 직업 길드(예를 들어, 에베소의 은장색 조합)와 다툰 것은 알려져 있다(행 19:24-27). 하지만 자발적 조합들은 회원 자격에 있어서 완전히 포괄적이지는 않더라도 더 폭이 넓었고, 그래서 바울이 우상의 제물에 대해 논하면서 언급한 것이 이러한 것일 수 있다(고전 8:6-15). 이러한 단체들은 그들이 속한 더 넓은 사회와의 통합을 보여 주기 위해 자신들의 제의 활동과 공덕비로 황제에게 영광을 돌렸다. 다양한 신비 종교들과의 접촉은 특정 숭배 유형의 황홀하고 감각적인 성격에 대한 다른 언급들을 통해서도 나타난다.¹³ 시민 조합들이 널리 퍼져 있었고 그러한 종교들이 지중해 연안 전역에 침투했다는 사실은, 바울이 이들에 관하여 알 기회를 가졌음을 암시한다. 바울이 서신의 여러 부분에서 "신비"¹⁴ "지식"¹⁵ "환상"(고후 12:1; 골 2:18) 등과 같은 그들의 용어를 논쟁적으로 사용한 것도 위의 사실을 암시한다. 물론 이러한 말이 더 일반적으로 사용되었을지도 모르지만 말이다.

---

12 행 9:30; 11:25, 26. 참조. Josephus, *Jewish War*, 7.44.
13 고전 8:7-13; 10:14-22; 12:1-3; 13:1.
14 롬 16:25; 골 1:26-27; 엡 3:3-4, 9; 5:32.
15 7장의 "지식의 중심성"을 보라(120-123).

철학 학파는 추종자들이 많지 않았기 때문에 바울이 철학 학파의 회원을 만나는 일은 흔치 않았을 것이다. 바울이 아테네에서 스토아학파와 에피쿠로스 철학자들을 만난 유명한 사건처럼(행 17:18) 이러한 사람들과의 접촉에 대해서는, 그가 에베소의 두란노 서원을 사용한 것(행 19:9)과 철학자들의 활동에 관해 언급한 점(고전 1:20; 2:4-5) 그리고 그들의 가르침의 반향이 나타나는 점(예를 들어, 행 17:28; 고전 15:33) 등을 미루어 짐작할 수 있다. 바울이 예루살렘에서 받은 훈련의 일부로서 이러한 단체들의 가르침을 어느 정도 알게 되었을 가능성을 간과할 수 없지만, 그가 얻은 대부분의 정보는 여행하는 과정에서 동안 임시로 수집되었을 것이며, 그 대표자들과의 간헐적인 논쟁이나 먼저 개종한 사람들과의 토론을 통해 보충되었을 것이다.

그리스도인 공동체

이 당시 다른 사회 공동체들은 최초의 그리스도인 공동체들을 어떻게 보았을까? 한편으로 또 하나의 자발적 모임의 등장이 특별히 새로울 것은 없었다. 유대교에는 여러 당파가 있었고, 적어도 초기에는 나사렛 사람들도 유대교에서 떨어져 나온 이단 종파로 여겨진 것이 아니라 이스라엘 안에 있는 추가적인 분파로 여겨졌다. 헬레니즘 문화에도 여러 종교들이 있었고, 그리스도인들도 발전 초기 단계에는 자체의 자발적 모임을 하고 있었다. 기독교가 동방 신을 중심에 두기 때문에, 어떤 이들은 기독교를 신비 종교의 관점에서 보기도 했다. 그렇지만 정형화된 종교 제의가 없기에, 다른 이들은 주로 사회적 모임이나 철학 학파로 보았다.

그러므로 사회적·문화적 관점에서 볼 때, 바울의 공동체들은 사회

내 자발적 단체들의 광범위한 성장의 일부로 보였음이 틀림없으며, 특히 그 시기 동안 유대교와 헬레니즘 문화 내부에서 일어난 종교적 친목 단체들의 발전으로 보였을 것이다. 언뜻 보기에 그들은 유대인의 회당과 신비 종교에 가장 가까워 보이지만, 조합들과 철학 학파들도 그들의 더 넓은 배경에 일부를 형성했다.

최근의 바울 연구는 그가 설립한 실제 공동체들의 본질에 초점을 맞추는 경향이 있었다. 그로 인하여 때로는 공동체들이 어떻게 운영되어야 하는지에 대한 바울의 견해를 희생시켰다. 그러나 나는 공동체가 자신들을 어떻게 바라보아야 하는지 **그리고** 공동체를 어떻게 운영해야 하는지에 대한 바울의 이해에 초점을 맞추려고 한다. 바울의 관점은 어떤 차별점이 있는가? 그것은 동시대인들의 견해 및 관습과 어느 정도 유사하고 어느 정도 다른가? 당대의 사람들에게 얼마나 친숙하게 또는 낯설게 보였는가? 이러한 질문들이 우리가 본 연구를 통해 생각해야 할 것들이다.

2

타자 지향적 자유의 복음

신학적 기초: 그리스도를 통한 자유

바울의 공동체 사상을 기술하기 위한 서론적 작업에는, 역사적 배경을 기술하는 것과 함께 그 사상의 근거가 되는 신학적 기초를 고려하는 것이 반드시 포함되어야 한다. 이것은 서신들의 순서에 따라 바울 사상의 발전 과정을 짚어 가기보다는 그의 저술 전반을 살펴보는 일이 될 것이다. 여기서는 기본적인 것들을 다룰 텐데, 지나치게 포괄적으로 다루면 완성하는 데 너무 오래 걸릴 것이기 때문이다.

바울의 공동체관은 '구원'에 대한 그의 이해로부터 직접적으로 생겨난다. 그는 구원에 대해 일상생활의 다양한 측면에서 가져온 은유를 주로 사용하여 다양한 방식으로 말한다. 예를 들어 법적 절차(칭의), 사회적 지위(구속) 및 개인 관계(화평)이다.

산난히 말하자면, 나는 바울의 구원에 관한 견해와 공동체에 관한 견해 사이의 관계를 자유에 대한 은유를 통해 알아볼 것이다. 이 선택은 부분적으로 바울이 '엘레우테리아'(*eleutheria*, 자유)라는 용어와 그

동족어를 그의 저술에서 30회 가까이 사용하기 때문이며, 이는 '소테리아'(*sōtēria*, 구원)라는 용어와 그 동족어군보다는 약간 적은 횟수다. 또한 부분적으로, 구원을 자유의 렌즈로 바라보는 것이 공동체에 대한 바울의 접근을 흥미로운 방식으로 비추어 주기 때문이다. 실제로 바울의 공동체 사상의 다양한 측면들은 대부분 자유에 대한 그의 이해와 어떤 식으로든 관련된다.

우선 이 세상에서 인간이 겪는 일반적인 어려움에 관해 바울이 묘사하는 구절들을 살펴보자. 인간은 하나님과 다른 사람들과 함께 친밀하게 교제하도록 창조되었으나, 실제로는 양쪽 모두와 긴장 관계에 있거나 분리되어 있다.[1] 바울은 그리스의 사회·정치 사상의 긴 역사를 아우르는 용어를 바탕으로 사람들이 자신의 악한 성향에 '종이 되어서' 자신의 실제적인 잠재력과 운명을 바로 알거나 추구할 수 있을 만큼 '자유롭지' 못하다고 주장한다. 이것은 주로 다음과 같은 세 방향으로 나타난다.

1. 사람들은 죄를 짓고자 하는 내적 충동 아래 있으며,[2] 행위나 육체를 신뢰하려 한다.[3] 말하자면, 그들은 지나치게 자신들의 관심사와 열망에 사로잡혀 있으며, 또한 자신들의 유산이나 업적을 장래 소망의 기반으로 여긴다.
2. 유대인은 모세의 법에 나타난 도덕률에 올바르게 순응하지 못하도록 방해받고(롬 2:23; 7:7-12), 이방인은 그들의 마음에 새겨진

---

1   행 17:27-30; 롬 3:9-18; 7:15-24.
2   롬 6:17, 20; 7:14, 25.
3   갈 3:10; 롬 2:17이하; 3:20; 빌 3:3이하.

하나님의 도덕적 요구를 올바로 따르지 못하도록 방해받는다(롬 1:32). 이것은 두 가지 형태를 취할 수 있다. 만약 하나님의 계시된 법 또는 새겨진 법을 거역한다면, 그들은 비도덕적이고 비자연적인 생활 방식으로 떠내려갈 것이다(롬 1:24이하). 반면에 그들이 율법을 지키는 데 열심을 낸다면, 그것은 그들을 속이고 단지 그들의 자기 중심적 욕망을 위한 또 하나의 통로가 될 것이다(롬 10:1-3).

3. 사람들은 자신 이외의 어떤 존재에 매여 있는데, 이것은 자신의 삶에 영향을 주도록 그들이 허락한 초자연적 '세력'[4] 즉 그들을 미혹하고 지배하는 "이 세상의 신"인 사탄이든지(고후 4:4; 엡 2:2), 그들에게 영적으로 영향을 미치고 궁극에는 모든 열망, 관계, 성취 등에 종말을 가져올 '죽음'일 수도 있다.[5] 인간들은 자신이 생각하는 것처럼 자유롭다기보다는, 자발적으로 자신이 악한 성향, 도덕적 의무, 외부 세력 등에 노예가 되어 있음을 발견한다.

비록 모든 것이 이처럼 다양한 방식으로 억제되지만, 그들이 완전히 부자유한 것은 아니다. 바울도 사람들이 어느 정도까지는 하나님에 관한 진리를 알 수 있고, 또한 그들의 지도자들이 도덕적으로 책임감 있게 사회를 다스리는 것처럼(롬 13:1이하) 옳은 일을 행할 수 있음을 인정한다.[6] 그러나 하나님에 관한 진리를 아는 것과 옳은 일을 행하는 것에 대한 그들의 이해는 굉장히 모호하고, 그것들을 행하려는 그들의 능

---

4   갈 4:3; 골 2:8; 엡 6:12.
5   롬 1:32; 6:13, 16, 21, 23; 7:5; 엡 2:2.
6   행 17:28; 롬 1:19-21; 2:14-15; 참조. 빌 4:8.

력은 끊임없이 변질한다.[7] 이것은 모든 사람에게 해당한다. 첫 두 사람의 실패로 죄가 사람들의 문제에 세력을 행사하기 시작했기에, 죄를 제어할 율법이 필요했으며 사망이 비정상적으로 중요성을 지니게 되었다. 그러나 이제는 두 번째 인간 공동체가 하나님의 아들, 예수 그리스도의 인격과 사역을 통해 생겨났다. 그분의 순종으로 말미암아 인류의 첫 두 사람이 시작한 경향이 역전되었다(롬 5:12이하). 예수는 죄의 영향을 고스란히 당했지만, 죄는 그분을 지배할 수 없었고 그분께 패배를 당했다(고후 5:21; 롬 8:3). 법 없는 자들의 손에 넘겨져 정죄를 받았지만, 그분의 행동은 율법을 초월했고 율법의 마침이 되었다(갈 3:13; 롬 10:4). 사망이 부당하게 그분을 공격했지만, 그분은 사망을 이기셨고 외부 세력들에 대해서도 승리하셨다(롬 1:4; 골 2:15). 그분은 자신을 위해서가 아니라 모든 사람을 위해 그들의 대표자로서 이것을 이루셨기 때문에,[8] 새로운 공동체 또는 인류, 창조세계의 기초가 되셨다.[9]

이미 우리는 자유나 구원에 관한 바울의 이해가 그의 공동체 사상과 얼마나 밀접하게 관련되어 있는가를 살펴보았다. 그는 구원을 단순히 개인과 하나님 사이의 화해로만 보지 않는다. 사람의 행동들이 아무리 자기 자신의 유익 또는 자신이 직접적으로 연관된 무리의 유익을 추구하는 것이라 해도, 사람은 누구나, 그리스도를 만나기 전에도 **어떤 한** 공동체에 속해 있다. 그리고 그리스도를 통한 사람과 하나님의 화해는, 그 경험이 아무리 개인적인 방식으로 이루어졌다 하더라도, 그를 **새로운** 공동체 안으로 데려간다. 이런 상관관계가 있기에, 그리스도께서 이

---

7   롬 1:18-19, 21-23.
8   고후 5:14이하; 롬 6:3이하; 골 3:3.
9   고전 15:20이하; 고후 4:6; 5:17; 골 3:10; 엡 2:14-15.

루신 구원은, 그분이 단순히 한 개인이 아니라 연합된 한 인격체 즉 "두 번째"이자 "마지막" 아담(혹은 아주 인상적으로 표현하면 "마침내! 아담")이 되심으로써 이루신 구원이다. 이것은 그리스도께서 행하신 일이 다른 사람들의 삶에 영향을 미쳐 결정적인 역할을 할 뿐만 아니라, 이제 우리가 계속 살펴보겠지만, 그리스도의 이 생명이 바로 그들 안으로 들어와 그들 또한 그분 안으로 들어갈 수 있게 하셨다는 의미다.

그리스도의 자유: 성령의 역할

예수님이 자신을 대신해서 승리를 거두셨음을 인정하고 그분의 영을 자신의 삶에 받아들인 사람들은 이전에 자신을 꼼짝 못하게 사로잡았던 것들로부터 해방되었다.[10] 그들은 죄를 짓고자 하는 충동과 도덕적이거나 종교적인 행위들을 의지하려는 성향에서 자유롭게 되었다. 직감적이거나 외석인 노덕률에 따라 자신의 삶을 제한해야 하는 의무감에서 벗어나게 되었다.[11] 또한 돌이킬 수 없이 자신을 둘러매는 사망의 얽매임과(롬 6:23; 8:21) 판단을 흐리게 하고 선택에 영향을 주던 과거의 조직적이고 초월적인 존재들로부터도(롬 8:38-39; 갈 4:8-11) 해방되었다. 성령 체험은 반전의 효과가 있는데, 그 은사는 진리이고 그 능력은 사랑이다. 성령은 눈을 멀게 하거나 압제하지 않고 도리어 자유롭게 하며 처음으로 자신의 길을 스스로 선택하는 자유를 준다(롬 5:5; 고전 2:10-11). 그러나 이것이 이전의 생활 방식에서 완전히 벗어나는 것을 의미하지는 않

---

10 롬 6:7, 22; 8:10-11; 엡 2:1-7.
11 갈 2:19-20; 롬 7:4-6; 8:1-4; 골 2:16-23.

는다. 결코 그럴 수는 없다. 바울은 자서전적인 글에서 다음과 같이 솔직하게 인정한다. "나는 이러한 삶의 원리를 발견했다. 나는 선한 일을 하고자 할 때 필연적으로 잘못된 일을 행한다. 나는 하나님의 법을 온 마음을 다해 사랑한다. 그러나 내 마음과 전쟁을 하는 또 다른 세력이 내 안에 있다. 이 세력은 내 안에 있는 죄에 대해 나를 노예가 되게 한다. 오! 나는 참으로 비참한 자다! 누가 나를 이 죄와 죽음이 지배하는 인생에서 구원할까?"(롬 7:21-24, NLT)

바울에 따르면, 마음과 양심의 갈등이 궁극적으로 해결되는 것은 마지막 날(the Last Day)의 부활 때다.[12] 그동안에는 그리스도 안에서 그 문제가 이미 해결되었다는 인식과 성령으로 말미암아 이 해결을 지금도 부분적으로는 체험할 수 있다는 인식의 긴장 속에서 살아가야만 한다(롬 7:25-8:11).

이러한 근본적 자유는 단순히 어떤 것들**로부터의** 자유일 뿐만 아니라 또한 다른 사람들을 **위한** 자유다. 바울은 갈라디아서에서 "그리스도께서 우리를 자유롭게 하려고 자유를 주셨으니"라고 말하면서, "그러므로 굳건하게 서서 다시는 종의 멍에를 메지 말라"라고 결론을 내린다(갈 5:1). 바울은 계속해서 설명하기를, 이 독립을 적극적으로 표현하면 역설적이게도 새로운 형태의 섬김(때때로 그는 이 용어를 '종 됨'의 의미로 사용한다)이 되며, 이 섬김은 물론 이전에 경험했던 것과는 질적으로 전혀 다른 섬김이라고 말한다. 억지로 죄를 섬기는 것이 아니라, 이제는 바울이 폭넓게 사용하는 용어인 "의"를 자발적으로 섬기는 것이다(롬 6:17-18). 인생의 도덕률을 억지로 따르는 것이 아니라, 그가 은유적으로 말하는

---

12 롬 7:24-25상; 참조. 고전 15:53-57.

그리스도의 "법" 즉 예수님의 자비로운 성품과 희생적인 행위를 본받는 것이다(고전 9:21; 갈 6:2). 영적인 그리고 궁극적으로는 육체적인 죽음을 체험하는 대신, 이제는 "생명"을 체험하는 것이다. 이 생명은, 고통 중에라도, 결국 믿는 자들과 우주를 썩어질 속박에서 자유롭게 할 것이다.[13]

이 모든 것과는 별개로 하나님을 향한 새로운 자유가 있는데, 이 자유는 두려움을 쫓아내며 가장 친밀한 하나님의 임재 안에서의 자유로움으로 인도한다(롬 8:15-18; 갈 4:1-7, 이 지점에서 바울은 가족 관계의 언어를 더 선호하고 섬김이나 종의 언어를 쓰지 않는 경향을 보인다). 이런 친밀감은 결국 특성상 매우 자유롭게 하나님을 섬기게 한다(롬 1:9). 또한 다른 사람들에 대해서도 새로운 자유를 갖게 하여, 다른 사람들의 판단을 두려워하는 데서 자유로워지고 다른 사람을 자기 마음대로 조작하려는 의도로부터도 벗어난다.[14] 여기에는 자신의 생각 전달하기, 자신의 감정 표현하기, 자신의 생활 공개하기, 자신의 소유 나누기 등에 있어서 자유로워지는 것도 포함한다.[15] 실제로 다른 사람을 자유롭게 섬기는 것, 즉 자신을 사랑 안에서 자원하여 그들에게 내어 주는 것은 이 자유라는 개념의 심장부에 위치한다(고전 9:19; 살전 2:8). 그것은 또한 이 세상의 피조물들을 향해서도 더 자유로워진 태도를 나타낸다. 세상의 모든 것이 원칙적으로 지정된 영역 내에 존재하기 때문에, 바울은 "만물이 다 [하나님의] 것임이라" "깨끗한 자들에게는 모든 것이 깨끗하나"라고 말했다. 이러한 자유는 소유물을 우상으로 숭배하지 않고 더 자유롭게 사

---

13 롬 8:18-23; 고후 4:11-18.
14 고전 4:3; 9:19; 고후 11:20-21.
15 고후 3:12; 6:11; 7:4; 8:2; 9:13.

용하도록 해 준다.[16]

하나님이 주신 이 자유로 말미암아, 그동안 하나님과 교제가 끊어진 상태에 있던 사람들이 하나의 새로운 공동체로 옮겨졌을 뿐 아니라, 새로운 공동체를 발전시키고 심화하는 권한이 그들에게 부여되었다. 다시 한번 바울의 생각 속에서 자유와 공동체 사이의 완전한 연결이 분명해진다.

자유에 관한 1세기의 다른 견해들

바리새인과 쿰란의 문헌에는 일반적으로 유대 문헌에서와 같이 자유라는 주제에 관한 공식적인 논의가 없다. 이 때문에 몇몇 주석가는 자유가 순전히 그리스적 사상이라고 주장하나, 이는 의심의 여지가 많다.

바리새파와 쿰란 공동체

구약성경은 '구속' 또는 '구원'과 같은 용어들을 사용하여 출애굽 시에 이스라엘 민족에게 주어진 민족적 자유에 대해 상당히 자주 말하며(시 66:2; 77:15; 111:9), 때때로 개인적 구원(시 89:26)과 율법을 따를 때 경험하는 자유를 말하기도 한다(시 119:45). 또한 하나님이 각 개인에게 더 큰 영적·도덕적 자유를 주실 때를 기대하게 한다(사 61:1; 렘 31:33-34). 랍비들의 글에는 민족적 자유에 대한 구약성경의 사상들을 다시 강조하는 구절이 있다.[17] 좀 더 개인적인 자유도 종종 언급된다.[18] 율법을 포함하

---

16 고전 3:21-22; 딛 1:15.
17 *m. Peash.* 10.5-6.
18 *m. Avot.* 2.7; 3.15-16; *m. Pe'ah.* 1.1.

여 제의적이고 도덕적인 규율들, 종교적이고 도덕적인 성취에 대한 강조가 이를 침해하더라도 말이다.[19] 쿰란 공동체는 우상 숭배자들로부터의 이스라엘 공동체의 현재적 구원과[20] 이스라엘이 오랫동안 고대했던, 적들로부터의 미래적 구원을[21] 출애굽 사건의 성취로 강조했다. 개인적 차원에서, 율법의 전통들을 더 엄격하게 고수하는 것은[22] 그것을 지키기 위해 하나님의 은혜가 필요함을 더 강하게 주장하는 것과 결합한다.[23]

바울은 바리새주의와 같이 자유의 기초를 역사적 사건에 두지만, 그 기초를 어떤 민족적 사건보다는 한 개인의 역사에 둔다. 바울은 쿰란 공동체처럼 하나님의 은혜를 자유의 원천으로 찬양하면서, 이것이 메시아 시대가 아니라 지금 성령의 임재로 인한 것임을 말한다.

구약성경, 바리새파 문헌, 쿰란 문헌 모두에서 주된 관심사는 하나님과 다른 사람을 섬기는 것이며, 바울은 성문화된 생활 방식보다는, 기본적인 태도와 원리들에 초점을 맞추었다. 세 가지 접근 방식 모두 구성원들 사이에 책임감 있는 공동체들 형성하도록 이끈다. 바울은 이 책임감을 서로를 위한 희생이라는 용어로 더 많이 정의한다. 종교 엘리트 단체의 성격을 띤 바리새주의는 특별히 특정 규칙을 시행하는 데 중점을 둔다. 쿰란 공동체는 더 넓은 세상으로부터 분리되어 고립된 수도회적 질서를 수립했다. 바울의 공동체들은 자발적이고 역동적인 삶의 방식을 가졌다. 바울 공동체의 삶의 방식은 다른 접근 방식보다 일상생활에 더

---

19 m. Avot. 1.1; m. Shabb. 7.1이하.
20 CD 3.5-21.
21 1QM 11.9-10.
22 1QS 5-7; CD 10-11.
23 1QS 9.14-15; 11.2-22.

개방적으로 관련되어 있었다.

스토아 철학자들

바울 이전과 당대의 여러 글에 비해 바울이 자유를 자주 강조했기 때문에, 많은 사람이 그가 헬레니즘 특히 스토아 철학의 영향을 직접적으로 받았다고 생각했다. 스토아 철학은 분명히 자유에 관심이 있었다. 해방된 노예 출신의 철학자 에픽테토스(Epictetus)는 현재 남아 있는 자신의 저서에서 이 문제에 관해 바울처럼 네 번이나 언급했다. 에픽테토스와 바울 모두 자유의 법적·정치적 성격보다 개인적 차원에 특별히 집중한다. 자유란, 외부의 법에 굴복함으로써가 아니라 내적인 규범을 준수함으로써 오는 것이라는 데 그들은 동의한다. 두 진영 모두 사람들의 생각과 행동을 얽어매는 잘못된 많은 신념으로부터 자신을 자유롭게 함으로써만 자유를 얻을 수 있다고 믿는다. 그들은 어떤 감정들, 특히 죽음에 대한 두려움에서 자유로워야 할 필요성을 강조한다. 이 전체 과정과는 별개로, 둘 다 신에 대한 복종과 타인과의 연합 추구를 인정한다.

그러나 좀 더 정밀하게 들여다보면 둘 사이에 유사성은 주로 형식적인 면뿐임이 드러난다. 스토아 철학자는 자기 이해를 통해 자유를 발견하고,[24] 바울은 성령을 통해 '그리스도의 마음'을 소유한다(고전 2:16). 둘 다 전통적 신조와 대상들은 가치가 없음을 인식하지만, 바울은 스토아 철학자들이 지지하는 금욕적인 반응은 거부한다(골 2:16-23).[25] 스토아 철학자와[26] 바울 모두, 어떤 욕망은 부인하라고 요구하는데, 바울

---

24 Epictetus, *Dissertationes* 4.1.52, 63.
25 Epictetus, *Encheiridion* 15.
26 Epictetus, *Encheiridion* 12, 16, 20; *Dissertationes* 3.26, 39.

이 요구하는 것은 감정 전체가 아니라 저속한 욕망을 포기하는 것이다. 이 때문에 바울은 수신자들에게 사랑, 슬픔, 정직, 열심, 분노, 열정 등에 진보가 있기를 요구하며(고후 6:11-12; 7:2; 9:11), 좀 더 '긍정적인' 성격을 띤 감정들과는 거리가 먼 자신의 고뇌, 두려움, 슬픔, 불안, 갈망 등에 대해서 건설적으로 말할 수 있다.[27] 바울이 보기에 자유는 지적이고 영적인 자유뿐만 아니라 육체의 부활과 새 우주의 창조와도 관계가 있다.[28]

스토아 사상에서 신성에 관한 언급은 강력한 범신론적 성격을 갖는다. 그 안에는 한 개인의 내적 자아도 본질적으로 포함된다.[29] 반면, 하나님에 대한 바울의 관점은 지극히 인격적이다. 오직 하나님 안에서만 인간은 진정한 자아를 발견하며 하나님을 닮아 가기 시작할 수 있다.[30] 더욱이 스토아 철학자들은 사람들 사이에 어떤 공동의 연대가 있음을 인식하고 그것을 발전시키려 했지만, 이것은 만물의 합리적인 조화에 기초를 두었고, 엘리트적 경향이 있었다. 따라서 다른 사람들, 특히 무리 중 가장 연약한 사람들에 대한 희생적 섬김을 강조하는 바울의 공동체관은 스토아 철학자들의 관점과는 아주 상이하다.

신비 종교들

바울이 다뤄야만 했던 자유에 대한 또 다른 관점은 당시 영향력이 부상하고 있던 지중해 동쪽에서 형성된 개념이었다. 이 집단에서의 자유

---

27   고후 1:8-9; 2:3-4, 12-13; 5:3-5; 7:5; 11:28-29.
28   참조. Epictetus, *Dissertationes* 4.1.97이하, *Encheiridion* 1.
29   Epictetus, *Dissertationes* 1.12.26-35.
30   빌 2:15-16; 골 3:10; 엡 4:23-24.

란 일차적으로 운명으로부터의 자유[31] 그리고 궁극적으로는 육체로부터의 자유를 의미했다.[32] 물론 불결한 것으로부터의 자유도 있지만, 이것은 주로 제의적인 일로 여겨졌다.[33] 그러나 그러한 자유는 제한되었다. 자유의 경험을 탐구하는 것은 다양한 금욕적·의식적 의무를 이행할 의무와 긴장 상태에 있었다.[34]

반면, 바울은 당시 널리 퍼져 있던 운명이라는 관점을 거부하고 그 자리를 하나님의 섭리적 돌보심과 감추어진 목적에 대한 믿음으로 대신했다. 그에게 자유란 몸**으로부터** 떠나는 것이 아니라 결국 몸을 **위한** 것이기도 했으며, 본질적으로 개인에 집중된 것이기보다는 명백히 그 방향이 달랐다. 신비 종교들이 약속하는 자유는 개인을 압도하여 적어도 일시적으로 신성을 주입하는 어떤 비밀스럽고 신비적인 체험을 통해서 왔지만,[35] 바울에 따르면 자유는 매우 공적이고 역사적인 그리스도 사건으로부터 샘솟으며 하나님이 그의 성령으로 주도하시는 인격적 관계를 통해 경험된다.

신비 종교들과 초기 기독교 모두 분명히 집단적 차원이 있었지만, 신비 종교들은 근본적으로 공동의 책임보다는 집단 이익에 바탕을 두며, 서로 섬기기보다는 공유하는 제의를 행한다는 특징이 있었다. 이시스(Isis) 신비 종교의 후기 형태는 신에 대한 더 인격적인 개념과 의무에 대

---

31 Apuleius, *Metamorphoses* 11.6, 12, 15, 25.
32 *Mithras Liturgy* 3-7, in Barrett, *Background*, 132-133. 참조. Plutarch, *Isis and Osiris* 78-79.
33 Apuleius, *Metamorphoses* 11.23.
34 Tibullus, *Elegy* 1.23-32. Apuleius, *Metamorphoses* 11.27이하. Plutarch, *Isis and Osiris* 6-8.
35 Plutarch, *Isis and Osiris* 35, 68, 77-78. Apuleius, *Metamorphoses* 11.24.

한 더 증진된 도덕적 이해를 통합하기도 했지만, 이는 바울 공동체가 등장한 당시의 전형적인 모습은 아니었다.

바울 견해의 독창성

당시 바울이 헬라 용어를 사용한 점이나 스토아 철학과의 형식적 유사점에도 불구하고 바울의 자유관은 근본적으로 유대적 기초 위에 형성되어 있다. 그러나 그러면서도 바리새파 형제단과 쿰란 공동체의 접근 방식과는 차이가 있다. 바울의 이해 안에서 사랑이 중심에 있음은 너무나도 자명하다. 사랑과 자유 사이의 관계를 명확히 하는 것은 바울의 견해들에 대한 광범위한 연구로 이어질 것인데, 여기서는 그것을 다룰 수 없다. 하지만 사랑이 중심이 된다는 것은 자유가 그리스도인 생활의 내용일 뿐만 아니라 그 구조를 결정하는 과정임을 의미한다. 왜냐하면 바울이 '아가페'(agape, 사랑)의 중요성을 자세히 설명할 때, 그것의 모든 실제적 의미를 사전에 탐구하는 윤리적 규례를 작성하는 것이 아니라, 사랑이 관여하는 핵심 태도와 성향에 주의를 기울이기 때문이다(갈 5:13-23; 고전 13:2-11).

어떤 특정한 상황에서 무엇이 적합한지 알기 위해서는 분별이 요구되기 때문에, 자유는 아주 많은 경우 무엇이 실제로 "주 안에서" 합당한지 그렇지 않은지를 결정하는 것과 관계가 있다.[36] 바울은 자신의 서신에서 행동에 대한 몇 가지 일반 원칙들을 규정해 나가고(골 3:8-4:5; 엡 5:21-6:9) 때로 구체적인 지시를 하기도 하지만, 이것들은 언제나 변화하

36　참조. 고후 1:23-2:8; 13:2-11.

는 상황에 기초하여 '성령 안에서' 새롭게 적용하는 데 열려 있다. 이 모든 것은 바울의 의사 결정 과정에 융통성이 있었다는 것과 그의 자유관에 자유가 어느 정도까지 스며들어 있었는지를 보여 준다. 바울은 이것을 다음의 진술에서 분명히 표명한다. "내가 모든 사람에게서 자유로우나 스스로 모든 사람에게 종이 된 것은…내가 여러 사람에게 여러 모습이 된 것은 아무쪼록 몇 사람이라도 구원하고자 함이니, 내가 복음을 위하여 모든 것을 행함은 복음에 참여하고자 함이라"(고전 9:19, 22-23).

요약하면, 바울이 보기에 자유는 다음 세 가지 주요 요소로 구성되어 있다.

- 독립성(Independence)
  - (예를 들어 죄, 율법, 사망, 외부 또는 외부 권력 같은) 특정 세력으로부터의 독립성.
  - (예를 들어 의, 예수님을 본받음, 고난 같은) 특정한 것들을 위한 독립성.
  - 개인적이고 생명을 주는 자유의 경험을 만들어 내는 독립성.

- 의존성(Dependence)
  - 만민을 위하여 만물을 지으시고 계속 공급하시는 성부에 대한 의존성.
  - 죽음과 부활로 말미암아 인류의 노예 상태를 종식시키신 그리스도에 대한 의존성.
  - 타고난 가능성이라기보다는 수여받은 하나님의 선물인, 그리스도의 생명과 목적을 전해 주시는 성령에 대한 의존성.

- 상호 의존성(Interdependence)
  - 다른 사람들과의 상호 의존성. 자유는 섬김으로 인도하며 다른 사람의 필요와 관계될 때에만 실제로 규정될 수 있으므로.
  - 더 넓은 사회 및 문화와의 상호 의존성. 모든 공동체의 상황은 새로운 삶과 혁신을 요구하므로.
  - 세상과의 상호 의존성. 그리스도의 소유인 사람들과 마찬가지로 온 우주가 그 자체의 한계에서 자유롭게 될 것이므로.

이 모든 것의 견지에서, "주의 영이 계신 곳에는 자유가 있느니라"(고후 3:17)라는 바울의 확신을 이해할 수 있다. 자유에 대한 그의 풍성한 견해는 이의 없이 분명하다. 그의 공동체관은 분명히 그 안에 내재한다.

Paul's Idea of
Community

3

가업 거주지에 있는 교회

복음과 공동체

지중해 전 연안에 걸쳐, 바울이 여행한 자리에는 그리스도인 공동체가 생겨났고, 강화되었으며, 배가되기 시작했다. 이는 바울의 의도적인 정책의 산물이있다. 바울은 그리스도에 관한 메시지를 선포하여 사람들을 하나님에게 그리고 서로에게 친밀한 관계로 이끌었다. 그리스도께서 받아 주신 사람들은 그분이 이미 기꺼이 맞아 주신 또 다른 사람들을 받아들여야 한다(롬 15:7). 즉, 하나님과의 화목은 복음을 받아들인 다른 사람과의 화목을 수반한다(빌 4:2-3). 또한 성령 안에서의 연합이란 다른 사람의 연합을 포함한다. 왜냐하면 원래 성령은 기본적으로 개인이 아닌 공동의 체험이기 때문이다.[1] 복음이란 순전히 개인적인 일만은 아니다. 그것은 사회적인 차원을 지닌다.

이러므로 복음을 받아들인나는 것은 공동체 안으로 들어가는 것을

---

1 고후 13:13; 빌 2:1; 엡 4:3.

의미한다. 둘 중 하나만 선택할 수는 없다. 하지만 어떤 종류의 공동체일까? 그것은 어디에 존재하는가? 어떻게 표현되는가? 이런 질문들을 다루는 어떤 논의든, 반드시 바울이 사용한 '에클레시아'(*ekklēsia*, 교회)라는 용어에서 시작해야 한다. 이 단어는 바울 서신에 60회 가량 나오는데, 이 숫자는 신약의 다른 부분에서 사용된 것보다 많다. 이 단어는 바울이 이 공동체들을 지칭하는 데 가장 즐겨 사용한 방식이다. 용어 자체는 바울 서신보다 수 세기 전에 쓰인, 헬라어로 번역된 구약성경을 포함한 초기 문헌들에서도 발견된다. 이 단어는 또한 바울 서신보다 나중에 쓰인 마태복음, 요한복음, 사도행전, 히브리서, 야고보서, 요한계시록 같은 문헌에도 나온다.

에클레시아의 의미

기독교 이전: 일단의 사람들의 모임

헬라어로 '에클레시아'는 익숙한 용어였다. 주전 5세기경부터 한 도시의 시민들이 자신들의 복지에 영향을 미치는 문제들을 결정하기 위해 모였던 정기적인 '회합'을 지칭할 때 이 말이 사용되었다.[2] 신약성경에서도 바로 이러한 의미로 바울이 제3차 전도여행 중 에베소에 머무는 동안 일어난 일에 나온다(행 19:21-41). 바울이 우상을 섬기지 못하도록 복음 전하는 것을 보고 그 도시의 은장색들은 경제적 영향을 두려워하여 군중을 선동하여 바울과 그 일행에게 대항해 소요를 일으키게 했다. 그러

---

[2] Thucydides, *Histories* 1.187, 139; 6.8; 8:69; Philo, *On the Special Laws* 2:44; *Every Good Person* 138 등을 비교하라.

자 시청 서기관이 군중의 자제를 촉구하며 은장색들에게 법정이나 총독 앞에서 정식으로 고소하라고 권고했다. 그의 권고는, 사람들이 송사할 것이 있으면 그러한 문제들을 판결하는 합법적이고 정기적인 '에클레시아'에서 해야지(행 19:39, "민회"), 지금처럼 불법적이고 폭동에 가까운 '에클레시아'(행 19:41, "집회")에서는 안 된다는 것이었다. 여기서 우리는 사람들의 모임과 관련하여 이 말을 사용했던 두 가지 전형적인 그리스식 용례를 볼 수 있다. 또 이 단어는 이교도 공동체들과 관련한 비문에도 세 번 나타나는데, 주로 '만남'이나 '집회'의 일반적 의미가 지배적이다. 거기서도, 이 용어가 본질적으로 (이교적 의미는 고사하고) 종교적 의미를 내포하는 것은 아니다.

구약성경의 헬라어 번역본(칠십인역)에 나타나듯이, 유대 사회에서는 하나님 앞에 모인 이스라엘의 '총회'에 해당하는 히브리어 단어를 번역하는 데 일반적으로 '에클레시아'를 썼다.[3] 물론 간혹 동일한 일반적 의미가 있는 '쉬나고게'가 사용되기도 했다. '에클레시아'는 전쟁을 준비하기 위해 모인 군사들의 '회집'(삼상 11:4-7; 대하 28:14)과 통제되지 않거나 위험스런 군중을 지칭할 때(시 26:5; 집회서 26:5) 사용되었다. 이 어휘가 칠십인역에서는 모두 100회 가량 나오는데, 하나님 앞에 모인 이스라엘 백성을 지칭할 때 주로 쓰였다. 약속된 땅에 들어가기 전 모세가 백성에게 말할 때처럼, 어떤 경우에는 온 나라를 지칭했다. 또 다른 경우에는 대표자들만 모였을 때, 즉 솔로몬이 예루살렘에서 성전을 봉헌할 때처럼 지파의 두목이나 족장들만 모인 모임을 지칭하기도 했다. 요세푸스도 이 단어를 자주 사용했다. 그는 칠십인역에서 18회 인용한 것

---

3   신 4:10; 9:10; 대하 6:3, 12; 시 106:32.

을 포함해서 48회 사용했는데, 모두 모임의 의미였다. 그가 언급한 모임의 성격은 다양해서, 종교나 정치 혹은 자연 발생적인 것들이었다.[4] 필론은 이 말을 30회 사용했는데, 25회는 칠십인역의 인용이고 모두 고전 헬라어의 의미로 사용했다. 이 용어는 분명히 본질적으로는 종교적 의미를 전혀 갖지 않았다. 이 단어는 지극히 일상적인 의미의 사람들의 모임을 말하기에, 그 성격이 매우 세속적인 모임을 지칭할 때도 쓰일 수 있었다.

바울의 용도: 하나님 앞에 모이는 정기적이며 지역적인 모임

바울 자신이 '에클레시아'란 단어를 어떤 의미로 썼는지 우리가 어떻게 알 수 있을까? 신약성경에 나오는 '교회'라는 용어는 바울의 저술 말고는 모두 시간상으로 바울의 것보다 뒤에 나오므로, 그 용례들은 이에 대한 답이 안 된다. 우리는 바울의 글들을 그것이 저술된 순서대로 차례차례 조사해서 그가 이전에 있던 그리스-유대의 용례를 반영했는지, 발전시켰는지, 바꿔 사용했는지의 여부를 알아보아야 한다.

아마도 '교회'라는 단어는 바울이 사용하기 전에 이미 그리스도인들 사이에서, 최소한 헬라어를 사용하는 유대계 그리스도인들 사이에서는 사용되었을 것이다. 이는 이런 공동체들이 한편으로는 유대교 회당들과, 다른 한편으로는 신비 종교들과 자신들의 모임을 구별했음을 의미한다. 신약성경에서 '쉬나고게'는, 단 한 번의 경우를 제외하고는(약 2:2) 그리스도인의 모임을 지칭하는 데 쓰인 적이 없으며, 여기서조차 여전히 '에클레시아'와 같은 의미로 쓰였다. 바울은 동사형의 '쉬나고니조마

---

4   Josephus, *Antiquities* 4.309; *The Life of Flavius Josephus* 268; *Jewish War* 1.654,666.

이'(*synagōnizomai*, 롬 15:30)를 한 번 사용하지만, 그 명사형이나 이교 종파를 설명하는 데 사용되는 용어들(*synodos*와 *koinon*)을 사용하여 그리스도인 단체를 지칭하는 일은 결코 없었다. 이 용어는 초기 교부들에게서 처음 나타난다.[5] 왜 바울은 회당이나 신비 종교를 묘사하는 일반적인 용어를 피했을까? 추측하기로는, 자신의 공동체를 그것들과 구별하기 위해서였을 것이다.

바울은 구체적으로 '에클레시아'를 어떻게 사용하는가? 이 용어는 데살로니가의 그리스도인들에게 보낸 편지의 인사말에서 처음 나타난다(살전 1:1). 여기서 그는 이 말을 그리스인이나 유대인 사회에서 쓰는 식으로 사용했지만, 이 '회중'을 그 도시의 다른 모임들과 의식적으로 구별한다. 이 편지의 마지막 부분에 나오는 부탁에서 바울은 데살로니가 그리스도인의 정기적인 모임을 마음에 두었음이 분명하다. 그는 "거룩하게 입맞춤으로 모든 형제에게 문안하라" 그리고 "모든 형제에게 이 편지를 읽어 수라"라고 그들에게 간절히 무낙한다(살전 5:26-27). 그 도시의 다른 모임들과 같이 "데살로니가인의 교회"라고 기술하지만, "하나님 아버지…안에"라는 말을 첨가함으로써 정기적인 정치 회합과 구별하며, '에클레시아'라는 용어를 사용하면서 "주 예수 그리스도 안에"라는 어구를 첨가함으로써 매주 모이는 유대인들의 회당 모임과 구별한다. 이와 같은 표현이 같은 공동체에 보낸 바울의 두 번째 편지에도 나온다(살후 1:1). 이 두 편지의 다른 곳에서는 복수로만 쓰인 다른 그리스도인들의 모임도 언급된다. 즉, 일반적인 '하나님의 교회들'(개역개정은 "하나님

---

5 참조. Lucian, *The passing of Peregrinus* 11. Origen, *Contra Celsum* 3.2, 3. Eusebius, *Eccesiastical History* 10.1.

의 여러 교회") 그리고 특별히 유대에 있는 "하나님의 교회들"이라는 표현이다(살후 1:4; 살전 2:14). 이러한 예는 이 용어가 오늘날처럼 큰 단위의 부분으로 인식되는 각 지역의 수많은 회중들이 아니라, 사람들의 **실제적이거나 정기적인** 모임에만 적용됨을 보여 준다.

하지만 '에클레시아'라는 용어의 출현을 주의 깊게 살펴볼 필요가 있는데, 처음에는 이 용어가 더 폭넓은 의미로 사용된 것처럼 보인다. 예를 들어, 바울은 갈라디아 사람들에게 자신이 처음에 "하나님의 교회"를 핍박했다고 언급한다.[6] 여기서 바울은 유대 여러 지역에 수많은 작은 모임으로 흩어지기 **전에** 예루살렘에 있었던 교회를 뜻한 것일 수 있다. 아마도 그는 사도행전이 시사하듯이 믿는 자들이 함께 모였을 때 그들을 체포했던 사실을 가리키는 것 같다(행 8:3; 참조. 2:46). 그는 이와 같은 것을 유념해야만 했는데, 몇 줄만 더 내려가면 바울이 "유대의 교회들"이라고 복수로 구별해서 말하기 때문이다(갈 1:22).

바울이 '에클레시아'라는 용어를 '모임'이라는 행위를 나타내는 데 사용했다는 것은 그의 서신의 증거들로도 입증된다. 갈라디아서 서두의 인사말에서(갈 1:2), 이후의 고린도전후서 전체에 걸쳐서[7] 그리고 로마서 말미에서(롬 16:4, 16), 우리는 한 교회 이상이 고려될 때는 일관되게 복수 형태로 쓰였음을 발견한다. 이것의 예외적인 경우들은 배분적인 표현인 "각 교회"(고전 4:17)로 표현된 곳에 한 번, "하나님의 교회"(고전 10:32)라고 포괄적으로 혹은 어쩌면 지역화된 의미로 쓰인 곳에 두 번이 있을 뿐이다. "갈라디아 여러 **교회들**"(갈 1:2; 고전 16:1), "아시아의 **교회**

---

6   갈 1:13; 고전 15:9; 빌 3:6.
7   고전 7:17; 11:16; 14:33-34; 고후 8:19, 23-24; 11:8, 28; 12:13.

들"(고전 16:19), "마케도니아 **교회들**"(고후 8:1), "유대의 **교회들**"(갈 1:22) 등 복수로 된 언급들은, 하나의 보편적 교회의 개념으로서 대교구나 국교와 같이 획일화된 교회관이 바울의 생각과는 거리가 먼 것임을 증명한다. 바울은 가끔 있는 그리스도인의 지역 모임을 의미한 것이 아니라, 단순히 그곳의 그리스도인들을 무리 짓는 데 편리한 방식이기 때문에 지역의 명칭을 언급할 뿐이다. 다른 경우에는 "성도들의 모든 교회[들]"(새번역), "이방인의 모든 교회[들]"과 같이 좀 더 일반적으로 말한다(고전 14:33; 롬 16:4).

'모임'이라는 1차적 의미는 고린도전서 11-14장에서 특히 분명해진다. "너희가 교회에 모일 때에"(고전 11:18)라든가 "여자가 교회에서 말하는 것은 부끄러운 것이라"(고전 14:35) 등의 표현에서 그렇다.[8] 고린도전후서의 서두에서, 교회는 그 구성원인 사람들에게 속한 것도 아니고(데살로니가서에서처럼), 그들이 사는 지역에 속한 것도 아니며(갈라디아서에서처럼), 교회가 존재하도록 하신 분(즉 하나님)이나 그로 말미암아 교회를 생겨나게 하신 분(즉 그리스도)께만 속한 것으로 묘사된다.[9] 이는 '에클레시아'가 단순히 사람들의 회합, 즉 종교적 목적을 위해 같은 마음을 품은 개개인의 모임이 아니라, 하나님이 창조하신 것임을 의미한다.

---

8 참조. 고전 14:4, 5, 12, 19, 28.
9 고전 1:2; 고후 1:1(참조. 고전 10:32; 11:22); 롬 16:16.

그리스도인의 모임들

모임 장소와 다양성

바울은 그의 서신에서 자신의 공동체들이 모이는 장소를 묘사한다. 그가 묘사하는 곳은 대부분 '오이코스'(*oikos*)나 '오이키아'(*oikia*)다(바울은 이 단어들을 상호 교체 가능하게 사용한다). 고린도전서에서, 바울은 브리스가와 아굴라가 "그 집(*oikos*)에 있는 교회"와 함께 안부를 전한다고 말한다.[10] 이 표현은 바울의 글에서 처음으로 나오는데, '오이코스'(집)라는 용어는 다음 둘 중 하나를 가리킬 수 있다. 즉 브리스가와 아굴라가 살았던 곳이거나 아니면 거기 사는 권속들이다. 만약 전자를 의미한다면, 브리스가와 아굴라의 가정집은 에베소의 그리스도인이 모이는 장소였다. 가능성은 희박하지만 만약 후자라면, 그들의 권속 전체가 모임의 구성원이었다. 사도행전의 일가족 회심 및 세례 사건[11] 그리고 목회서신에서 종들을 포함하여 지칭하는 데 '오이코스'를 사용한 예는[12] 후자일 가능성을 가리킨다. 하지만 사도행전 어디에도 브리스가와 아굴라가 이와 같은 권속을 거느렸다는 기록이 없다. 따라서 이 '오이코스'라는 말은 그들의 가정집을 의미했을 가능성이 크다.

"그 집에 있는 교회"(고전 16:19)가 말하는 가장 자연스러운 의미는 그들의 가정집이다. 물론 가정집에는 여러 종류가 있다. 시골 저택, 도시 주택, 시내 공동주택, 상가주택, 농가주택, 임시 오두막 등 다른 종류일 수 있다. 아굴라와 브리스가가 천막을 만드는 사람들이었기에, 아마도

---

10 고전 16:19; 참조. 행 18:18-19.
11 행 10:48(참조. 11:14); 16:15, 33; 18:8.
12 딤전 3:12; 참조. 3:5; 5:14.

그들은 1층의 상점(*taberna*) 뒤쪽이나 위쪽에 딸린 작은 거처에서 살았을 것이라는 주장이 있었다. 그러나 그들이 바울에게 많은 환대를 제공할 수 있었음을 볼 때(행 18:3), 더 큰 거처에 살았던 것으로 보인다. 그러나 더 넓은 거처라고 해서 반드시 독채를 의미한다고 볼 필요는 없다. 어떤 공동주택의 1층에는 입구 양 옆으로 작업실이 있었고 여기에 딸린 거처가 그 뒤편이나 위층에, 심지어 어떤 경우에는 더 큰 다락방이 있었다. 또한, '오이코스'가 집이 아닌 다른 건물들에 사용되었을 수도 있지만, 바울이 작업실을 가리키려 의도했다면 다른 단어를 사용했을 것이다.

로마서에서 바울은 브리스가와 아굴라의 "집에 있는 교회"를 언급하는데, 이 구절에서는 브리스가의 이름이 먼저 나온다(롬 16:5). 그녀의 이름의 위치는 그녀가 남편보다 더 높은 지위를 갖고 있음을 보여 주기에, 이 사실은 그녀가 그 집의 최우선 소유권자 혹은 상속자임을 나타내는 것일 수 있다. 빌레몬서에서 바울은 "네 집에 있는 교회"(본 2절)라는 표현과 함께 곧 있을 방문을 위해 "숙소"(guest room)를 준비하라고 언급한다(22절). 이는 아마도 거주용 공간을 뜻하는 것으로, 작업 공간을 포함할 수는 있더라도 단순히 1층의 상점(*taberna*)은 아닐 것이다. 노예 오네시모의 존재는 집안일 이상의 활동이 있었음을 시사하는 것일 수 있다. 마지막으로 골로새서에서 바울은 눔바와 "그 여자의 집에 있는 교회"를 말한다(골 4:15). 우리는 그녀가 라오디게아 근처에 살았다는 사실 말고는 그녀의 상황에 대해 아는 바가 없다.

최근에 어떤 주석가들은 이 네 개의 특정 언급으로 바울의 교회들이 대부분 가정집에서 모였다고 일반화해서는 안 된다고 제안한다. 한편으로, 바울의 동료 누가는 바울이 가정집에 기반을 둔 다른 교회들을 방문한 것으로 묘사한다(행 16:15, 40; 20:8). 루디아가 옷감 장사를 했다는 점과 바울과 다른 이들에게 환대를 제공한 점을 감안할 때(행 16:15, 40), 그녀의 집은 아마 작업실을 갖춘, 꽤 규모가 있는 집이었음을 알 수 있다. 누가는 집을 기반으로 하는 모임의 또 다른 예들을 제공한다(행 2:46; 12:12). 다른 한편으로, 어떤 이들이 주장하듯이, 특정 그리스도인의 권속들 또는 그리스도인 가족 공동체를 언급하는 다른 부분들이 '집에 있는 교회'의 존재를 암시한다고 보는 것은 확실히 부적절할 것이다. 하지만 스데바나(고전 1:16; 16:15)나 뵈뵈(롬 16:1)처럼, 때때로 이런 경우가 있었을 가능성을 배제해서는 안 된다.

이런 모임 이외에도, 고린도전서에서 바울은 "온 교회"가 함께 모이는 경우에 대해 언급한다(고전 14:23). 이 언급은, 다른 때에는 고린도의 그리스도인들이 작은 그룹들로, 아마도 "교회들"로서 함께 모였음을 시사한다. 자신들의 존재를 각기 다른 사도들, 즉 베드로, 아볼로, 바울의 사역 덕택이라고 여기는 고린도의 여러 그룹에 대한 언급은 이와 일맥상통한다(고전 1:12-13). 고린도에서 썼을 것으로 추정되는 로마서의 종결 단락에서, 바울은 "나와 온 교회를 돌보아 주는"이라고 표현한 가이오라는 사람으로부터의 안부를 전한다(롬 16:23). 구약성경의 헬라어 역본에서 이 표현은 계속해서 온 이스라엘의 회중을 지칭할 때 쓰였다(예를 들어, 출 12:6; 민 8:9). 이런 관점에서 볼 때, "온 교회"는 고린도의 그리스도인 전부를 지칭하는 것이 분명하다. 에라스도(롬 16:23)처럼 가이오도 그 도시에서 신분이 높은 사람 중의 하나였을 것이다. 그의 가정집이 온 그리스도인 공동체가 모이는 장소로 사용되는 것은 그리 놀라운 일이 아니다. 그와 같은 모임을 위해서는 넓은 공간이 필요했을 것이고, 그는 다른 본문에서 언급된(행 1:13; 20:8) 그런 종류의 다락방을 가지고 있었을 것이다.

만일 고린도의 그리스도인들이 단 하나의 그룹으로 모였다면, '온' (whole)이라는 묘사는 불필요했을 것이다. 이는 그 도시에 더 작은 규모의 그룹들도 존재했음을 암시한다. 그러나 이러한 생각에는 두 가지 반대가 있어 왔다. 첫째는 '온'이라는 표현이 다른 지역의 여러 교회들에서 온 방문객에 대한 가이우스의 환대를 의미한다고 제안한다. 그러나 다음 장에서 보겠지만, 바울은 '에클레시아'라는 단어를 이런 식으로 사용할 수 없었다. 둘째는 여기서 '온'의 반대는 전체 그룹의 더 작은 단위들이 아니라 공동체 내의 분열된 그룹들로, 바울이 '온'이라는 단어를 문자적 의미뿐만 아니라 은유적으로도 사용했다고 주장한다. 가능성 있는 주장이지만 그렇다 하더라도 이것이 그 도시의 더 큰 규모의 그룹 모임의 존재를 설명하지는 못한다.

흥미롭게도 로마서에는 그리스도인들이 한 번이라도 한 장소에서 전체(whole)로시 모였다는 기록이 없다. 시간적으로 앞서는 다섯 편지 모두에 나오는 인사말들과 달리, 바울은 '교회'나 '교회들'에게 편지한다고 하지 않고 오히려 "로마에서 하나님의 사랑하심을 받고 성도로 부르심을 받은 모든 자에게" 한다고 했다(롬 1:7). 이는 아마도 도시의 크기 때문일 것이다. 바울로서는 어떤 지역에 두루 흩어져 있는 사람들이 모두 한곳에 모이지 않는 한 그들 집단을 '에클레시아'라고 부를 수 없기 때문에, 이 단어를 사용하는 것이 불가능했다. 실제로 한 세기 후에 유스티누스(Justin)는 그런 일이 여전히 일어나지 않았다고 말한다![13] 이는 에베소서와 같은 후기 서신들의 경우에도 해당하는 것이지만, 로마서는

---

13   Justin Martyr, *First Apology* 67를 보라.

더 넓은 범위의 믿는 자들에게 보내는 일반적인 서신으로 보인다.

모임의 빈도와 크기

이런 초기 그리스도인 모임들의 시간과 빈도에 관해서 바울은 거의 이야기하지 않는다. 그는 예루살렘 성도를 위한 연보를 "매주 첫날에" 따로 모아 두라고 요청한다(고전 16:2). 그러나 이것은 공동체 전체의 행위라기보다는 개인적인 행위를 가리킨다. 그리고 "모아 두어서"라는 표현이 나타내듯이 주 단위의 모임을 언급하는 것도 아니다. 이 "매주 첫날에"라는 표현은 바울이 드로아 그리스도인들과 마지막으로 만났던 모임에 관한 누가의 기사에서 다시 나온다(모두가 "떡을 떼려 하여 모였을 때", 행 20:7; 개역개정은 "그 주간의 첫날에"로 되어 있다). 하지만 교회가 그날에 정기적으로 모였는지 아니면 다음 날 아침에 바울이 떠나야 하므로 그날을 택하여서 모였는지 확실히 말하기는 어렵다. 가능성이 큰 전자의 경우라 하더라도, 모든 그리스도인이 매주 모였는지 그리고 소그룹으로 모였는지는 확실하지 않다. 온 교회가 모였다고 언급할 때 바울이 취한 다소 분명치 않은 표현은 그 모임들이 자주 있지 않았음을 암시한다.[14] 자발적 조합들과 종교 단체들은 월례와 연례 모임을 기본으로 여기에 때때로 특별한 일을 기념하는 다른 모임들이 추가되는 형식이었기 때문에, 이들 그리스도인의 큰 모임들도 자연스럽게 그러한 예를 따랐을 것이다. 아니면 기회나 필요가 발생했을 때 가끔씩만 모였을 수도 있다.

사도행전 20장의 기록은 밤 모임을 묘사하는데, 이는 대부분 사람이 낮에 일해야 했음을 감안한다면 충분히 이해할 만하다. 이때를 종종 일

---

14 고전 14:23; 참조. 고전 11:33.

요일이었을 것으로 가정하지만, 드로아의 그리스도인들이 모인 것은 토요일 밤이었을 것이 분명한데, 그때가 유대인에게는 "그 주간의 첫날"이 시작하는 시간이기 때문이다. 역사가 플리니우스(Pliny)의 시대에는 일요일 밤 모임이 있었지만, 이것은 반 세기 이상이 지난 후다.[15]

바울의 이 초기 서신들에서 '에클레시아'라는 용어는 지금까지 말한 것과 같은 그리스도인의 실제 모임들을 지칭하거나 정기적으로 회집하는 공동체로서 한 지역 내의 그리스도인들을 지칭하는 데 일관성 있게 사용된다. 이는 '교회'가 정적이기보다는 뚜렷이 역동적인 성격을 지녔음을 의미한다. 그것은 지속적인 실체라기보다는 정기적인 사건이다. 이 용어는 특정한 지역 내에 살면서도 모이지는 않는 모든 그리스도인을 지칭하는 것이 아니다. 그리고 이 용어는 어떤 특정한 시점에서 한 지역이나 전 세계에 흩어진 그리스도인의 총합을 지칭하는 것도 아니다. 또한 이 시기에는 이 용어가 그리스도인들이 모이는 건물을 가리키는 데 노 걸고 쓰인 적이 없다. 한 도시에서 단지 몇 명의 그리스도인만 모이는 작은 모임이건 모든 그리스도인이 모이는 큰 모임이건 간에, 대부분 그 구성원 중 한 사람의 가정집에서 '에클레시아'는 열렸고,[16] 때로는 그것이 열린 그 집의 특정 부분(예를 들어, "윗다락")이 언급된다.[17] 주후 3세기까지 그리스도인의 모임을 위해 특별한 건물이 건축되었다는 증거는 없으며, 설령 그렇더라도 그 건물들은 전형적인 로마나 그리스 가정집을 본떠서 만들어졌다.

집들(oikoi)의 종류가 다양했음을 아는 것이 중요하다. 어떤 것들은

---

15   Pliny, *Epistulae* 10.96-97.
16   참조. 행 18:7-8.
17   행 20:8; 참조. 눅 22:12; 행 1:13.

단독주택이었고, 어떤 것들은 우리가 아파트라고 부를 수 있는 널찍한 공동주택이었다. 어떤 학자들은 6층짜리 높은 건물의 다가구 주택도 모임 장소였다고 말하지만, 이 경우 한 가구의 협소한 크기를 볼 때(어떤 경우는 한 칸짜리 원룸), 그 가능성은 희박해 보인다. 어느 정도 잘 사는 가정집이나 공동주택에 있는 식당은 열두 명 정도의 어른과 아이들 몇 명을 수용하기에 적당한 크기였다. 중앙마당(atrium)은 그 두 배가량 되는, 더 많은 인원을 수용할 수 있었다. 그러나 초대 그리스도인들은 정기적으로 만나서 단지 기도하고 찬양하고 말씀을 듣기만 한 것이 아니라 식사도 함께했다. 이런 사실을 고려할 때, 그들이 이곳에 모였을 것 같지는 않다. 예를 들어 드로아의 "윗다락" 역시 특별히 큰 공간은 아니었다는 점은 청년 유두고가 창틀에 걸터앉아야 했던 이유를 설명해 준다(행 20:9).

아굴라와 브리스가의 집과 같은 전형적인 가정에서는 열 명에서 열두 명 정도의 성도와 아이들이 모였던 것으로 보인다. 더 넉넉한 규모의 가정집에서 모인 "온 교회" 모임은 아마도 식당과 여분의 공간이 포함된 더 큰 윗다락에서 열렸을 것이다. 그렇다고 하더라도 40명 이상의 사람들이 한 번에 이런 모임을 가졌다고 상상하기는 어렵다. 그러므로 더 작은 모임 **또는** 더 큰 모임을 월등히 큰 것으로 생각해서는 안 된다. 회당에서와 같이 열 명의 사람들이 있어야 모임이 구성된다는 증거는 분명히 없었다. "온 교회"가 모인 경우에도, 구성원들 간에 서로 친밀한 관계를 발전시키기에 충분할 정도로 그 규모는 작았다. 그리고 그들이 가정집에서 모이는 환경을 유지하는 한, 모임은 분명 제한되었다. 그러나 논의를 더 진행하기 전에 초대 그리스도인들이 모였던 상황의 성격을 좀 더 면밀히 탐구할 필요가 있다.

단순히 가정집만은 아니었다

네 가지를 다루어야 한다. 첫째, 아굴라와 브리스가의 집의 성격을 통해 알 수 있듯이, 일부 초기 그리스도인 공동체는 **가정적** 상황 이상의 환경에서 모였다. 최근의 일부 조사들은 가정집 환경과 작업실 환경 사이의 이분을 주장하지만, 항상 그렇지는 않았다. 앞에서 본 바와 같이, 많은 가정집들이 **직업적** 기능을 가졌다. 다른 이들은 최초의 교회들이 "동네" 환경이라고 할 수 있는 환경에서 모였다고 제안한다. 그러나 이 역시 가정과 '비쿠스'(vicus, 동네)를 이분하는 경향을 보인다. 초대 그리스도인들의 모임이 더 공적인 장소에서 열렸다는 증거가 없다는 사실과는 별개로, 적절한 규모의 가정집은 종종 거리의 다른 사람들이 모여서 토론하고 때로는 동네의 문제를 해결하는 장소였다. 다시 말해, 그 지역의 **시민** 공익적 기능을 했다. 이러한 세 가지 측면에 더해, 집은 도움이 필요한 시민들, 특히 기근이나 새해를 입은 시민들에게 **복지**를 제공하는 주요 장소였다. 그러므로 그리스도인들이 어느 집에 모였을 때, 그들은 개인과 가족 문제가 최우선인 가정이라는 영역에 들어온 것일 뿐 아니라 일, 동네, 복지와 관련된 영역에 있는 것이다. 가정집의 정서(ethos)를 이렇게 넓게 이해하는 것은 그리스도인들이 자신들의 모임이 반영하고 투영해야 할 삶의 영역들을 이해하는 방식이었을 것이다.

둘째, 최근의 일부 연구들은 초대 그리스도인들이 모였던 장소의 범주를 넓혀 주었다. 그러나 이러한 연구들은 초대 그리스도인들이 종종 우리가 '교회'라 부르는 모임 외에도 때때로 함께 어울렸다는 사실을 고려하지 않았다. 자신들의 공동생활을 심화하고 강화하기 위해 정기적으로 모였을 뿐 아니라, 일부는 복음의 일을 위해, 도움이 필요한 사람들을 돕기 위해, 사도를 환송하기 위해 등등의 이유로 때에 따라 모였다. '오이코스'나 '오이키아'와는 달리, '에클레시아'는 이런 종류의 모임과 연결된 것으로 언급되지 않는다. 로마서 16장은 그리스도인 단체들이 수도에 상당수 있었음을 분명히 말한다. 아굴라와 브리스가 가정의 교회를 제외하고, 호명된 네 집단은 교회라고 분명하게 묘사되지 않는다. "아리스도불로의 권속" "나깃수의 가족" "아순그리도와 블레곤과 허메와 바드로바와 허마와 및 그들과 함께 있는 형제[자매]들" "빌롤로고와 율리아와 또 네레오와 그의 자매와 올름바와 그들과 함께 있는 모든 성도"가 그들이다(롬 16:10-11, 14-16). 이들은 어떤 종류의 집단일까? 다음의 세 가지 가능성이 있다. (1) 그들은 브리스길라와 아굴라 가정에서 모이는 것과 같은 종류의 모임이었을 수 있다. 만일 그렇다면 왜 바울은 그렇다고 명확하게 말하지 않는가? (2) 그들은 그리스도인이 아닌 주인(즉 아리스도불로와 나깃수)을 섬기는 종들로 구성된 집단이거나 함께 일하는 동일 길드의 회원들로 구성된 집단일 수 있다. 이들은 다른 그리스도인들을 그들의 모임으로 초대할 입장은 아니었다. 이 경우 그런 집단을 '에클레시아'로 묘사하는 것은 부적절할 수 있다. (3) 그들은 어느 시점에서는 다른 이들을 자신들의 모임으로 초대할 수 있기를 소망하는, 만들어지는 중인 교회였을 수 있다. 그렇다고 해서 서로를 격려하고 힘을 주기 위해 함께 살고 일하며 더 제한된 의미에서 함께 모이는 그 모임들의 가치를 부정할 수는 없다.

셋째, 초대 그리스도인 모임들이 가정집에서 열리지 않았다고 제안하는 몇몇 주장들은 의심스럽다. 예를 들어, 어떤 이들은 여자는 교회에서 있었던 일에 대해 집에서 자기 남편에게 물으라는 바울의 권면(고전 14:35)이 그 모임이 집에서 이루어지지 않았음을 암시한다고 주장한다. 그러나 이 본문에서 집은 회원 개개인의 집들로 보이기 때문에, 이는 불합리한 추론이다. 다른 본문에서, 바울이 관련된 그리스도인 모임이 집 밖에서 일부 시간을 보낸 예를 볼 수 있다. 젊은 회원 중 한 명이 3층 창에서 떨어진 후 길에서 살아났다(행 20:9-11). 교회는 그가 쓰러진 곳에서 잠시 모임을 가진 후 건물 안으로 돌아와 이른 아침까지 모임을 계속했다.

넷째, 어떤 연구들은 이 초대 그리스도인 모임들이 그리스-로마의 자발적 단체들이 모이던 장소에서 모였을 가능성이 높다고 제안한다. 이런 장소들 중 사원 같은 일부 처소는 적합한 장소가 아니었다. 여관이나 식당 같은 다른 장소들도 가능했지만, 그리스도인 공동체들이 동역자나 구성원의 집에 있는 윗다락도 있는데 굳이 그런 장소를 택할 필요는 없었다. 또한 그리스-로마의 자발적 단체들과는 달리, 바울의 교회들은 배우자와 아이들을 포함했다는 점을 기억해야 한다(골 3:15-21; 엡 5:22-6:4; 행 20:7 12). 그런 것들을 볼 때 가정집의 환경이 더 적절한 것으로 보인다. 그러나 다시 한번, 당시의 집이 순수하게 가정적인 환경은 아니었다는 전제하에 바울의 공동체가 반드시 집에서만 모인 것은 아니지만 주로 집을 이용했다는 것이 우리의 제안임을 강조하는 것이 중요하다.

Paul's Idea of Community

4

지상에 현존하는 하늘의 실체로서의 교회

바울의 후기 에클레시아 용례

초기 의미의 연속

바울의 후기 서신에 나타난 '에클레시아'의 의미에 대해 살펴보자. 바울은 확실히 이 용어를 그리스도인의 지역 모임을 의미하는 것으로 계속 사용한다. 빌립보서에서 그는 "복음의 시초에…주고받는 내 일에 참여한 교회가 너희 외에 아무도 없었느니라"(빌 4:15)라며 그곳 성도들에게 감사한다. 빌립보서는 교회가 어디에서 모였는지 말하지 않지만, 우리는 사도행전을 통해 루디아의 집에서 모였으리라고 짐작할 수 있다. 바울은 빌립보에 있는 동안 그녀의 집에 머물렀고, 바울과 실라가 감옥에서 나온 후 지낸 곳도 루디아의 집이었다(행 16:15, 40). 이것이 그 도시의 유일한 그리스도인 모임이었을지도 모른다. 바울의 일부 초기 서신들과는 달리 빌립보서의 서두 인사에 '에클레시아'라는 말이 빠져 있지만, 이것은 아마도 그가 모든 구성원뿐만 아니라 교회 내 특정 집단들을 언급하기를 원했기 때문일 것이다. 그러므로 그는 이렇게 말한다. "그리스도 예수 안에서 빌립보에 사는 모든 성도와 또한 감독들(*episkopoi*, 에피스코포이)과 집사들(*diakonoi*, 디아코노이)에게 편지하노니"(빌 1:1).

동일한 경우가 골로새 사람들에게 보낸 편지에도 나타난다. 그는 보통 구성원들은 "성도들", 특별한 사역을 수행하는 사람들은 "신실한 형제들"이라고 칭한다(골 1:2). 빌레몬이 골로새에 거주했던 것이 거의 확실하기 때문에, 바울이 그에게 보낸 짧은 서신에 언급된 "네 집에 있는 교회"는 온 교회든지 그 도시의 더 작은 모임들 중 하나였을 것이다(몬 2절). 골로새서는 근처 라오디게아의 "눔바와 그 여자의 집에 있는 교회"를 언급하고, 또한 이 편지를 그곳에 전달하라고 골로새 교인들에게 권한다(골 4:15). 눔바의 집에 모인 모임과 라오디게아인의 교회가 동일한 것인지 혹은 그 도시의 더 작은 모임과 더 큰 모임을 말하는 것인지는 역시 불분명하다. 그리고 에베소서에는 특정한 장소가 언급되지 않기 때문에 '에클레시아'라는 말이 서두에 나오지 않는 것은 이상한 일이 아니다.

모든 그리스도인이 속한 하늘의 실체

이들 후기 서신에서는 '에클레시아'에 대한 바울의 이해가 더 확장된다. 이 개념의 기초는 '에클레시아'라는 용어와 자주 동반 사용되는 '엔 크리스토'(*en Christō*, 그리스도 안에)라는 그의 언급에 이미 놓여 있다. "그리스도 안에"라는 문구는 바울 서신에서 가장 많이 나오는 표현이다. 이 문구는 모두 164회 나오는데, 그리스도인 공동체보다는 주로 그리스도인 개개인을 염두에 둔 문맥에서 나온다. 이 문구는 기본적으로, 믿는 자들이 역사적 예수의 사역과 부활하여 승천하신 주님과의 교제에 의존하고 있음을 나타낸다. 믿는 자 개개인은 '교회 안에' 있지 않을 때도 그리스도와의 관계 가운데 있다. 죽은 자들도 "그리스도 안에" 있다고 묘사될 수 있다(살전 4:16). 바울이 이렇게 '엔 크리스토'라는 문구와 '에클레시아'를 반복적으로 짝지어 사용한 사실은, '에클레시아'의 의미가 지역 모임보다 더 넓은 개념임을 암시한다.

이 더 넓은 개념을 어떻게 파악할 수 있을까? 바울은 이것을 그리스도인들이 함께 모였을 때 실현되는 영적인 상태로 생각했을까? 이것은 다양한 지역 모임으로 분산되어 있는 보편적 교회(universal church)와 사후에 그리스도 앞에서 모일 종말론적 회집(eschatological gathering)의 개념에 기초를 제공해 줄 수 있을 것이다. 하지만 바울의 저술에서는 '보편적 교회'의 개념이 전혀 전개되지 않으며, '종말론적 회집'에 관한 그의 언급은 그가 후기 서신들에서 '에클레시아'를 사용할 때 기본적으로 의도한 바가 아니다. 그리고 이 종말론적 회집에 들어가는 것은 사후가 아니라 마지막 날에 이루어질 사건이다(살전 4:15-17).

그렇지 않다면, 바울은 살아 있든 죽었든 그리스도 안에 있는 모든 이들로 구성된, '눈에 보이는' 교회들에도 소속된 구성원들의 '보이지 않는' 교회를 그려내고 있는 것일까? 이 개념은 기독교 사상에서 오랫동안 존중받는 위치에 있었으나, 정작 바울의 가르침 속에는 이에 대한 근거가 없다. 그가 구상한 것은, 전혀 무관하지는 않지만 다른 방향으로 흘러간다.

이 방향의 첫 번째 증거는 갈라디아서에 나오는데, 여기에서 바울은 "지금 있는 예루살렘"의 자녀와 "위에 있는 예루살렘"에 속한 자들을 대비시킨다(갈 4:25-27). 이 개념은 빌립보서에서 좀 더 발전된다. 이 서신에서 그는 지상에 살아 있는 그리스도인이 동시에 하늘 공동체의 구성원임을 천명한다. 매우 중요한 구절에서 그는 "땅의 일을 생각하는 자"

와 "시민권(politeuma)이 하늘에 있는 사람"을 대조하는데, 그의 어법은 아마도 빌립보라는 로마 식민지 전체에 수여된 로마 시민권이라는 특권을 반영하는 듯하다(빌 3:19-20). 이 하늘 공동체의 구성원은 그에 따르는 모든 혜택을 받게 되는데, 이는 로마 제국의 시민권처럼 현재 진행 중이다. 각 구성원은 집회에 참석하는 동안, 하늘에 계신 그리스도께 초점을 맞춘 공동체와 지상의 로마 제국 중심의 공동체에 참여했으며 이 참여는 모두 영구적 실체였다. 이 개념은 에베소서 2:19에서 다시 나타나는데, 덧붙여 말하자면, 우리는 갈라디아서 4:25-27에서 특정 주제에 대한 바울의 생각이 그의 선교 사역에서 만나게 되는 환경에 어떻게 영향을 받는지 보여 주는 독특한 예를 접하게 된다. 이 관점의 기초는 그의 이전 서신들에 이미 있었지만, 빌립보의 상황이 바울이 좀 더 명확한 개념에 도달하도록 도와준 것 같다.

옥중서신이라 불리는 편지들에서 '폴리테우마'(politeuma, 시민권이 주어진 장소: 제국)는 '에클레시아'라는 용어로 대체된다. 골로새서에서는 그리스도가 머리이신 비지역적 교회의 개념이 도입된다(골 1:18, 24). 이것은 일반적으로 세계에 흩어져 있는 보편적 교회를 언급하는 것으로 오해되어 왔다. 하지만 여기서 말하는 것은 지상의 현상이 아니라 초자연적 현상이다. 그 표현이 나오는 구절 전체가 승리하신 그리스도와 믿는 자들이 들어간 빛의 나라에 초점을 맞추고 있다(골 1:9-2:7). 이 '에클레시아'의 구성원들이 하나님 앞에서 "거룩하고 흠 없고 책망할 것이 없는 자로" 나타날 것이라는 종말에 대한 조망은 현재 실체에 달려 있다(골 1:11, 16, 22, 28). 즉, 그들은 현재 하늘의 차원과 지상의 차원에 동시에 존재한다고 표현된다. 바울은 수신자들에게 "너희가 죽었고 너희 생명이 그리스도와 함께 하나님 안에 감추어졌으니"(골 3:3), "그리스도와 함께 다시 살리심을 받았으면 위의 것을 찾으라. 거기는 그리스도께서 하나님 우편에 앉아 계시느니라"(골 3:1)라고 상기시킨다. "우리 생명이신 그리스도께서 나타나실 그때에 너희도 그와 함께 영광 중에 나타나리라"(골 3:4)는 것은 그들이 이 하늘의 영역에서 그리스도와 함께 살기 때문이다. 여기서 바울이 그리는 그림은 골로새의 그리스도인들이 **이미 참여한 하늘의 집회**이며, 그 완성은 마지막 날에 일어날 것이다.

에베소서에서 바울이 사용한 언어가 이를 확증한다. 그는 하나님이 "우리를 그리스도와 함께 살리셨고…또 함께 일으키사 그리스도 예수 안에서 함께 하늘에 앉히시니"라고 명백히 말한다(엡 2:5-6). 바울이 "하나님 곧 우리 주 예수 그리스도의 아버지께서 그리스도 안에서 하늘에 속한 모든 신령한 복을 우리에게 주시되"(엡 1:3)라고 고백하는, 서신의 서두에 나오는 기도와 비교해 보라. 바울은 이 두 구절 사이에서, 그리스도께 주어진 하늘의 권세에 대한 찬양을 마치고 나서 그분이 '에클레시아'의 머리가 되심을 다시 강조한다(엡 1:22-23). 여기서 다시 한번, 믿는 자들은 일상적인 일을 하고 있는 동안에도 동시에 하늘의 그리스도 주위에 모여 있다. 종말론적 완성에 대한 언급이 여기에도 나오지만(엡 1:14; 2:7), 그 강조점은 그리스도께서 이루신 행위와 그것이 즉각적으로 하늘에서 내포하는 의미에 주어진다. 하늘 교회의 개념은 에베소서 3장에 다시 나오는데, 여기서 바울은 "교회로 말미암아 [세상에게가 아니라] 하늘에 있는 통치자들과 권세들에게 하나님의 각종 지혜를 알게 하려 하심"이라고 말한다(엡 3:10). 하늘 교회의 개념은 나중에 여러 곳에서 나타나는데, 특히 '에클레시아'와 병행하여 쓰인 문구들(즉 "대대로"와 "영원무궁하기를"과 같은, 엡 3:21)에서나, "모든 하늘 위에 오르신"(엡 4:8-10) 분에게서 나오는 공동체 안의 은사들에 대한 언급에서, 그리고 5장

에서 그리스도와의 관계의 현재적 성격을 강조하는 '에클레시아'에 대한 언급에서 나온다.[1]

그러므로 바울에 따르면, 그리스도인들은 영원히 진행 중인 하늘 교회와 간헐적으로 만나는 지역 교회에 모두 속한다. 이것이 의미하는 바는 그리스도인들이 함께 모일 때뿐 아니라(또는 개인적으로 기도로 그분과 관계를 맺을 때만이 아니라) 그들이 어디에 있든지 무엇을 하든지 언제나 그리스도와 공통의 관계 안에 있다는 것이다. 이는 고귀한 개념으로, 바울 저술 전체에서 가장 심오한 개념 중 하나다.

하늘 교회와 지역 교회의 관계

두 모임 사이에는 어떤 관계가 있을까? 바울은 이에 대해 자세히 설명하지 않지만, 해답에 대한 단서들을 충분히 제공한다. 그가 사용한 언어가 암시하는 바로는, 지역 모임들은 흔히들 말하는 보편적 교회의 일부도 아니고 하늘 교회의 한 **부분**도 아니다. 바울은 그런 모임들에 대해 특정 장소에서 모이는 교회 **자체**라고 일관성 있게 말한다. 한 도시에 여러 모임이 있을지라도 각 모임은 그곳 교회의 **일부**가 아니라 그곳에서 모이는 교회들 중 **하나**로 여겨진다. 이것은 각 지역 교회가 하늘 교회의 실질적 표현, 곧 본질적으로 영원하고 무한한 것의 시공간 안에서의 표명임을 의미한다.

여기에 지역 모임들이 전체의 한 부분으로서 관련된, 눈에 보이는 지상의 보편적 교회에 대한 암시는 전혀 없다. 또한 바울은 지역 공동체들

---

[1] 엡 5:23, 25, 27, 29, 32.

이 서로 엮여 있는 조직적 구조에 대해서도 이야기하지 않는다. 그는 어디에서도 공동체들이 나누는 공동생활이 이런 식으로 가시화되어야 한다고 제안하지 않는다. 우리가 아는 대로, 바울은 가끔 교회들이 위치한 지방에 따라 교회들을 한데 묶기도 했다(예를 들면 "갈라디아 여러 교회들"). 하지만 그가 그런 식으로 복수형을 지속해서 썼더라도, 지방의 교회 행정 체계가 있었음을 암시하는 것은 아니다.

그렇다고 해서 지역 교회들 사이에 어떤 연계도 없었다는 말은 아니다. 반대로 바울은 지역 교회들이 다양한 방법으로 서로 교제하도록 기회를 만들고 격려했다. 그러면서도 그는 제도적인 관계가 아니라, 유기적이며 덜 조직적이고 지속적인 성격을 지닌 관계를 형성하려고 노력했다. 그러한 노력은 사도로부터 받은 서신을 교환한다든지(골 4:16), 이 그룹에서 저 그룹으로 개인들이 방문한다든지(롬 16:1), 궁핍할 때 재정적인 도움을 준다든지(고후 8:11-13), 서로를 위해 기도로 지원한다든지(골 1:9-14; 4:3-4), 중개인들을 통해 안부나 소식을 나눈다는지(고전 16:19; 고후 13:13; 빌 4:22) 하는 일들을 통해 이루어졌다. 흩어져 있는 이 그리스도인 그룹들은 연합 조직을 결성함으로써가 아니라, 자신이 동일한 가족의 구성원임을 인식하는 사람들 사이에 수시로 이뤄지는 다양한 개인적 연락들을 통해 그들의 하나됨을 나타냈다.

이는 예루살렘 교회에서도 마찬가지다. 바울은 유대인과 이방인 사이의 어떤 분열도 피하고자, 자신의 선교 사업에 대한 예루살렘 교회의 인정을 얻어 내려고 노력했다(갈 2:1-10). 이는 그가 이런 종류의 교파주의를 몹시 싫어했기 때문이다. 또한 그는 예루살렘 교회의 가난한 자들을 위한 모금에 자신이 개척한 이방인 교회들이 참여하도록 관심을 기울였다(롬 15:25-27). 이는 복음이 예루살렘 교회로부터 나왔음을 인정하기 위한 것이었다. 하지만 그렇다고 해서 그가 개척한 교회들이 최초의 그리스도인 공동체를 추종했다거나 조직적으로 그 교회의 통제를 받았다는 의미는 전혀 없다. 이에 대해서는 이 책의 뒷부분에서 바울의 권위와 예루살렘을 위한 모금을 좀 더 상세히 살펴볼 때 다시 설명할 것이다.

바울이 후기에 가졌던 에클레시아 개념의 중요성

그가 살았던 시대적 맥락에서

'에클레시아'에 대한 바울의 이해를 당시의 지적·사회적 분위기에 견주어 보면, 그의 사상이 지닌 포괄성뿐 아니라 그것이 그 시대에 얼마나 적절했는지가 돋보인다. 당시 시대상에서 특히 중요했던 세 가지 측면은 이미 살펴본 바 있다. 즉 (1) 그리스와 로마의 지식층 그리고 경건한 유대 지도자들의 마음을 사로잡았던 보편적 형제애에 대한 동경, (2) 개인적 정체성과 친밀함을 찾을 수 있는 장소로서 가정의 중요성, (3) 종교와 관련된 다양한 자발적 조합의 구성원이 됨으로써 추구할 수 있는 공동체와 불멸성에 대한 탐구 등이다. 아주 괄목할 만한 방식으로, 바울의 '에클레시아' 개념은 이 세 가지 모두를 그럭저럭 포괄했다.

1. 그것은 같은 생각을 하는 사람들이 비교적 작은 규모로, 정기적으로 모이는 자발적 조합이다. 이는 회당과 신비 종교들 그리고 좀 더 배타적이기는 하지만 쿰란 공동체와 공유하는 특징이다.
2. 그것은 가정이라는 단위에 뿌리를 두고 있으며 가정의 특성도 일부 가지고 있었다. 이교도의 '티아소이'(*thiasoi*)나 바리새파와 에세

네파의 '하부로트'(haburoth)도 의식적으로 이 토대 위에 세워진 것은 아니었으며, 스토아학파도 이렇게 가족적인 집단에는 거의 관심이 없었다.

3. 이 작은 지역 교회들에는 초국가적이고 초현세적인 중요성이 부여되었다. 그들은 스스로에 대해, 그들이 시민권을 두고 있는 신적이고 영원한 나라의 가시적 표명이라고 여기도록 장려되었다. 이 관점은 스토아학파와 어느 정도 중첩되긴 하나, 지역 교회들의 공동체적 강조는 스토아학파나 그보다 더 개인주의적인 견유학파의 이상과는 상이하다.[2] 동시대의 종교 단체들 가운데서 쿰란 공동체는 확실히 이 관점을 그들 모임의 구체적 성격으로 가지고 있었지만, 그 비전은 시야가 아주 제한적이었으며 더욱이 민족주의를 크게 강조했다(1QS 8.4-7; 11.3, 6-9). 반현세적이고 개인주의적인 강조 때문에, 신비 종교들은 그들의 범세계주의적 성격에도 불구하고 영원한 전지구적 연결성을 지닌 새로운 인류에 대해서는 생각하지 못했다.

오직 바울이 통찰한 '에클레시아' 개념만이 당시 고대 사회에서 사람들이 자신을 헌신할 수 있는 공동체의 세 가지 요건을 모두 아울렀다. 심리학적으로 말하자면, 이것은 바울의 접근법이 1세기의 다른 경쟁 단체들을 압도하는 결정적 강점을 지녔음을 의미한다. 바울의 공동체는 그들 중 어느 단체보다 훨씬 많은 것을 제공하며 이곳이 아니라면 두 개 이상의 종교 단체에 충실해야만 발견할 수 있는 것들을 공급했다.

---

2   Diogenes Laertius, *Vitae philosophorum* 6.63, 72를 보라.

사회학적으로, 바울의 개념이 가진 뛰어난 요소는 공동체의 세 가지 모델을 모두 조합했다는 점이다. 나는 바울이 이 세 모델을 체계적으로 연결했다거나 의도적으로 자신의 개념을 그 시대가 추구하는 바의 성취로 여겼다고 말하는 것이 아니다. 단지 그의 교회관이 그 당시에 발전한 다른 것들보다 개념적으로 더 풍부했고 사회적으로 더 적실성이 있었다고 말하는 것이다.

바울은 모임에 대해 지극히 일상적인 용어(*ekklēsia*)를 사용하고 모임의 장소도 제의적 장소가 아닌 일상적인 환경을 택함으로써, 이 모임을 사람들이 관여하는 평범한 모임들과 굳이 구별하길 원치 않음을 드러낸다. 그는 이 모임을 그리스도인들이 참여하는 다른 어느 활동보다도 성격상 더 종교적인 것으로 여기지 않았다. 이 모임의 색다른 점은 모임 자체의 행위나 그 모임의 특별히 종교적인 의도 또는 그 모임의 가정적 환경으로부터 나오는 것이 아니다. 비슷한 것들은 다른 모임에도 모두 있었다. 예를 들면, 사적인 헬레니즘 종교들도 이따금 모임을 위해 따로 지은 건물이 아니라 가정에서 모였다(그런 경우는 비교적 드물었고, 그 집들은 사원으로 바뀌거나 다양한 이교 활동의 중심지가 되었다). 최초의 회당은 원래 야외에서 모였겠지만, 시간이 지나면서 가정에 기반을 두게 되었다. 1세기 무렵, 이들 중 다수가 더 많은 수의 사람들을 수용할 수 있도록 변경되었으며, 특별한 건물들도 종종 그들의 가정 모임의 선례를 반영하여 관습적으로 건축되었다.[3] 바울의 공동체들이 1세기 경쟁자들과 구별되는 점은 가정에 기반을 두었다는 사실보다 그들 모임의 성격과 그 역동성의 원천에 있었다.

---

3   Philo, *Every Good Person* 81: Josephus, *Antiquities* 19.305; 행 13-19장 여러 곳.

그 이후의 용법에 관하여

'에클레시아'에 대한 바울의 이해가 나중에는 '보이지 않는' '보편적' 교회라는 개념들에 대한 선호로 사용되지 않게 된 것이 중요한 문제일까? 이것이 단지 의미론적 변화라고 말하는 것으로는 충분하지 않다. 이후 몇 세기 동안 '교회'라는 용어의 확장은 이 두 방향 모두에서 진정한 차이들을 낳았다. 이 차이들은 가정집 모임과 하늘의 교제를 교회들 간의 더 제도적인 활동들로, 혹은 세상의 더 기업적인 존재로 특징짓는 용어들을 적용함으로써 더욱 복잡해졌다(이에 대해서는 나중에 바울의 '사역'을 자세히 살펴볼 때 더 다룰 것이다). 이렇게 바울이 구상한 것의 원래 의미가 왜곡되는 결과를 낳았다.

말하자면, 바울이 '에클레시아'라는 용어를 그리스도인의 실제 모임이나 그러한 정기적 모임에 참여하는 무리를 규정할 때 사용했다면, 그 단어는 사람들이 일반적으로 예상하는 것보다 신학적으로는 덜 중요해진다. 이 용어의 가장 중요한 점은 공동체 생활에서 모임이 핵심이라는 것을 강조하는 데 있다. 즉 공동체가 생겨나고 지속적으로 재창조되는 것은 모임을 통해서다. 바울이 자신의 후기 서신들에서 새로운 차원을 첨가하긴 했지만(바울은 그 용어를 하늘에서 현재 진행 중인 그리스도와의 교제를 반영하는 것과 같은 교제로 보았다), 그의 공동체 사상의 심장부를 통과하려면 우리는 다른 용어들을 살펴보아야만 한다. '에클레시아'라는 단어는 우리를 그의 통찰력의 문턱으로 이끌 뿐 그 이상으로는 데려가지 않기 때문이다.

Paul's Idea of
Community

5

사랑하는 가정으로서의 공동체

공동체에 대한 몇 가지 은유

바울은 공동체에 대해 논의할 때 그림 단어들을 자주 사용한다. 그는 논증의 논리적인 전개뿐만 아니라 은유가 주는 이미지의 힘도 염두에 둔다. 이는 유대적 특징을 보여 주는 진술 방식이었다. 성경과 신구약 중간기의 문헌에는 어디에나 이런 흔적이 있다. 바울이 그리스도인 공동체에 적용한 여러 은유 중에서 건물 은유는 그의 서신에 여러 번 나타난다. 어떤 때는 집과 같은 보통의 건물을 의미하고, 어떤 때는 유대인들에게 가장 중요한 건물인 성전을 뜻한다. 그러나 이 은유의 더 일반적인 용도는 공동체들을 세우는 사도들의 사역을 가리키거나(이 경우 바울은 "건축자"로 묘사된다)[1] 공동체 안에서 구성원들의 상호 의존과 장성하기까지 자라가야 함을 가리키는 것이다.[2] 바울이 공동체를 성전으로 묘사

---

1   갈 2:18; 고전 3:10-14; 고후 10:8; 12:19; 13:10; 롬 15:20; 참조. 엡 2:20; 4:12.
2   고전 14:5, 12, 26; 롬 14:19; 골 2:7; 엡 4:16.

할 때는 성령을 통한 하나님과의 관계를 강조하며, 그 결과로서 공동체가 하나님을 향해 성결해야 하고 전심으로 그분을 섬겨야 한다고 강조한다.[3]

여기서 다시 한번 바울의 초기 서신과 후기 서신의 차이가 나타난다. 초기 서신에서는 지역의 공동체가 대상이 되고 그 공동체는 하나의 건물로 표현이 된다. 반면 후기 서신에서는 하늘의 교회가 초점이 되고 그 건물의 모퉁잇돌은 그리스도라고 밝혀진다(초기 서신에서는 그리스도가 그 건물의 '터'로 묘사되지만, 모퉁잇돌과 터는 엄연히 다르다. 에베소서에서 사도들과 선지자들은 단순히 터를 닦은 것이 아니라 그 터의 자리를 차지한다.) 이 은유는 그리스도인들이 속한 공동체뿐 아니라 그리스도인 각 개인에게도 적용될 수 있다. 바울은 그리스도인들이 하나님의 건물의 '돌들'이 아니라 각자가 바로 "성령의 전"임을 아주 인상적으로 묘사한다(고전 6:19).

다른 은유들은 농경 생활에서 유래했다. 공동체는 밭, (감람나무에) 접붙인 가지, 뿌리가 심긴 식물 등으로 묘사된다.[4] 다른 은유들은 상업에서 나오는데, 교회를 (반죽) 덩어리로, 교회 안에 실족하게 하는 구성원을 누룩으로 묘사한다.[5] 하지만 건물, 자연과 상업 영역과의 유사성에는 사람들 사이의 그리고 하나님과 사람 사이의 관계에서 특징적으로 나타나는 역동적 요소가 부족하다. 이로 인해 바울은 종종 자신의 은유들을 혼합하여, 한 가지 은유의 한계가 다른 은유를 참고함으로써 극복될 수 있게 했다.[6] 또한 이 때문에 바울은 유기적 생명체에서 끌어

---

3   고전 3:16-17; 고후 6:16; 엡 2:21-22.
4   고전 3:9; 롬 11:17-24; 골 2:7; 엡 3:17.
5   고전 5:6-7; 갈 5:9.
6   예를 들면, 고후 9:10; 골 2:7, 19; 엡 2:19-22; 3:17; 4:12-16.

온 비유, 곧 몸의 비유를 선호했다. 그러나 궁극적으로, 이 그림 언어로도 극복할 수 없는 한계들 때문에 그는 인간 가족 관계의 언어를 강조한다.

바울이 공동체를 묘사하는 데 사용한 은유들, 그중에서도 특히 '몸' 은유는 수년간 집중적으로 연구되었음에도, 바울이 사용한 '가족' 또는 '가정들'(oikeioi)은 너무 자주 간과되거나 간단히 언급되는 정도에 그치다가 최근에서야 겨우 세밀한 연구가 진행되고 있다. 이 용어의 중심성과 연관 단어들의 빈도는 이 단어가 교회의 생활을 은유하는 가장 중요한 단어임을 보여 준다. 다른 어떤 이미지보다도, 가족 은유는 공동체에 대한 그의 사상의 정수를 나타낸다.

중심 이미지: 가족

구성원에 대한 묘사

바울의 '가족' 용어는 그리스도와 하나님의 관계에 그 기초를 두고 있다. 최초의 서신에서 이미 바울은 이 가족의 가장을 하나님 아버지로 보고 있다.[7] 독특한 의미로 예수님은 하나님의 아들이며, 예수님이 사람들과 같이 되신 것과 그들을 위한 그분의 사역을 통해서만 사람들은 "아들의 명분을 얻"을 수 있다(갈 4:4-5; 참조. 살전 1:10). 그 결과 "하나님이 그 아들의 영을 우리 마음 가운데 보내사," 예수님과 함께 우리가 하나님을 가장 친밀한 용어인 "아빠! 아버지!"라고 부를 수 있게 되었다(갈 4:6). 그는 이 특권이 우리 자신의 영에, 우리가 진실로 "하나님의 자녀이

---

7 살전 1:1, 3; 3:11, 13; 살후 1:1-2; 2:16.

며, 자녀이면 또한 상속자 곧 하나님의 상속자요 그리스도와 함께한 상속자"임을 확증한다고 말한다(롬 8:16-17).

하나님 아버지와 그 아들 예수와 함께하는 그리스도인들의 이 같은 교제는 세상의 왕이 자신을 알현하도록 백성을 왕궁으로 부르는 것과는 전적으로 다르다. 우리는 이 교제를, 충성스러운 종들이 주인을 둘러싸고 앉아 있는 모임으로 연상해서도 안 된다. 또한 이것은 가장이 자신의 어린 자녀들을 만나는 일상적인 가족 모임도 아니다. 하나님과 그리스도인들의 만남은 아버지와 장성한 자녀들의 만남에 더 가까우며, 이 자녀들은 가장 친밀하고 점점 더 성숙한 방식으로 아버지와 관계를 맺을 수 있는 성인들이다.[8]

바울은 가족 은유가 공동체의 생활에 함의하는 바들을 통찰했다. 공동체 구성원들은 제일 먼저 서로를 가족으로 여겨야 한다. 그러므로 바울은 자신의 교회들에게, "더욱 믿음의 가정들에게 할지니라"라고 격려한다(갈 6:10). 이것을 천상에 대응하면, 언약 백성인 유대인 구성원과 하나님의 약속에서 외인이었던 이방인 구성원 사이의 교제 또한 가족적 특성을 갖는다. 그리스도를 통해 "둘이 한 성령 안에서 아버지께 나아감을 얻게" 되며, "성도들과 동일한 시민이요, 하나님의 권속"(엡 2:18-19)이 된다.

'오이케이오이'(*oikeioi*)뿐 아니라, 바울은 기본적으로 혹은 적어도 부분적으로 가족생활과 관련이 있는 몇몇 용어들을 그리스도인 공동체에 사용한다. 일부는 가정의 업무 중 사업적 측면에서 유래했다. 예를 들어, 바울이 자기 자신과 다른 사도들을 지칭할 때 사용한 '오이코노모

---

8 갈 4:1이하; 참조. 후에는 엡 4:13이하.

스(*oikonomos*, 청지기)는[9] 가정의 비즈니스 업무를 돌보는 사람을 가리키는 명칭에서 유래했다. 다른 상황에서는 행정 업무에 더 광범위하게 적용되기는 했지만, 가정에서 사용된 배경은 여전히 가지고 있다. 또한 그는 '둘로스'(*doulos*, 종)와[10] '휘페레테스'(*hypēretēs*, 일꾼; 고전 4:1)라는 용어도 사용하는데, 이 단어들은 그리스도인들 사이의 관계를 다스리는 종류의 행위를 강조하는 것으로, 이것이 바울 자신의 역할이었다. '종'은 가정의 구성원인 그들의 지위를, '일꾼'은 그들의 기능을 강조하는 말이다. 바울이 사용한 대부분의 어휘는 가정사의 친밀한 면으로부터 나온 것들이다. '아델포이'(*adelphoi*, 형제들)라는 용어는 공동체들의 구성원들을 지칭할 때 제일 애용한 방식이다. 바울은 자신의 친필 서신에서 이 용어를 120회 이상 사용한다. 이 용어는 오늘날 때때로 사용되는 '친구들'(guys)이라는 단어처럼, 종종 남성과 여성을 모두 칭하는 데 사용된다. 바울의 선교 동역자들을 추가로 언급하는 경우를 포함해서,[11] 이 단어는 그리스도인들 사이에 존재하는 실제적인 관계를 분명하게 표현한다.[12]

바울은 강한 그리스도인들이 약한 자들에 대해 관심을 가져야 한다고 감동적으로 말한다. 여기에서 그는 약한 자를 "그리스도께서 위하여 죽으신 형제 [혹은 자매]"라고 말할 뿐만 아니라 자신에게 직접적 책임이 있는 한 형제 또는 자매라고 아주 개인적으로 묘사한다(고전 8:11, 13). 바울은 또한 자신의 교회들에서 그와 가까이 일했던 몇 사람에 대

---

9   고전 4:1-2; 9:17; 골 1:25; 엡 3:2.
10 고후 4:5; 롬 1:1; 빌 1:1; 골 1:7; 4:7, 12; 엡 6:6.
11 갈 1:2; 고전 16:20; 고후 9:3, 5; 골 1:2; 4:15.
12 특히 고전 15:58; 롬 15:14; 빌 3:1; 4:1; 몬 16절.

해 가장 다정한 표현을 사용하여 말한다. 예를 들어, 두기고에 대해서는 "사랑을 받은 형제"라고 말했다(엡 6:21. 참조. 소스데네, 아볼로, 구아도).[13] 빌레몬에게는 "형제여…내가 너의 사랑으로 많은 기쁨과 위로를 받았노라"라고 편지하며, 에바브로디도에 대해서도 유사한 방식으로 언급한다(몬 7절; 빌 2:25).

바울은 가족 관계에 대한 다른 표현도 사용한다. 바울은 오네시모를 자기의 "아들"로 여기며, 자신은 그의 '아버지'가 되었다고 여긴다(몬 10절). 오네시모는 "신실하고 사랑을 받는 형제"로도 언급된다(골 4:9). 디모데에 대해서는, 빌립보 사람들에게 "이밖에 내게 없음이라…자식이 아버지에게 함같이 나와 함께 복음을 위하여 수고하였느니라"라고 상기시킨다(빌 2:20, 22). 다른 곳에서 바울은 디모데를 "우리 형제"라고 부른다(살전 3:2; 고후 1:1; 골 1:1). 그리고 "자매 압비아"(몬 2절)와 "우리 자매 뵈뵈"라는 말도 나오는데, 바울은 이 뵈뵈에 대해 "여러 사람과 나의 보호자"라고 말한다(롬 16:1-2).[14] 바울이 가장 다정한 전갈을 보내는, 이름이 밝혀지지 않은 여인도 있다. 즉 그는 "주 안에서 택하심을 입은 루포…에게 문안하라"라고 시작하여, "그의 어머니는 곧 내 어머니니라"라고 말한다(롬 16:13). 바울이 가정생활에서 끌어온 다른 유비들(예를 들어 "아버지" "어머니" "유모")을 빈번히 사용하고 있다는 점과 마찬가지로, 바울의 많은 서신들의 종결 단락은 그가 활동한 교회들의 다양한 구성원들과 맺은 강한 '가족적' 관계들을 증언하고 있다.[15]

---

13   고전 1:1; 16:12; 롬 16:23.
14   참조. 고전 7:15; 9:5.
15   고전 4:14-15; 딤전 5:2; 살전 2:7.

사랑의 중심성

또한 여기서 바울이 자신의 공동체 구성원들 사이에 사랑(agapē)의 중요성을 반복적으로 언급한 것도 관련이 있다. 그는 광범위한 개인들을 "사랑받는" 자로 언급하는데, 그들 중에는 에배네도, 암블리아, 스다구, 버시, 누가, 두기고, 오네시모 등이 있다.[16] 교회들도 비슷한 용어로 불리는데, 빌립보에 있는 온 교회와 놀랍게도 고린도에 있는 온 교회가 그렇게 불렸다. 빌립보 사람들에게는 "내가 예수 그리스도의 심장으로 너희 무리를 얼마나 사모하는지"라고 외치고(빌 1:8; 참조. 2:12), 반항하는 고린도 사람들에게는 마지막 축원에서 "나의 사랑이…너희 무리와 함께할지어다"라고 말한다(고전 16:24).[17]

바울은 분명히 그의 교회들 안에서 그리스도인들이 사랑의 관계를 서로 동일한 수준으로 발전시키기를 기대했다. 그는 데살로니가 사람들에 대해 "우리가 너희를 사랑함과 같이 너희도 피차간과 모든 사람에 대한 사랑이 더욱 많아 넘치게 하사"라고 기도한다(살전 3:12). 로마에 있는 그리스도인들에게는 매우 진지하게 "형제를 사랑하여 서로 우애"해야(롬 12:9-10) 함을 상기시킨다[여기서 'philadelphia'(형제 사랑—옮긴이)는 이보다 앞선 시기의 용례보다 더 강렬한 의미를 지닌다].[18] 그러한 사랑이 의미하는 바는 고린도전서의 유명한 구절에서 상세히 설명된다. "사랑은 오래 참고 사랑은 온유하며 시기하지 아니하며 사랑은 자랑하지 아니하며 교만하지 아니하며 무례히 행하지 아니하며 자기의 유익을 구하지 아니하며 성내지 아니하며 악한 것을 생각하지 아니하며 불의를 기뻐

---

16 롬 16:5, 8-9, 12; 골 4:4, 7, 9.
17 참조. 고전 4:21; 10:14; 빌 2:12.
18 2 Macc 15:14(LXX)을 보라.

하지 아니하며 진리와 함께 기뻐하고 모든 것을 참으며 모든 것을 믿으며 모든 것을 바라며 모든 것을 견디느니라. 사랑은 언제까지나 떨어지지 아니하되…"(고전 13:4-8). 여기서 그는 사랑을 인내, 겸손, 관용, 친절, 기뻐함, 후함, 확신, 견딤, 낙관과 같은 기본적인 태도들을 포함한 것으로 정의한다. 이러한 태도들은 그리스도인들의 일상적 관계와 상호 간 의사소통의 특징이어야 한다.

갈라디아서에서 바울은 성령의 최고 열매인 사랑을 다음과 같은 필요와 연결한다. "너희가 짐을 서로 지라. 그리하여 그리스도의 법을 성취하라"(갈 5:22; 6:2). 고린도전서에서 바울은 그리스도인들에게 고통을 받을 때나 영광을 얻을 때 서로 함께 고통을 받고 함께 즐거워함으로써 "여러 지체가 서로 같이 돌보게" 하라고 격려한다(고전 12:25-26). 로마서에서는 수신자들에게 권면하기를, 자신들만 기쁘게 하지 말고 그들의 이웃도 기쁘게 하되 하나님 아버지께 영광을 돌리며 그리스도 예수를 본받아 '서로 뜻을 같이 하여' 살라고 한다(롬 15:1-2, 5-6). 빌립보서에서는 상호 애정과 동정, 조화의 중요성에 대해 이야기하면서, 서로 "각각 자기 일을 돌볼 뿐더러 또한 각각 다른 사람들의 일을 돌보"라고 말한다(빌 2:1-4). 골로새서에서는, 믿는 자들이 하나님의 사랑받는 자로서 "긍휼과 자비와 겸손과 온유와 오래 참음을 옷 입고…서로 용납하여 피차 용서"해야 하며 이 모든 것 위에 "온전하게 매는 띠"인 사랑을 더하라고 권면한다(골 3:12-14). 에베소서에서는, 이 모든 것이 "서로 친절하게 하며 불쌍히 여기며 서로 용서하[라]…사랑을 받는 자녀같이 너희는 하나님을 본받는 자가 되[라]. 그리스도께서 너희를 **사랑하신** 것같이 너희도 사랑 가운데 행하라"(엡 4:32-5:2)라는 명령으로 요약된다.

이 '아가페'의 중심성은, 바울이 왜 그리스도인의 의무에 대한 자신의 통찰 결과를 "사랑으로써 역사하는 믿음"으로 요약했는지(갈 5:6), 그가 어떻게 공동체의 지체들에게 "피차 사랑의 빚 외에는 아무에게든지 아무 빚도 지지 말라"라고 권고할 수 있었는지를 설명해 준다(롬 13:8). 이처럼 사랑이 기본이기 때문에, 이 사랑에 의해 동기가 부여되고 가르침을 받지 않는 한 생명의 희생도 아무런 가치가 없는 것이다(고전 13:3). 진실로 사랑 자체가 하나님이 실제로 요구하시는 희생이다(엡 5:2). 사랑은 공동체가 전력해야 할 일 중에서 '왕좌'를 차지하는데, 이는 무엇보다도 사랑이 공동체의 구성원들을 진정한 연합으로 함께 '묶기' 때문이다.[19] 그러나 사랑은 인간에게 전혀 없으며, 하나님께 그 근원이 있다. 사랑은 오직 성령을 통해서만 그리스도인의 삶에 부어진다(롬 5:5; 15:30). 그러므로 사랑이 "수고"가 되는 것도 마다하지 않으며(살전 1:3),[20] 단순한 느낌이나 의향이 아니라 구체적인 섬김의 행동으로 표현된다. 사랑은 서로 주고받을 때 기뻐하지만, 돌아오는 반응에 상관없이 계속해서 자신을 주는 것이다.[21]

여기서 상호성이 그 중심을 차지하는 그리스의 이상 '필리아'(*philia*, 우정)와 '아가페'(*agapē*, 사랑)의 차이점이 아주 명백하게 드러난다. 이 사랑의 공동체를 특징짓는 구체적인 행동은, 한편에서는 동일시하는 행위이며 다른 한편에서는 대신 행하는 것이다. 이러한 동일시 즉 구성원들 사이의 상호 결속은 단순한 친분을 뛰어넘는데, 이는 각자가 다른 사람의 삶에 끊을 수 없이 포함되어 있기 때문이다. 대신 행하는 것, 즉 서로의 짐을 실제적인 방법으로 져 주는 일은 단순한 도움이나 동정까지

---

19   고전 16:14; 골 2:8; 3:14; 엡 4:1-3.
20   참조. 고후 8:24.
21   롬 13:10.

도 넘어서는 행위다. 구성원들이 서로를 위해 기도하는 것 그리고 특별히 다른 사람의 유익을 위해 고통을 감수하는 것이 이와 관련된 두 가지 예다.[22]

가족 용어의 초기 용례

그러면 바울이 가족과 관계된 이런 용어들을 사용한 배경은 어떠했을까? 이스라엘을 "집"(household)이라고 말하거나(암 5:25; 렘 31:33), 그 구성원을 "형제들"이라고 칭하는 예가 일찍이 유대 문헌에 있긴 하지만,[23] 구약 어디에도 그와 같이 이스라엘을 하나님의 **가족**이라고 부른 적은 없다. 그리스 사람들은 때때로 같은 정치 단체에 속한 사람들이나 친구들을 "형제들"이라고 지칭했다.[24] 쿰란에서는 가족 단어들이 공동체를 묘사하는 데 미미한 역할만을 했다. 공동체가 "권속"으로 묘사되더라도 하나님의 권속이 아니라 "진리" "거룩" "완전"의 권속으로 묘사되었고, 그 구성원들은 하나님의 자녀들로 직접 불리기보다는 "빛" "진리" "의" "하늘"의 아들들로 서술되었다.[25] 구성원 상호 간의 사랑이 요구되었지만, 이는 지극히 통제된 생활의 틀 안에서만 해당되는 것이었다.[26] 단 한 문단에서만, 구성원들의 감독자는 그 "자녀들"에게 "아버지"로서 행해야

22　참조. 갈 4:19; 고후 4:10-11; 롬 9:3; 골 1:24; 엡 3:13.
23　예를 들면, 레 10:4; 19:17; 신 15:3; Philo, *On the Special Laws* 2.79이하. 참조. 마 5:22-24; 10:6; 행 2:29, 36; 13:26.
24　Plato, *Minos* 239a. Xenophon, *Anabasis* 7.2.25.
25　1QS 1.9; 3.13, 20, 22, 25; 4.5-6, 22; 5.6; 8.5, 9; 9.6; CD 3.19. Josephus, *Jewish War* 2.122.
26　1QS 1.9; 2.24; 4.4-5; 5.25.

한다고 말하는데,[27] 이는 신구약 중간기의 지혜 문학이나 구약의 전례를 되풀이한 것이다.[28] 바리새인들도 그들의 "아들들"을 두었고, 랍비는 종종 "아버지"로 묘사된다.[29] 하지만 형제에 관련된 언어들은 특별히 두드러지지 않으며, 바리새인들 사이의 사랑에 대한 언급은 율법에 대한 헌신이라는 더 넓은 틀 안에서 나타난다.[30] 그러한 언어는 "나의" "사랑받는" 등의 다른 말을 사용하여 개인화하는 기법과 함께, 바울의 저술에서 두드러지는데, 이것이 확실히 바울의 공동체 이해를 구별되게 한다. 그는 또 "형제들"뿐만 아니라 "자매들"에 대해서도 사실상 기발한 방법으로 언급함으로써 당시의 관례를 깬다.[31]

신비 종교들도 입문자와 그들의 제사장적 보호자의 관계를 아버지와 아들 관계로 말하곤 했지만, 입문자들을 그들이 섬기는 신들의 "자녀"라고 기술하지는 않은 것 같다. 견유학파 철학자도 종종 그들의 추종자들에 의해 '아버지' 혹은 '유모'로 묘사되기도 한다.[32] 스토아학파는 모든 사람이 신들의 '소생'이며 서로 '형제들'이라고 믿었다.[33] 그러니 이것은 추상적인 개념이었고, 공동체를 만드는 데 실패했기 때문에, 그들에게는 바울과 같은 구체적인 동맹이 없었다고 볼 수 있다. 파피루스나 비문에도 신비 종교나 길드의 구성원을 형제 관계라고 칭한 예들이 나오

---

27 CD 13.9.
28 잠 3:12; Ecclus 3:1; 7:23-29.
29 *m. Mak.* 2.3; *m. Ed.* 1.4; *m. B. Metz.* 2.11.
30 *m. Avot.* 1.2; *m. Sotah.* 5.5.
31 그러나 아 4:9과 호 2:1을 보라.
32 Apuleius, *Metamorphoses* 11.26; Dio Chrysostom, *Orationes* 4.73이하, 77-78.
33 Epictetus, *Dissertationes* 1.13.4. Dio Chrysostom, *Orationes* 3.100이하. 그러나 Cleanthes, *Fragment* 537, in Barrett, *Background*, 67-68와 Epictetus, *Dissertationes* 3.22.77이하도 보라.

나, 바울의 편지에서처럼 핵심적이거나 개인적인 방식은 아니다.

그러나 바울이 이렇게 말한 첫 번째 사람은 아니다. 여기 나오는 바울의 용법을 지지하는 분이 바로 예수님이다. 그분은 자신의 주위에 둘러앉은 사람들을 바라보며, "내 어머니와 내 동생들을 보라. 누구든지 하나님의 뜻대로 행하는 자가 내 형제요 자매요 어머니이니라"라고 말씀하셨다. 예수는 자신의 개인적 행동에 대한 모든 가르침의 중심에 사랑을 두신 분이다(막 3:34-35; 12:30-31). 따라서 초기 기독교 공동체들은 바로 그리스도의 영 안에서 사랑의 공동체가 되기를 추구했고, 그 안에서 깊은 가족 관계가 표현될 수 있었다.

'가족'과 '교제'의 관계

가족 은유는 바울에게 중대한 것이었다. 공동체의 모임은 가정집 **상황**에서 진행되었고 구성원들 사이의 관계를 기술하는 데는 가정적인 **언어**가 사용되었다. 이는 구성원들의 가정이 그들이 함께 속한 공통의 유대를 표현하기에 가장 적절한 분위기를 제공했기 때문이다.

이 장을 닫기 전에, 일반적으로 같은 방향을 가리킨다고 여겨지는 다른 용어를 살펴볼 필요가 있다. 가족 관계를 나타내는 말은 아니지만, 자주 "교제"라고 오역되는 '코이노니아'(koinōnia)라는 용어는 바울의 공동체 이해에 대한 많은 토론에서 상당 부분을 차지한다. 바울은 이 단어와 연관된 형용사적 명사인 '코이노노스'(koinōnos)를 협력 활동의 '참여자'라는 의미로 몇 번 사용했다.[34] 그는 또한 동사 '코이노네

---

34 고전 10:18이하; 고후 1:7; 8:23; 몬 17절.

오'(koinōneō)를 다섯 번 사용했는데, 이는 어떤 외적인 활동에 '참여한다'든지,[35] 재정적으로나 다른 방식으로 '공헌한다'는 의미로 쓰였다(롬 12:13; 갈 6:6). '코이노니아'라는 말 자체는 대략 13회 사용되었지만, 이런 파생어들과 마찬가지로 어떤 공통의 목적이나 활동에 참여한다는 의미가 더 컸다. 예를 들면 성령에, 어떤 이의 믿음에, 그리스도와 그분의 고난에, 복음 사역에, 재정적 지원에 참여하는 경우였다.[36] 이것은 서로와 무언가를 나누는 사람들을 직접적으로 가리키는 것이 아니었다.[37]

분명히 그리스도인들은 이런 활동과 경험에서 서로 연합한다. 그러나 바울이 '코이노니아'라는 말을 사용함으로써 강조하는 것은 이와 같은 일에 서로 **나란히 함께** 참여하는 것이지, '교제'라는 용어의 의미처럼 서로에게 참여하는 것이 아니다. 바울은 이처럼 더 개인적이고 강렬한 의미로 서로와의 교제에 대해 말하지만, 그것을 표현하기 위해 '코이노니아'보다는 다른 단어들을 사용한다. 이제 그것들을 살펴볼 것이다.

---

35 롬 15:27; 빌 4:15; 엡 5:11.
36 빌 1:5; 2:1; 3:10; 고후 13:13; 몬 6절; 고전 1:9; 갈 2:9; 롬 15:26.
37 고전 10:16이하(3회); 고후 6:14; 8:4; 9:13.

Paul's Idea of
Community

6
유기적 조화로서의 공동체

바울은 그리스도인 공동체를 가족으로 묘사함으로써 공동체 안에 존재하는 관계들의 기초와 성격에 빛을 비춘다. 그가 교회를 '소마'(sōma, 몸)로 묘사할 때는 구성원들에게 부여되는 은사들의 본질 및 사용에 더 관련이 있다. 어떤 점에서 바울은 두 은유를 혼합하기 때문에, 지나치게 날카롭게 구분하려고 하면 오도될 수 있다. 우리는 이것을 계속해서 살펴볼 것이다.

몸 은유에 대한 바울의 초기 용례

바울은 고린도전서에서 주의 만찬을 논하면서 처음으로 그리스도인 공동체를 한 몸이라고 말한다. 그는 그것을 구성원들의 **하나됨**을 강조하기 위해 사용한다. "떡이 하나요 많은 우리가 한 몸이니 이는 우리가 다 한 떡에 참여함이라"(고전 10:17). **몸**이라는 단어는 몇 구절 뒤에서 다시 등장한다. "주의 몸을 분별하지 못하고 먹고 마시는 자는 자기의 죄를 먹고 마시는 것이니라"(고전 11:29). 이 구절은 일반적으로 십자가에 못

박힌 그리스도의 몸을 말한다고 보지만, 다시금 공동체도 염두에 두고 있다. 이후 구절들에서 알 수 있듯이, 공동체의 지체들은 자신들의 하나 됨을 인식하고 서로를 '받아들일'(이 번역이 RSV의 '기다릴'보다 더 좋다. 고전 11:33) 필요가 있다. 그들은 개인들이나 경쟁하는 파벌들의 집합체로 있을 것이 아니라, 자신들의 연대를 인식하고 드러내야 한다.

이어지는 장에서, 바울은 다양성 속의 통일성을 더 광범위하게 논의한다(고전 12:12-30). 이 단락에서 다음과 같은 점들은 특별히 주목할 만하다.

1. 그리스도의 몸으로 묘사된 것은 바로 고린도에 있는 지역 공동체다. 바울은 "너희는 그리스도의 몸이요 지체의 각 부분"이라고 주장한다(고전 12:27). 우리는 여기서 발생할 수 있는 두 가지 오해를 피해야 한다. 첫째, 여기에서 관점은 '에클레시아' 모임이 아니라 모이는 공동체다. 둘째, "몸"이라는 용어는 모임 안에서뿐 아니라 모임 밖에서 일어나는 지체들 사이의 관계에도 적용된다. 고린도에 있는 공동체는 그리스도의 더 큰 몸의 **일부**도 아니고 다른 수많은 "그리스도의 몸" 중 **하나**도 아니다. 그것은 그곳에 있는 "그리스도의 [그] 몸"이다. 왜냐하면 그리스도는 참으로 그곳에 자신의 영으로 임재하시며(고전 12:13), 공동체는 조직으로서 그분을 '조직화'하기 때문이다. 여기서 바울이 지역의 그리스도인 공동체를 높이 평가한다는 사실을 더 깊이 확증할 수 있다.

2. 공동체의 각 사람은 다른 이들을 향한 사역을 부여받았다. 어떤 사람도 단독으로 운영할 수 없으며 자신만의 운영 방식을 강요해서도 안 된다. 공동체에는 사역의 다양성이 있으며, 몸의 온전함과

하나됨이 표현되는 것은 바로 이런 다양한 기여들을 통해서다. 하나님이 이렇게 고안하셨기에, 반드시 모든 사람의 참여가 있어야 합당하게 기능할 수 있다(고전 12:14-21). 각 지체는 자신만의 역할을 가지는 동시에 다른 지체에 의존한다.

3. 공동체에서 덜 화려한 기여를 수행하는 지체들이 가장 큰 관심을 받아야 한다. 외적으로 매력적이고 극적인 은사들이 반드시 가장 중요한 것은 아니다. 그렇기 때문에 공동체를 강화하고 그 지체들을 일상의 삶과 섬김을 위해 준비시키기 위해 은사들의 중요성을 평가할 때 반드시 조심해야 한다. 성격상 덜 두드러지고, 덜 공개적인 방식으로 행사되는 은사들이 공동체의 유익과 성장을 가장 많이 발전시킬 수 있는 것들을 다른 사람들로부터 끌어낸다(고전 12:22-25).

4. 지체들 사이의 연결 관계가 매우 실제적이기 때문에, 한 지체에게 영향을 미치는 것은 필연석으로 모든 지체에게 영향을 미친다. 여기서 우리는 바울의 언어를 주의 깊게 보아야 한다. 그는 각 지체의 경험이, 기쁜 것이든 슬픈 것이든, 공동체 내에서 모든 이와 **공유되어야** 한다고 말하는 것이 아니다. 오히려 공유되든지 그렇지 않든지 모두에게 영향을 **미친다**고 말하는 것이다. 몸은 공통의 신경을 가지고 있어서, 각자가 다른 지체와 일체가 될 수 있다. 말하자면 모두가 하나이며 하나 안에 모두가 있는 것이다(고전 12:26). 공동체를 형성하는 각 개인들의 상호 관계는 아무리 강조해도 지나치지 않다.

5. 공동체와 그리스도의 긴밀한 연관성은 강조되지만, 그 성격은 실제로 상술되지 않는다. 그 단락의 서두에서는 바울이 공동체를 완

전히 그리스도와 동일시하는 듯하지만(고전 12:12하), 마지막에서는 명백하게 공동체가 그리스도의 **몸**이라고 말한다(고전 12:27). 이 말은 그리스도가 공동체의 머리라는 의미일까, 아니면 공동체가 전체적으로 그분의 몸이라는 의미일까? 아마도 후자의 의미 같은데, 그 반대에 대한 조건이 언급되지 않기 때문이다. 이는 어떤 문자적이거나 신체적인 의미에서 그렇다는 말은 아니다. 바울은 그리스도가 성령으로 공동체에 연합되셨다고 서술하며(고전 12:13), 지체들 사이의 관계들도 동일하게 성령으로 말미암아 이루어진다고 말하기 때문이다(고전 12:4-11; 14:12).

그다음으로 공동체를 몸이라고 칭하는 것은 바울이 로마에 보낸 편지에 나온다(롬 12:4이하). 여기서는 고린도전서와 약간 다른 각도이긴 하지만, 다양성 속의 하나됨이라는 원칙을 다시 강화한다. 고린도전서에서 바울이 이미 일어난 실수를 이야기하고 있다면, 여기서는 앞으로 발생할지 모르는 일에 대하여 경계하고 있다. 여기서 그는 다른 사람들을 희생시키면서 일부 은사에 대하여 높이 평가하는 것과 일부 지체들이 특정 은사의 가치를 스스로 과대평가하는 것에 대해 경고한다(참조. 롬 1:11-13). 바울이 (고린도전서에서처럼) "너희" 대신에 "우리"가 "그리스도 안에서 한 몸"이라고 서술했을지라도, 그는 아마도 로마에 있는 그리스도인 공동체를 지칭했을 것이다. 아마도 예정된 방문을 고려하여 자신을 포함했을 가능성이 있지만 이 일인칭 복수형은 단순히 '우리 믿는 자들'(우리가 어디에 있든지)이라는 의미다. 우리가 이미 살펴본 대로 그리스도인 공동체는 아마 도시 전역에서 여러 그룹으로 모였을 것이기에, 한 교회 이상에게 몸 은유를 확대하여 언급한 것이 다시 나타난다.

바울이 몸 은유를 주로 은사들의 실행에 적용한 것 또한 분명하다. 공동체의 하나됨이 확실히 표명되는 것은 적절한 관점에서 실행되는 **다양한 형태**의 기여를 통해서다(롬 12:6). 로마서 12장에서 바울은 공동체와 그리스도의 관계를 고린도전서에서 사용했던 것보다 더 친밀한 용어로 묘사한다. 단순히 "그리스도의 몸"이 아니라, 이제 "그리스도 **안**에서 한 몸"이라고 말한다(롬 12:5상). 이것은 그리스도께서 공동체의 하나됨의 근원이시라는 사실을 강조한다.

몸 은유에 대한 바울의 후기 용례

바울은 이 은유를 그의 후기 서신에서 더 진전시킨다. 이는 부분적으로 그의 공동체들이 직면한 도전들로부터 나타난다. 그리스와 유대 그리고 동양의 다양한 종교 사상들이 이후에 영지주의로 통합되어 그리스도인 공동체들을 위협하기 시작하고 있었다. 그 중심에는 사람들이 하나님과 접촉할 수 있도록 도와주는 신성한 근원에서 나오는 우주적 능력에 대한 믿음이 있었다. 신자들이 이런 능력들과 연결됨으로써 그리스도에 대한 신뢰를 보충할 수 있다는 것이다. 골로새서에서 바울은 이런 위협을 다루면서, 모든 피조물이 그리스도로부터 그 생명을 얻었고(골 1:16), 그분은 죄, 율법, 죽음을 이기시고 승리하셨을 뿐만 아니라 이러한 우주의 세력까지도 제압하셨다고 선언한다(골 1:20). 그리고 또 설명하기를, 그분은 다른 것들과 같이 단순히 신성을 방사하는 존재가 아니라 '하나님이 모든 충만으로 그 안에 거하게 하신' 분이라고 말한다(골 1:19). 또한 그분은 유일하게 "보이지 아니하는 하나님의 형상"이요, 다른 어떤 것이나 어떤 이보다 "먼저 나신" 분이다(골 1:15). 여기에는 그분의 '에클레시아'도 포함된다.

이 시점에서 바울은 그리스도가 "몸인 교회의 머리"라고 기술함으로써 우리가 검토하고 있는 용어를 다시 소개한다(골 1:18). 이 은유는 골로새서에서 세 번 반복된다. 골로새서 1장의 뒷부분에서 바울은 자신이 '그분의 몸 된 교회의 일꾼'이 되었다고 말한다(골 1:24-25). 2장에서는, "온몸이 머리로 말미암아 마디와 힘줄로 공급함을 받고 연합하여 하나님이 자라게 하시므로 자라느니라"라고 말함으로써(골 2:19), 그리스도를 몸인 교회의 머리라고 이야기한다. 그리고 3장에서는 지체들을 "한 몸으로 부르심을 받"은 존재라고 간단히 말한다(골 3:15).

에베소서에서도 이와 유사한 개념들이 전면에 나타난다. 그리스도가 모든 차원에서 뛰어나심이 다시 한번 강조되고, 그분이 우주적 능력들과 교회 위에 뛰어나심이 언급된다. 즉 그분은 "모든 통치와 권세와 능력과 주권…위에 뛰어나시고"(엡 1:21), "만물 위에 교회의 머리"이시며, 이 "교회는 그의 몸이니 만물 안에서 만물을 충만하게 하시는 이의 충만함"이다(엡 1:22-23). 그리고 에베소서 2장에서 이 은유는, 화목하게 하시는 그리스도의 사역의 결과로, 교회 안에 존재하는 유대인과 이방인 사이의 새로운 연합을 언급할 때 사용된다(엡 2:16; 3:6).

에베소서 후반부에서도 이 은유는 몸의 통일성(엡 4:4)과 몸 안에 있는 은사(개역개정은 "선물"—옮긴이)의 다양성을 강조하는데, 이 모든 은사는 그리스도로부터 주어진 것이다(엡 4:7-8). 은사들은 "성도들을 온전하게 하여 봉사의 일을 하게 하며 그리스도의 몸을 세우려 하심이라.…이는 우리가 이제부터 어린아이가 되지 아니하여 온갖 교훈의 풍조에 밀려 요동하지 않게 하려고"(4:12, 14) 주어졌다. 바울은 사랑 안에서 참된 것을 하여 "범사에 그에게까지 자랄지라. 그는 머리니 곧 그리스도라. 그에게서 온몸이 각 마디를 통하여 도움을 받음으로 연결되고 결합되어 각 지체의 분량대로 역사하여 그 몸을 자라게 하며 사랑 안에서 스스로 세우느니라"라고 말한다(엡 4:15-16). 이는 실로 매우 간결한 묘사로서, 머리에까지 자라는 몸의 뚜렷한 이미지를 사용하면서 교회가 그리스도와 더욱더 완전하게 일치해야 함을 시사한다. 이 서신에서 몸 은유가 마지막으로 언급된 곳은 남편과 아내가 지켜야 할 의무 조항들을 다루는 부분이다. 여기에서 다시 그리스도를 '그 몸인 교회의 머리'라고 말하고(엡 5:23), 그리스도인들은 그분이 양육하고 보호하시는 "그 몸의 지체"라고 말한다(엡 5:30).

몸 은유의 발전

몸 은유는 후기 서신들에서 어떤 식으로 발전했을까?

1. 초기 서신들에서 "몸"은 교회의 시역 모임에 관한 것이나. 그러나 후기 서신들에서는 그 범위가 확대되어 모든 그리스도인이 속한 하늘의 실체, 곧 '에클레시아'를 묘사하는 것으로 확장된다. 몸 은유의 적용은 우주적 범주까지 확장된다.
2. 교회와 그리스도의 관계가 더 완전하게 밝혀진다. 초기 서신들에서는 공동체가 머리를 포함하여 온몸을 구성했는데, 후기 서신들에서는 그리스도가 수장의 지위를 차지하신다. 이는 그분이 몸의 생명의 원천이시며 하나됨의 중심이심을 의미한다. 에베소서는 그리스도를 교회 안에 가장 뛰어나게 세우시고 이 생명과 하나됨을 가져온 분이 성령이라고 말한다.
3. 은유는 교회의 인종 구성을 포함하는 데까지 확장된다. 새로운 인

류는 교회의 유대인 구성원과 이방인 구성원으로부터 창조된다. 우리는 여기서 다양성 속의 하나됨이라는 주제의 변형을 보는데, 이는 그들의 개인적 은사들 대신에 지체들의 종교적 배경에 초점을 맞춘 것이다.

4. 은사의 목적에 대해 말할 때, 강조점은 지체들의 상호 의존성보다는 공동체의 성장에 있다. 이 성장은 점점 그리스도를 닮아 가는 것이며, 그리스도가 그 기준이 되시는 지적·도덕적 수준까지 성숙해 가는 것이다.

몸 은유의 한계

바울의 초기 서신들과 마찬가지로 후기 서신들에서도 몸에 대한 언급들은 모두 그리스도와 공동체 사이의 내적 관계와 공동체 지체들 간의 내적 관계만을 말한다. 하늘의 교회는 사람들의 사회적/경제적/정치적 열망의 완성으로 여겨지지만, 그 공동체와 세상 사이의 관계는 "몸"이라는 용어로 직접 설명되지 않는다.

오늘날은 이 은유가 자주 이런 방향으로 적용되지만, 바울은 몸이 세상 중심의 실체라거나 그리스도가 세상에서의 가시적 표현으로서 몸을 의지하셨다고 생각하지 않는다. 특별히 지역의 '에클레시아'는 세상에 대해 그와 같은 '면모'를 전혀 가지고 있지 않다. 세상은 그리스도인 개인이나 특정한 그리스도인 집단만을 보며, 사실상 그들이 교회 밖에 있을 때 그들을 본다. 바울의 글에는 믿는 자들의 모임이 세상에 **직접적으로** 현존한다고 암시하는 곳이 전혀 없다. 몸 은유 또한 모임 밖의 활동들을 염두에 두지만, 기본적으로 지체들 간의 상호 작용을 말하는 것이지 외인들과의 상호 작용을 말하는 것이 아니다.

바울은 그리스도인 개인과 그리스도인 가정 그리고 특정한 목적을 위해 구성된 그리스도인 그룹들이 온 세상을 향한 **증인**과 **선교**의 사명을 지닌다고 명확히 주장한다. 그는 서신의 상당 부분에서 이에 대해 언급한다. 물론 그들이 함께 모이는 것의 핵심은 복음이 삶 전체에 어떤 파장을 일으키는지, 복음이 매일의 현실과 어떤 관계를 맺는지 배우는 데 있다. 이런 식으로 그들의 모임 또는 '에클레시아'는 구성원들이 그들 주변의 세상을 섬기고, 개혁하고, 갱신하고, 변화시키도록 돕는 데 기본적이지만 '간접적인' 기여를 한다. 실제로 바울 서신들이 이런 내용을 암시한다면, 그리스도인 모임의 내용 대부분은 이것에 초점을 맞췄을 것이다. 이것이 바로 지체들 사이의 내적 관계를 다루는 구절들이 종종 그들의 외적 의무들을 논하는 구절들과 나란히 등장하는 이유다(예를 들면, 롬 12장).

더 나아가 바울은 자신의 공동체들이 다양한 측면의 삶이 어떤 모습이어야 하는지에 대한 모델이 되기를 간절히 원한다. 그들은 시모에게 영적인 아버지, 어머니, 아들, 딸 등등이 되는 법을 배움으로써, 자신의 가정과 다른 사람들의 가정에서 최선의 **가족적** 관계들을 세워 가는 방법을 더욱 알게 된다. 그들은 서로를 향한 보살핌과 긍휼과 사랑을 드러냄으로써, 주변 사람들, 특히 가장 도움이 필요한 이들에게 가장 건설적인 **사회적** 태도와 행동들을 나타내 보일 수 있도록 더 잘 준비된다. 그들은 자신의 돈과 소유를 다른 이들과 나눌 수 있는 능력 그리고 공동체 안에서 재정적 결정을 내리는 능력을 증대시킴으로써, 사회에서 다른 이들을 위해 **경제적** 환경을 향상시키는 것이 어떤 의미인지 발견한다. 그들은 자신의 음악적 은사와 다른 은사들을 개발하여 그들의 모임에 기여함으로써, 더 넓은 사회에 **문화적** 기여를 할 수 있는 재능을 준비하게 된다. 그들은 그들을 가장 잘 지도할 사람들을 찾아내어 격려하고 또 공동체 삶의 다양한 측면에 대해 결정을 내리는 방법을 발견해 감으로써, 더 큰 규모에서 적실한 **정치적** 기여를 할 수 있는 그들의 능력을 강화한다.

몸 은유의 적용

바울이 공동체를 몸으로 말할 때의 대부분은 분열의 가능성에 대응하기 위해서였다. 우리가 살펴본 대로 지역 교회 안의 하나됨은 달성해야 할 잠재적 가능성이 아니라 표현되어야 하는 현실이다. 바울은 현존하는 또는 가능한 분쟁 앞에서 그러한 하나됨을 유지해야 한다고 자주 호소한다.[1] 그럼으로써, 고린도에서 나타났었고 로마와 골로새에서도 일어날 위험이 있었던 분쟁들을 피하려 했다.[2] 바울은 공동체들 사이에서보다는 공동체 내부에서 더 많은 분열을 보았다. 이 분쟁은 서로 의견이 일치하지 않거나 서로 돌봄이 부족했을 때의 결과로 생겨나며(고전 1:12; 11:21), 육신의 일 중의 하나라고 진술한다(갈 5:20).

이 말은 교회 안에 의견 차이가 없어야 한다는 의미가 아니다. 바울은 "너희 중에 파당(*haireseis*)이 있어야 너희 중에 옳다 인정함을 받은 자들이 나타나게 되리라"(고전 11:19)라고 말한다. 다만 그 의견 차이가 타인들에 대한 용납의 부족과 합쳐져 교회의 한 부분이 나머지 부분에 대해 강퍅해지고 자기들끼리만 행동할 때, 분열이 나타난다. 부활이 아직 일어나지 않았는지 여부(고전 15:12-58)와 같은 교리적인 차이나

---

1 고전 1:10; 롬 15:5; 빌 2:1-2; 골 3:12-14; 엡 4:3.
2 고전 11:18; 롬 16:17-20; 골 2:16-19.

어떤 사회적 관습에 어느 정도 참여해야 하는지(고전 10:23-31)와 같은 상이한 생활 방식조차도, 비판적이거나 위압적인 태도를 취하지 않는다면 분쟁으로 이어지지 않는다. 하지만 구원을 위해서 추가로 필요한 조건을 내세운다든지(갈 1:9), 우상 숭배 개념을 끌어들인다든지(고전 10:14-22), 극악무도한 비도덕적 행위를 자랑하는 것(고전 5:1-7)과 같이 복음의 핵심에 영향을 미치는 일이 일어날 때, 교회는 그러한 일에 관여한 사람들과 관계를 끊어야 한다. 흥미롭게도, 바울은 구체적 교리에 대한 고백이나 포괄적 윤리 규정에 기명 동의할 것을 주장하기보다, 오히려 지체들이 그들 모두를 하나님이 **받으셨다는 사실**을 인식하고 같은 목적과 사랑을 **추구하는 일**에 매진하라고 요구한다.

몸 은유의 독창성

바울이 몸 은유를 사용한 것은 얼마나 독창적인 일일까? 유대 문헌에는 이와 정확히 상응하는 것이 전혀 없다. 히브리어 성경에 '소식석 인격체'(corporate personality)의 개념이 나오지만, 이것은 유대인들에게 "몸"이라는 용어를 처음으로 소개한 구약성경의 헬라어 번역이었다[예를 들면, 레 14:9(LXX); 잠 11:17(LXX)]. 하지만 여기서든 신구약 중간 문헌에서든, 그 용어가 은유적으로 쓰인 적은 없다.[3] 아담의 몸을 크게 부풀린 크기(초기의 모든 인류를 다 포함하는)로 상정한 랍비들의 추측은 이후의 일이었고 문자적인 의미밖에 없었다.[4]

영지주의자들의 사상에서는, 신약성경 이후에 쓰인 글에서만 구원받

---

3 참조. 2 Macc 8:11; Wisd 9:15.
4 *Pesiq. Rab Kah.* 1b.

은 공동체를 하늘의 구속자의 몸으로 여기는 개념이 나온다. 어떠한 자료에서든, 공동체를 온몸으로 표현하고 지체들 간의 상호 의존을 강조하는 이 은유를 바울이 처음 사용한 것과 견줄 만한 경우를 전혀 찾아볼 수 없다.

신약 시대 이전의 스토아학파 문헌은 (인간을 포함한) 우주를 신적인 세계 혼의[5] 몸으로, 사회를 각 구성원이 저마다 다른 역할을 하는 몸으로 묘사한다.[6] 그러나 바울은 우주를 그리스도의 몸으로 그리기를 거부하며, 어떤 지체가 속한 더 넓은 사회가 그리스도인 공동체보다 우선한다는 개념도 거부한다. 그에게는 개인과 공동체가 동일한 관심의 대상이고, 이 둘 중 어떤 것에도 우선권을 두지 않는다. 각 사람은 공동체 안에서만 개인일 수 있으며, 공동체도 개인들이 저마다의 역할을 감당해 낼 때 적절히 그 기능을 할 수 있다. 바울의 공동체관은 스토아학파의 **폴리스** 지향적 공동체보다 더 개인적이고 역동적이다. 세네카가 황제를 공화국의 '혼'이라고, 공화국을 그의 '몸'이라고 언급한 것은 바울의 개념과 매우 유사한 경우라 할 수 있지만,[7] 바울의 용법과는 다르다. 세네카의 개념은 성격상 이원론적이고 더 추상적이다.

지금까지 살펴본 이런 용례를 볼 때 바울의 개념과 정확히 일치하는 것은 없지만, 헬레니즘 사회에 이 은유가 어느 정도 퍼져 있었는지는 알 수 있다.[8] 몸이라는 용어가 바울에게서 시작된 것은 아니지만, 몸 은유를 사회라는 커다란 공동체 안에 있는 한 공동체에 그리고 사회에 대한

---

5   Seneca, *De Ira* 2.31.7-8.
6   Epictetus, *Dissertationes* 2.10.3.
7   Seneca, *De Clementia* 1.4.3-5.1; 2.2.1.
8   Livy, *Ab urbe condita* 2.32. Josephus, *Antiquities* 7.66. Dio Chrysostom, *Orationes* 17.19도 보라.

시민적 의무보다는 서로에 대한 개인적 의무에 적용한 최초의 사람은 바울이었다. 우리는 바울이 그리스도인 공동체가 무엇인가를 예시하기 위해 지극히 '세속적인' 용어를 어떻게 사용했는지 다시금 깨닫는다.

Paul's Idea of
Community

7
믿음을 서로 배우고 연단하기

목표: 성숙

바울이 공동체를 몸으로 묘사한 것은 공동체의 목표가 단지 지체들 사이의 조화(그의 가족 용어가 강조하는)를 창조하는 데 있는 것이 아니라, 지체들의 성숙한 행동에 있음을 암시한다. 공동체가 장성한 분량까지 성장하는 것은 몸의 은유와 연결된다. 이는 그저 개인적 측면에서가 아니라 공동체 전체의 목표다.[1] 하나님은 성숙한 개인들만이 아니라 성숙한 공동체들을 원하시며, 그리스도인 공동체는 단순히 개인의 목적을 위한 수단이 아니다.

바울은 많은 구절에서 성숙이 무엇을 포함하는지 설명한다. 바울은 성숙을, 하나님을 점점 더 가까이 닮아서 그분의 심정, 관심, 활동을 반영하는 것이라 여긴다.[2] 그리스도는 "아버지[께서] 모든 충만으로 [그]

---

1   고전 1:10; 14:20; 고후 1:13-14; 골 1:21-22; 4:12; 엡 4:11-16; 5:25-27.
2   골 3:10; 엡 4:24; 5:1.

안에 거하게 하시…기를 기뻐하"셨던 "보이지 아니하는 하나님의 형상"이시기 때문에(골 1:19-20, 15), 바울도 그리스도인의 성숙을 다음과 같이 묘사할 수 있었다. 그리스도를 본받는 것과 그분의 모범을 따르는 것, 그리스도의 마음을 나타내는 것과 예수의 흔적을 지니는 것, 자신 속에 그리스도의 형상을 이룰 수 있도록 그리스도로 옷 입는 것, 그리고 그분의 영광으로 변화하는 것 등이다.[3] "하나님의 아들을 믿는 것과 아는 일에 하나가 되어 온전한 사람을 이루어 그리스도의 장성한 분량이 충만한 데까지 이르"는(엡 4:13) 것은 본질적으로 모든 것을 얻는 것이다. 비록 다가올 세대가 이르기까지 이 목표가 온전히 실현되지는 않겠지만,[4] 우리는 그 목표를 이루기 위해 지금 노력해야 한다. 바울은 이것을 "진보"나[5] "성장"이라는[6] 단어뿐 아니라, 운동 경기와[7] 군인 생활로부터[8] 나온 은유를 통해서도 이야기한다. 인간의 노력이 필요하지만,[9] 이러한 성장을 가능하게 하는 것은 오직 성령의 사역이다. 바울에 따르면, "우리가 다 수건을 벗은 얼굴로 거울을 보는 것같이 주의 영광을 보매 그와 같은 형상으로 변화하여 영광에서 영광에 이르니 곧 주의 영으로 말미암음이니라"(고후 3:18).[10]

---

3   갈 4:19; 고전 11:1; 고후 3:18; 롬 13:14; 15:7; 빌 2:5.
4   살전 2:19-20; 3:13; 5:23; 고전 1:8; 15:49-57; 롬 8:18-21; 빌 1:6; 3:12-21;골 3:1-4.
5   빌 1:25; 참조. 롬 5:3하-4.
6   고전 3:6-8; 고후 9:10; 골 1:10; 2:19; 엡 4:16.
7   갈 2:2; 고전 9:24-27; 빌 2:16; 3:12-14(참조. 또한 골 1:29; 2:1).
8   살전 5:8; 고후 6:7; 10:3-4; 롬 13:12; 빌 1:30; 엡 6:10-17.
9   롬 8:5-7; 빌 2:12; 엡 6:10-20.
10 참조. 갈 5:16-26.

믿음의 역할

이러한 변화는 정확히 어떻게 일어날까? 이것을 이해하기 위해서 바울은 자신의 독자들에게 그들이 처음 그리스도인이 되었을 때의 경험을 회상하도록 권면한다.

바울에게 핵심이 되는 단어는 **믿음**이다. 한 사람이 그리스도인의 삶을 시작하는 것은 믿음에 의해서라고 바울은 말한다.[11] 도덕적이거나 영적인 변화를 이루려는 원기 왕성한 노력이나, 개인적으로나 단체적으로 종교의식들을 세심하게 준수하는 것, 혹은 여러 가지 경건 훈련이나 신비적 실천 등을 통해서는 이것을 이룰 수 없다.[12] 사람의 행동이 아무리 많이 개입된다 해도 이것은 오직 믿음을 통해서만 시작되며, 믿음 자체가 하나님의 은혜의 현현(manifestation)이다.[13] "믿음은 들음에서 나며 들음은 그리스도의 말씀으로 말미암"는다(롬 10:17).[14] 이것은 사람을 권면하고 '각 사람의 양심'에 진리를 나다내는 복음에서 기인힌디(고후 5:11; 4:2). 이 권면이 효과가 있을 때, 믿음이 생긴다. 믿음과 지식이 이렇게 밀접한 관계가 있기 때문에 바울은 그의 회심자들이 그리스도를 '배웠다'고 말할 수 있었다(골 1:7; 엡 4:20).

이렇듯 그리스도인이 되는 과정의 시작은 오직 믿음을 통해서이며, 그리스도에 대한 지식만이 그 과정을 가능하게 한다. 바울은 사도적

---

11   예를 들면, 갈 2-3장; 롬 3-5장.
12   특히 롬 10:1-10; 골 2:16-3:4을 보라.
13   롬 3:21-38(참조. 4:16-20); 엡 2:8-10.
14   참조. 갈 3:5.

인 일을 묘사하는 많은 곳에서 지식의 결정적인 역할을 강조한다.[15] 그의 사역은 메시지가 중심이 되지만 그것이 전부는 아니다. 바울과 그의 동역자들은 "하나님의 복음뿐 아니라 자신의 목숨까지도" 나눴다(살전 2:8). 그들의 메시지는 말로 표현된 만큼 그들의 **행동**으로도 구현되었다. 말과 행동의 핵심에는 고난의 현실이 있다. 이것이 놀랄 일은 아닌데, 고난은 그리스도의 가르침과 사역의 중심이기도 했기 때문이다. 복음을 전하는 것은 이 메시지를 전하는 자에게 고난을 가져온다. 이 고난은 또한 복음을 받아들이는 사람들의 경험이 된다.[16]

바울의 방문이나 서신에 드러나듯,[17] 그의 지속되는 사역은 계속해서 말과 삶으로 지식을 소통하는 것에 집중되었다. 누가의 기록에 따르면, 바울은 에베소에 오래 머무르는 동안 "하나님의 뜻을 다" 거리낌 없이 선포했다(행 20:27). 그의 서신들은 이미 말한 것들을 상기시키는 것, 이전 가르침의 확충, 질문에 대한 대답들 그리고 공동체의 문제들에 대한 교훈 등을 포함한다. 이 모든 것을 개인적인 방식으로, 때로는 감정적인 방식으로 전달했다. 바울은 정보를 전달할 뿐 아니라 자신의 말이나 행동이 무관심하게 다뤄지거나 무시될 때 자신의 감정을 드러낸다.

지식의 중심성

바울 공동체의 생활에서 이해의 중심적 역할은 이 주제에 대한 그의 여러 진술들을 제시함으로써 상당히 놀라운 방식으로 설명될 수 있다. 바

---

15 갈 2:5; 고후 2:14; 7:14; 엡 3:7-10을 보라.
16 예를 들면, 살전 1:4-7; 갈 6:14-17; 고후 1:3-8; 4:7-12; 골 1:24.
17 예를 들면, 살후 2:5; 고전 14:6; 롬 15:14-15.

울에 따르면, 성장은 오직 공동체 내에서 그 지체들의 지식이 자라고 풍성해지며, 그들이 지식으로 채워지고 새롭게 될 때에만 일어난다.[18] 이 성장은 그들 마음을 "새롭게 함"을 통해 일어나며,[19] 이는 그들이 특정한 것들에 "[그들의] 마음을 두"고, "[그들] 안에 이 마음을 품"고, 특정한 "마음가짐으로 살아가야" 하는 이유다.[20] 그들이 이렇게 하기를 거부했을 때, 바울은 그들이 '올바른 마음을 되찾을 것'을 요구한다(고전 15:34, 새번역은 "똑바로 정신을 차리고"). 지체들이 마땅히 다른 견해를 가질 수 있는 문제에 대해서는, "각각 자기 마음으로 확정"하라고 지시한다(롬 14:5). 다툼이 있어서는 안 되는 사안에 대해서는 "같은 마음과 같은 뜻[판단]으로 온전히 합하라"고 격려했다(고전 1:10).

사실 공동체의 지체들은 "모든 것을 판단"하고 "모든 것을 시험"해야 하며, 특별히 함께 모일 때 그러한데 교회 안에서 그들은 "스스로 판단"하며 "[들은 것을] 분별"해야 한다.[21] 그들은 그들이 생각하는 모든 일에서, "모든 생각을 사로잡아"야 하며, 무엇이든지 실세직 가치가 있는 "이것들을 생각"해야 하고, 실제적 가치가 있는 것들을 "마음속에 품"어야 하며, "마음이 그리스도를 향하는 진실함과 [순수한 헌신]에서 떠나 부패할까 두려워"해야 한다.[22] 일반적으로 세상에 관해서는, "선한 데 지혜롭고 악한 데 미련"해야 하며, 기독교 신앙 밖의 외인을 향해 "[스스로] 지혜로 행하여"야 하고, "모든 신령한 지혜와 총명[이해]에" 하나님의 뜻

---

18 빌 1:9; 골 1:9-10; 3:10.
19 롬 12:2(참조. 엡 4:22-24).
20 골 3:2(공동번역개정판); 빌 2:5(개역개정판); 3:15(공동번역개정판).
21 고전 2:15; 11:13; 14:29; 살전 5:21.
22 고후 10:5(참조. 엡 5:6); 11:3; 빌 4:8(NLT).

을 알아야 한다.²³ 요약하면, 그들은 이해하는 데 "아이가 되지 말고" "장성한 사람이 되"어 "하나님께서 [그들]에게…주신" 모든 것의 중요성을 '알아야' 한다(고전 2:12; 14:20).

생각에 관한 이 인용구 모음은 바울이 그것을 언급한 **빈도**, 언급한 문맥의 광범위한 **다양성**, 그리고 바울이 성숙을 향한 과정 가운데 그것을 배치한 기본적 **위치**를 보여 준다. 바울의 진술을 전부 살펴보면, 그가 용어들을 폭넓게 채택했음을 알 수 있다. 예를 들면, '누스'(nous-마음; 참조. noēma-생각), '그노시스'(gnōsis-지식; 참조. epignōsis-지식), '소피아'(sophia-지혜), '쉬네시스'(synesis-이해), '알레테이아'(alētheia-진리), '프로네인'(phronein-생각하다; 참조. 'phrēn'), '로기제인'(logizein-숙고하다; 참조. 'paralogizein'), '아나크리네인'(anakrinein-분별하다), '페이테인'(peithein-설득하다), '도키마제인'(dokimazein-시험하다) 등이다. 때때로 바울은 자신이 말하는 바의 중요성을 강조하기 위해 이런 단어들을 몇 개씩 묶어서 사용하기도 한다. 예를 들면, 그는 골로새에 있는 수신자들이 "확실한 이해(synesis)의 모든 풍성함과, 하나님의 비밀…[을] [깨닫]기(epignōsis)"를 바라는데 "그 안에는 지혜(sophia)와 지식(gnōsis)의 모든 보화가 감추어져" 있다고 표현한다. 그는 또 "내가 이것을 말함은 아무도 교묘한 말로 너희 [생각을] 속이지(paralogizomai) 못하게 하려 함이니"라고 덧붙인다(골 2:2-4). 다른 곳에서 바울은 다른 용어들도 썼는데, 특히 일반적인 성장 과정을 다루는 구절에서보다는 성장을 추구하는 과정에서 직면하는 특별한 사안을 다루는 구절에서 이런 용어들을 사용한다. '기노스케인'(ginōskein-알다), '메아그노에인'(meagnoein-모르거나

23　롬 16:19; 골 1:9; 4:5(참조. 엡 5:15).

무지하지 않다), '아나밈네스케인'(*anamimnēskein* - 생각나게 하다) 등이다.

믿음, 사랑, 소망과 지식의 관계

바울에게 지식이 얼마나 중요했는지는 바울 공동체의 생활에서 가장 오래 지속되는 요소들인 믿음, 소망, 사랑(고전 13:13)과 지식의 관계를 숙고함으로써 분명해질 수 있다. 우리가 살펴보았듯이 한 사람이 그리스도인의 삶을 시작한 후에는 그 삶을 진전해 나간다. 따라서 처음에 일어난 일은 그다음에 뒤따르는 모든 일의 전례가 된다(갈 3:1-5). 먼저 한 사람이 그리스도에 대한 기본 지식을 받아들이고 하나님과의 관계 안으로 들어온다. 이후 하나님에 대한 더 깊고 넓은 이해와 자기 삶의 지속적 조정을 통해서 더 성장해 간다. 이 지식은 복음의 근본적 진리들을 넘어 더 교리적, 도덕적, 공동체적, 사회적인, 심지어 정치적인 지혜까지 나아간다(예를 들어, 롬 9 15장). 믿음은 마음과 뜻을 다해 이 지식을 내면화하고(롬 10:9-10), 이 지식은 결과적으로 성령 안에서 그리스도를 통해 하나님과의 관계가 더 성숙해지게 한다. 그러므로 지식은 믿음이 들어오는 전달 수단인 동시에 믿음이 성장하는 수단이기도 하다. 지식이 없으면 진실한 믿음은 존재할 수 없으며, 미신과 공론만 있을 뿐이다.

바울은 이렇게 지속되는 그리스도인의 삶을 "사랑으로써 역사하는 믿음"으로 요약한다(갈 5:6). 그가 보기에는, 사랑이 지식을 능가하고(고전 13:8; 엡 3:18) 사랑 없는 지식이 자기중심적인 교만으로 치달을 수 있겠지만(고전 8:1; 13:2), 지식만이 우리를 사랑으로 인도할 수 있고 사랑의 완전한 차원을 드러낼 수 있다(엡 3:18-19). 사랑은 지식을 통해 알려져야 하며, 사랑의 적용이 합당한지 분별할 때 무엇이 가장 애정 어린 행동인지에 대해 지식을 통해 올바른 평가를 할 수 있다(빌 1:9-10). 때때로 이것은 어떤 진리를 공유하도록 이끌기도 하지만, 전반적으로 공동체 안에서 사랑하는 관계들은 하나님을 더욱 풍성히 이해하는 데 가장 도움이 되는 환경을 만들어 낸다(고전 12:31이하; 골 2:2). 사랑은 궁극적으로 지식을 능가하며 또한 지식의 원천이다. 하지만 깨달음만이 사랑으로 안내하며 그 적용을 인도한다.

공동체의 소망도 비슷하다. 공동체 구성원들은 "복음 진리의 말씀"[24]을 통해 하나님 안에서 자신의 미래에 대한 확신을 갖는다. 소망에 대해 더 많은 가르침을 받을수록 그들의 확신은 분명해지고 깊어질 것이다.[25] 바울은 이 소망에 반대되는 의견을 강요하는 무리들의 위협을 고려하여, 자신이 처음에 가르쳤던 내용을 "기억하"고 "쉽게 마음이 흔들리"지 말 것을 자신의 회심자들에게 강조한다.[26] 비록 지금은 우리의 지식이 부분적이나 그때에는 오직 성령의 '조명'을 통해 온전하리라는 것을 모두가 알아야 한다(고전 13:9-12). 소망은 분명 깨달음을 능가하지만, 깨달음은 소망을 가져오기도 하고 그 소망으로부터 기인하기도 한다. 깨달음은 소망을 더 깊이 인식하는 도구이며, 소망에 대한 잘못된 해석을 배제하는 도구이기도 하다.

지식과 경쟁하는 사조들의 영향

바울이 지식을 중심에 두고 지식에 접근하는 방식이 그의 동시대인들

---

24 롬 15:4; 골 1:5; 엡 1:18.
25 예를 들면, 살전 4:13이하; 롬 13:11이하.
26 살후 2:2, 5; 참조. 골 1:23.

중 일부 사람들이 견지했던 관점들에 그 기반을 두고 있다는 제안이 있었다. 앞으로 보겠지만, 어느 정도 표면상의 유사점이나 이차적 유사점이 있긴 하나 오히려 차이점이 더 실제적이고 분명하다.

신비 종교들

몇몇 저자들은 당시 신비 종교들의 어떤 경향성 속에서 상당한 유사점들을 보아 왔다. 바울처럼 신비 종교들도 초자연적 세계의 진짜 특성을 계시한다고 주장했다. 이에 접근하기 위해서는 특정한 종류의 지식이 필요했고, 그것은 그 속성상 비밀스럽고, 모호하고, 비이성적이었다. 이 '그노시스'는 '신적인 것에 대한 환상'(vision of divine, 즉 참석자들이 정상적인 정신 상태를 벗어나는, 심지어는 육체까지도 벗어나는 신비하고 사실상 황홀한 환상)에서 그 절정을 이룬다.[27] 바울은 그의 수신자들에게 이러한 것에 속지 말라고 경고한다(골 2:4, 8). 그것은 순전히 사람이 만든 것으로, 겉보기에는 경건하고 지혜로운 듯하나 그 매력은 기본적으로 관능적이고 허울만 그럴듯하다(골 2:8, 18). 참 '그노시스'는 "그리스도 안에" 있으며, 비밀스러운 것이 아니라 접근 가능하고, 모호한 것이 아니라 인지 가능하며, 비이성적인 것이 아니라 이해 가능하다.

이는 바울이 신비적인 경험을 모두 무시한다는 말이 아니다. 한 곳에서 그는 몇 년 전 자신이 경험한 환상을 언급한다(고후 12:1-10). 그리고 그가 그 환상의 합당성을 부인하지는 않지만, (1) 그것은 논쟁 시 그의 반대자들에 의해 억지로 언급하게 된 것이다. (2) 그리고 그 환상으로 인해 자신의 외모에 중요한 변화가 있었음을 암시하는 곳은 어디에

---

27   Apuleius, *Metamorphoses* 11.23. Plutarch, *Isis and Osiris* 77-78.

도 없다. (3) 또한 그리스도인으로서 자신의 삶과 소명에 관한 한, 이 환상의 경험을 부차적인 것으로 여겼다. 이러한 측면들 각각에서 바울은 신비 종교들의 가치와 자신이 상충함을 드러낸다.[28] 그가 다른 여러 곳에서 환상을 받았거나 비밀을 안다고 언급할지라도, 이것은 그리스도의 죽음과 부활에 대한 풍성한 함의들을 깨닫는 것과 관련된 언급이며, 하나님이 이제 이 지식을 모두가 받을 수 있도록 공개하셨다고 바울은 강조한다.[29] 그래서 바울은 진정한 지식의 이름으로, 신비 종교들이 내세우는 지식을 일축한다.

스토아학파와 견유학파

더 많은 학자가 그리스 철학 사상과의 유사성을 주장하고 있으며 이 주장은 최근의 일부 연구를 통해 새롭게 주목받고 있다. 이는 바울이 스토아학파나 견유학파가 말하는 합리성을 변론하고 있다는 의미가 아니다. 바울은 이들 철학의 대중적 버전에 거의 확실히 익숙했으며, 목적에 부합한다면 그것들의 어떤 측면을 사용하는 것도 두려워하지 않는다. 하지만 근본적으로 그는 이 철학들의 합리성이 신령한 것들을 깨닫는 데 실패했고 그 변론도 경박하다고 여겼다(고전 1:20-21). 그러한 합리성과는 대조적으로, 그는 신령한 지식의 근원으로서 계시를 강조하고, 그 지식을 자신의 수신자들에게 새기는 수단으로서 계시의 직접적인 수여를 강조한다(고후 4:1-6). 아마도 그는 이런 방식에서 스토아학파에 가장 가까울 것이다. 그의 가르침을 지지하기 위해 사용한 형식적 논법이 무

---

28 Apuleius, *Metamorphoses* 11.22-24. Plutarch, *Isis and Osiris* 68.
29 고후 4:6; 롬 16:25-26; 골 2:2-4(참조. 1:27); 엡 3:4-5, 9-10.

엇인지 알아보려고 바울 서신들을 다 읽을 필요는 없다. 특히 가끔 그가 문답식 기법을 사용한 것은 스토아학파와 유사한 관행이었음이 확실하다(예를 들면, 롬 6장).

그러나 모든 지식이 계시된 원천에 대해 바울 자신이 지속적으로 강조한다는 점은 스토아학파와 그를 구별하는 요소다. 이 때문에 바울은 스토아학파나 견유학파의 인생관과 근본적으로 상충되는 개념인 '피스티스'(*pistis*, 믿음)의 필요성을 강조한다. 그럼에도 불구하고 바울과 스토아학파를 나누는 것은 지식에 대한 그들의 접근법이라는 사실을 모호하게 해서는 안 된다. 스토아학파는 바울의 어떤 양식적 특성을 공유하지만, 그렇다고 해서 지식의 본질적 내용 혹은 사랑, 믿음, 소망이라는 핵심 가치와의 밀접한 연관성까지 공유하는 것은 아니다.

유대교

지식에 관한 견해에서 바울은 당내의 유내교 교사들과 더 가깝다. 바울과 유대교 교사들은 모두 구약을 탐구했는데, 구약성경에서 하나님에 대한 지식은 인간의 추론을 통해서 나오는 것도 아니고, 신비적인 환상을 통해서 나오는 것도 아니다. 하나님에 대한 지식은 여호와의 운동력 있는 말씀과 선지자의 마음이 만나는 인격적 작용에서 발생하는데, 이때 인간의 통찰, 환상의 경험, 성경 주해, 상황 분별이 부수적인 역할을 한다. 하지만 바울 시대의 유대교 교사들은 "지식과 진리의 모본"인 율법을 가졌다는 이점을 지녔음에도, 오히려 "수건이 그 마음을 덮[어]" 그 진정한 의미를 알지 못했다(롬 2:17-21; 고후 3:14-15). 그들은 의심할 여지 없이 "하나님께 열심이 있으나 올바른 지식을 따른 것이 아니"었다. 왜냐하면 그들은 율법의 "영"을 희생하면서까지 율법 "조문"에 너무 사로잡혀 있었기 때문이다(롬 10:2-3; 고후 3:5-6).

바울은 쿰란 공동체 내에서도 지식에 대한 접근 방법이 이와 비슷하게 오도되었다고 여긴 것 같다. 어떤 측면에서는 쿰란 공동체가 지식에 대한 구약성경의 역동적 이해를 랍비들보다 더 충실하게 보전했을 것이다. 하지만 쿰란 공동체의 관점에는 자주 지식을 비전(秘傳)적인 일로 말하기도 하고 신비한 깨달음과 관련된 언어들을 자유롭게 사용하는 등 생소한 요소들도 담겨 있었다.[30]

그러므로 공동체의 성장을 위해 필요한 것은 지식이며, 그 지식의 내용은 '하나님의 모든 권고'이고, 그 유일한 원천은 하나님이다. 바울에 따르면 하나님의 진리는 사람들이 하나님이 만드신 세상의 본질을 묵상할 때(롬 1:19-20), 자신들의 문화에 대한 주요 해석자들의 가장 지각 있는 통찰들을 흡수할 때(예를 들면, 행 17:28; 빌 4:8), 자기 내면의 가장 깊은 양심에 귀 기울일 때(롬 2:14-15) 하나님에 의해 개인들에게 알려진다. 하지만 이것은 믿는 자들이 함께 모여 성령의 도우심으로 그리스도에 대해 배운 것을 통해 하나님의 마음을 탐구할 때 가장 명확하게 나타난다. 성령에 관해 바울은 다음과 같이 말한다. "성령은 모든 것 곧 하나님의 깊은 것까지도 통달하시느니라. 사람의 일을 사람의 속에 있는 영 외에 누가 알리요? 이와 같이 하나님의 일도 하나님의 영 외에는 아무도 알지 못하느니라. 우리가 세상의 영을 받지 아니하고 오직 하나님으로부터 온 영을 받았으니, 이는 우리로 하여금 하나님께서 우리에게 은혜로 주신 것들을 알게 하려 하심이라"(고전 2:10-12).

지금까지 제안한 바와 같이, 바울이 지식을 강조한다고 해서 그가

---

30 1QS 4.6; 11.3-6; 1QH[a] 18.19-20, 25-31.

기본적으로 그의 교회들을 일종의 학파로 보았던 것은 아니다. 바울 공동체의 일부 구성원들, 특히 고린도 성도들은 교회를 학파로 이해했을 수 있다. 그들은 지식을 당대의 철학 학파들의 관점에서라기보다는 오히려 그 당시 유대나 그리스의 일반적 교육 관점에서 사용했을 것이다. 그러나 바울에게 지식은 언제나 도구였으며, 배움은 정신(mind)이나 도덕보다 항상 더 많은 것을 포함했다. 지식과 배움은 더 기본적인 다른 문제들에 도움이 되었다. 지식과 배움은 최고 스승보다 훨씬 뛰어나신 한 인간, 구원자이시며 모범이신 한 분에게 초점이 맞추어져 있었다. 지식과 배움은 또한 그리스도를 닮는 삶의 가장 근본 요소인 믿음, 사랑, 소망을 중심에 두었다. 그렇기에 그리스도인 공동체에서 믿는 자들과 하나님의 관계 그리고 다른 사람들과의 관계에 대한 바울의 기본적인 은유들은 교육의 영역에서 나온 것이 아니라, 우리가 이미 보았듯이 가정생활에서 파생된 것이다. 그럼에도 바울의 공동체들은 기본적으로 **가족적** 성격과 함께 강력한 **교육적** 차원을 확실히 지니고 있었다.

Paul's Idea of
Community

8
공동 식사와 교제의 표지들

바울은 공동체의 성숙을 위해 특별히 중요한 것으로 지식을 꼽았으며, 이 지식은 그들의 일상생활에서 구현되어야 한다. 여기서 '구현되다'(embodied)라는 단어는 좋은 선택인데, 생각과 행동 사이의 지울 수 없는 연결에 대한 바울의 이해를 잘 보여 주는 적절한 은유일 뿐 아니라 그 둘 사이의 친밀한 연관성에 대한 문자적 묘사이기도 하기 때문이다. 정신(마음), 감정, 몸의 본질적 통일성에 관한 유대적 관점을 기반으로, 바울은 사람이 단순히 몸을 **가지는** 것이 아니라 사람이 곧 몸**이라고** 믿었다. 사람은 몸 **안에** 존재하는 것이 아니라, 그저 신체적 형태로서만 존재한다. 이는 사람을 몸 안에 갇혀 있는 지성이나 영 또는 혼으로 보는 그리스의 일반적 관점과는 다르다. 또한 바울이 개인이나 가족으로서만이 아니라 공동체로서도 그들의 믿음을 구현하는 믿는 자들의 중요성을 강조한 이유도 설명해 준다. 이것은 다음과 같은 방식으로 표현되었다.

세례

세례에 대한 바울의 관점에서 시작하는 것이 좋겠다. 바울이 그의 회심자들에게 항상 개인적으로 세례를 준 것도 아니고(고전 1:16), 세례를 자신의 사도적 사역에서 이차적인 것으로 간주하긴 하지만(고전 1:17), 이 행위는 옛 방식의 삶에서 새로운 삶으로 바뀌는 가시적 표현이다.

바울은 자신의 편지 여러 곳에서 물세례의 중요성을 상세히 설명한다.[1] 바울은 세례를 일종의 마술적 행위나 단순한 상징적 행위로 여기지 않는다. 세례는 이미 형성된 내적 결단의 외적 표현이 아니라, 결정이 내려지는 방식이다(행 16:33-34). 세례를 받는 모든 사람에게 하나님의 은혜가 자동으로 보장되지도 않는다. 바울은 믿음을 세례와 연계시킴으로써, 한 개인이나 가족이 하나님께 자신을 **실제로 헌신하는** 것이 물에 잠김으로써 이루어졌음을 나타낸다.[2] 우리는 신체적 존재이기 때문에, 온전한 인간(단지 내적 자아만이 아니라)과 물(하나님의 물질적 창조의 한 요소)이 개입된다. 그러므로 하나님과의 관계를 시작하는 것은 영적인 결심일 수 없고 반드시 육체적 차원을 가져야 한다.

또한 세례는 더 넓은 것을 구현한다. 한 개인 혹은 가족은 이미 같은 단계를 거친 다른 이들과의 관계를 시작한다. 세례 행위를 통해 한 개인 구성원은 한 공동체에서 다른 공동체로 옮겨 가는데, 바로 "아담 안"에서 "그리스도 안"으로의 이동이다. 그러나 이 새로운 공동체가 이 행위를 시작한 주체는 아니다. 바울의 행적을 기록해 놓은 누가의 기록이

---

1   갈 3:27; 고전 12:13; 15:29; 롬 6:3-4; 골 2:11-12; 엡 4:5.
2   참조. 벧전 3:21-22.

나 세례에 대한 바울의 논의 중 어디에서도 세례가 교회와 어떤 관련이 있다는 암시를 찾아볼 수 없다. 세례가 나오는 문맥은 공동체 **모임**이 아니라 **복음 전파**다.

우리는 여기서 주의해야 한다. 바울이 '밥티스모스'(*baptismos*, 세례)를 언급할 때 항상 물세례를 의미했다는 일반적인 가정은 틀릴 수 있다. 때때로 그는 회심을 언급할 때 이 단어를 은유적으로 채택하는 것 같다. 이 착상이 이상하게 보일지 모르지만, 이 용어(혹은 파생 표현들)가 은유적으로 사용된 경우는 바울 서신뿐 아니라[3] 이미 복음서들에도 나온다(막 10:38-39; 눅 12:50). 그 관련 구절들은 이와 같은 방식으로 해석하면 확실히 놀라운 의미를 준다. 은유적으로 이 단어는 어떤 압도적인 경험을 의미함으로써, 중생의 극적인 과정을 전달할 수 있다. 이것은 세례가 죽음과 장사 지냄(롬 6:3-4)이라든지 옷 입는 것(갈 3:27) 등과 같은 다른 은유들과 병행하여 사용되는 구절들을 이해하는 데도 합리적이다. 문자적 요소와 은유적 요소의 결합이 어색할 수 있지만, 은유를 섞는 것은 일반적으로 통용되는 방식이다(그리고 아주 바울적인 방식이다). 성령에 의한 세례에 대한 암시는 이런 식의 해석에 확실히 더 자연스럽게 어울리며(고전 12:13), "믿음" "소망" 그리고 하늘의 "몸"과 나란히 세례를 언급하는 것도 덜 어색해 보인다(엡 4:4-5).

그러나 분명히 물세례는 실행되었다. 바울은 지나가는 말로 몇몇 사례를 언급하며(고전 1:16-17), 사도행전은 그의 선교와 연관된 다른 사례들을 추가한다.[4] 이런 구절들은 세례가 종종 온 집안 식구들과 관련됨

---

3 고전 6:11; 10:2; 참조. 엡 5:26.
4 행 16:15, 33; 18:8; 19:5.

을 보여 준다(행 16:33; 18:8). 하지만 고대 사회에서 일반적으로 자녀와 권속을 구별했다는 점,[5] 바울 서신과 사도행전 모두 믿음과 세례를 밀접하게 결합한다는 점,[6] 또한 부부 중 한 사람만 그리스도인인 가정에서 태어난 자녀들에게 특별한 신분이 부여되었다는 점(고전 7:14) 등을 고려하면, 유아들이 세례를 받았을 가능성은 희박하다. 바울이 볼 때, 할례는 그리스도의 **죽음**에서, 그리고 아마도 회심자의 죄에 대한 죽음에서 완성되기 때문에(골 2:11-12), 세례는 공동체의 지체 됨의 표시였던 할례를 대체하지 않는다. 세례가 아니라, **성령**이 새 언약의 보증이다.[7]

안수

많은 기록과 달리 성령을 주심이 세례 자체와 필연적으로 묶여 있지는 않다. 성령 주심은 세례 다음에 오는 경우가 더 많지만, 세례보다 먼저 나오는 수도 있다.[8] 보통 성령의 선물에 수반되는 신체적 행위는 안수다.[9] 이 안수 역시 단순히 상징적인 의식이나 일종의 마술적인 의식이 아니라, 교제의 신체적 표현이다. 구약의 배경이 보여 주는 바와 같이(예를 들어, 창 48:14 이하), 안수는 본질적으로 요청한 바를 성취시키는, 행위화된 기도였다. 이 행동은 단순히 기도에 **수반되는** 것이 아니라 기도의 한 **차원**이었다.

5　참조. 딤전 3:4, 12; 창 18:19; 36:6; 47:12; 50:7; 삼상 1:21.
6　행 8:12; 16:31; 18:8(참조. 16:14; 19:4); 갈 3:23-25; 골 2:12; 엡 4:5.
7　고후 1:22; 엡 1:13; 4:30.
8　참조. 행 2:38; 10:44.
9　행 8:17-19; 9:17-18; 19:6.

그와 같이, 이 행동은 다양한 상황에 적용된다. 바울은 안수를 통해 동역자들을 구별하고(행 13:3; 참조. 행 6:6), 병자를 치유하며,[10] 공동체에서 지도자를 인정한다.[11] 그러나 이 중에서 마지막 예를 나중의 안수 서품 절차로 이해하면 잘못이다. 그것은 다른 예들처럼 단순히 행위화된 기도일 뿐이고 기도 내용 이상의 다른 특별한 의미는 없다. "안수하여"라는 문구가 "하나님의 은혜에 부탁하던"이라는 구절과 동등한 의미로 쓰인 사도행전의 표현이 이 사실을 전달한다.[12] 바울이 그의 서신에서 이 안수 행위를 언급하지는 않았다 해도, 누가의 기록은 의심의 여지 없이 신뢰할 만하다. 안수는 세례가 그렇듯이, 개인뿐만 아니라 공동체의 지체들도 잠정적으로 포함하는 또 다른 신체적 표시다(행 13:1-3). 안수는 그리스도인 가족의 한 지체를 위한 믿는 자들의 기도와 교제를 나타낸다.

공동 식사

공동체가 그리스도 및 서로와의 교제를 신체적으로 표현하는 가장 심도 있는 방식은 공동 식사다. 바울은 두 군데에서만 이에 대해 말하며, 사도행전은 그가 이 일에 참여한 것을 한 번 기록하고 있다. 기독교의 심장부에 있었던 공동 식사에 대해서 그렇게 적게 언급했다는 것은 이상하다. 특히, 이에 대한 다른 곳에서의 간략한 언급 네 차례(사도행전에 두 번, 베드로후서와 유다서에 한 번씩)를 제외하면, 신약성경에서 이 주제에

---

10   행 28:8(참조. 9:17; 19:11; 20:10).
11   딤전 5:22; 참조. 행 14:23.
12   참조. 행 13:3과 함께 행 14:26.

대해 언급된 것은 바울의 말이 전부다. 이는 바울의 견해를 재구성하는 데 많은 도움이 되지는 못하지만, 바울의 기본적인 접근법을 분별하기에는 충분한 증거가 된다.

주의 이름으로 함께 식사를 나누는 것은 바울 이전부터 있던 기독교 관습이었다. "너희가 교회에 모일 때에"(고전 11:18)라는 구절이 암시하듯이, 그것은 아마도 교회로 모이는 모든 모임의 중심이었을 것이다(행 2:42-46; 고전 11:18; 참조. 14:23). 어느 경우든, 더 큰 모임일지라도 주의 만찬의 배경은 일반적으로 가정이었을 것이다.[13] "만찬"을 의미하는 '데이프논'(deipnon, 고전 11:20)은 주의 만찬이 기념 식사(이후에 그렇게 된 것처럼)라든지 식사의 일부(종종 그렇게 상상하듯이)가 아니라, 충분히 먹는 일상적 식사였음을 말해 준다. 이것은 가족끼리 즐기거나 손님을 초대하는 이른 저녁의 주된 식사를 가리키는 일반적 용어였다. 최후의 만찬이 예수님에게 그랬듯이, 바울에게 만찬은 기념 식사(token meal)로 바뀌지 않았고, 오히려 전형적인 식사에 특별한 의미가 부여되었다. 시장하거든 집을 나오기 전에 먹으라는 바울의 명령(고전 11:22, 34)이 주의 만찬에서 식사로서의 성격을 분리하는 시발점이라고 해석해서는 안 된다. 그는 단순히 고린도 교회 그리스도인들의 공동 식사에 파고든 오남용을 피할 방법을 제안하는 것이다.

바울은 어디에서도 주의 만찬이 어떤 종교 의식적 중요성을 갖는다고 말하지 않는다. 그것에 부여된 의미를 제외하고, 그것은 당시 유대인 가족들과 손님들이 축하하던 매주의 안식일 식사나, 그 지역에 살던 유대인과 외국인들이 해마다 집에서 지키던 특별한 유월절 식사와 전혀

---

13 참조. 롬 16:23; 행 20:8.

다르지 않았다. 이 식사는 집주인이 '떡을 떼는 것'으로 시작되었고, 식사와 그 외의 것에 대한 축복의 기도, 말씀 낭독, 성경 이야기를 하는 것이 포함되었으며, 간간이 포도주를 마시는 것도 들어 있었다. 이 모든 것이 거룩한 일과 일상의 일에 대한 대화와 함께 배치되었다. 그리스도인들에게 만찬은, 하나님이 행하시고 만드신 모든 것을 매주 기념하거나, 유대 민족의 기반이 되는 출애굽을 매년 기념하는 것 대신이었으며, 주의 만찬에 수반되는 예수님의 말씀은 모든 사람을 위한 그의 죽으심과 새 언약 백성의 수립을 기념하는 것이었다(고전 11:23-27).

이 식사는 형식에 있어서 1세기 로마와 그리스 가정에서 초대된 손님들과 함께하는 전형적인 식사나 연회(*symposia*)와 크게 유사했다. 여기에는 일반적으로 열두 명을 넘지 않는 소규모의 사람들이 참여해서, 식당의 '트리클리니움'(triclinium, 3면에 누울 수 있는 안락의자가 붙은 식탁—옮긴이)에 있는 긴 의자에 기대앉아 식사했다. (할례, 약혼, 혼인, 장례식과 같이 더 크고 더 격식을 차린 경우도 있었다.) 더 작은 가정 연회는 신들에게 음식을 바치는 기도로 시작했다. 기도 후 음식과 음료를 나누고 함께 대화를 즐겼다. 연회 중간쯤에는 신적 황제에게 경의를 표하는 의미로 특별한 축배가 있었다. 식사가 끝나면 참석자들이나 초대받은 손님들이 고전 문구 낭송이나 전통적인 이야기 구술부터 음악 연주나 가창, 오락 활동까지 다양한 기여를 했다. 주의 만찬을 그와 유사한 다른 모든 식사들과 근본적으로 구별되게 하는 것은, 예수의 죽음 및 부활과의 연관성, 그리고 공동체 지체들에 대한 성령의 하나 되게 하심 및 세워 주심을 통해 주의 만찬에 부여된 의미에 있었다.

떡을 떼고 나누는 것은 식사를 시작하는 평범한 방식이었고, 그와 마찬가지로 잔을 드는 것은 식사를 절정에 이르게 하는 일반적인 방식이었으며, 이 시작과 절정에는 특별한 말씀과 기도가 덧붙여졌다.[14] 주석가들은 보통 예수님이 제자들과의 마지막 식사에서 언급하신 말씀을 공식적으로 암송하는 순서가 그리스도인의 식사에 포함되었으리라 추정하지만, 반드시 그랬던 건 아닐 수도 있다. 바울의 교회들에서 그날 밤의 사건을 회상하는 것이 아마도 흔한 일이었을지라도, 바울이 고린도 교인들에게 예수님의 실제 말씀을 암송하게 한 것은 그들에게 공동 식사의 본래 **목적**과 **정신**을 상기시키려는 의도였을 것이다(고전 11:23-26). 바울은 다른 서신들에서도 예수님의 말씀이나 행동을 인용하여 당면한 문제의 특정 지점과 관련시킨다.[15] 또한 이 식사는 예수님의 말씀을 암송하는 것보다는 다른 방법으로 그 특성을 확고히 할 수 있었을 것이다. 예를 들면, 식사를 기도로 시작하고 기도로 마무리하는 것이다. 바울이 식사에 대해 말하는 어떤 본문의 문맥도 의식을 집행하는 사제의 존재는 고려하지 않는다. 사실 이 일을 담당할 사람이 공식적으로 지명되었다는 암시조차 전혀 없다. 아마도 식사가 준비되는 집의 주인이나 주인들이 이 일을 돌보았을 것이다. 그러나 어떤 면에서 바울은 올바른 행동에 대한 책임을 모든 사람에게 지운다(고전 11:20-22, 28-29). 그리스도인의 정규 모임에 어린이들이 있었다는 사실은(골 3:20; 엡 6:1-3) 그들도 식사에 참여했음을 시사한다. 이 식사의 선례는 젊은 세대의 참석과 교육이 종교적 유산을 배우는 것의 일부로서 포함되었던 유월절 식사일 것이다(출 12:21-27).

이 식사는 그 자체로, 참여한 모든 이에게 그리스도의 죽음을 가

---

14 렘 16:7을 보라. 참조. *m. Ber.* 6.1; 7:1.
15 예를 들면, 고전 7:10-11; 15:1이하; 고후 8:8-10; 롬 6:1-11; 15:7-13; 빌 2:5-13.

시적으로 선포하는 것이었다. 바울이 보기에 "이것은…내 몸이니"(고전 11:24)라는 말은 '이것은 나, 곧 너희를 대신하여 목숨을 버린 나다'라는 의미다. "이 잔은 내 피로 세운 새 언약이니"(고전 11:25; 마태복음과 마가복음의 "이것은…언약의 피니라"와 다르다)라는 말은 '이것은 나의 죽음을 통해 하나님과 너희 사이에 세워진 새로운 관계다'라는 의미다(피라는 용어는 예수의 십자가형을 지칭하는 속기법이었다).[16] 그리스도의 "몸"과 "언약"에 대한 언급은("떡"과 "포도주"를 수단으로 하여) 단순히 다른 사람을 위한 예수님의 죽으심이라는 한 가지 사실을 언급하는 두 가지 방식이 아니다. **몸**이라는 용어는 분명히 예수님의 죽음을 묘사하지만, **언약**이라는 용어는 그 죽음의 결과로 나온 위대한 유익, 즉 하나님과의 그리고 사람들 사이의 새로운 관계를 계속해서 밝혀 준다. 식사의 시작에 떡을 떼고 절정에 포도주를 마시는 것은(고전 11:23-25) 이제 더욱 적절해진다. 왜냐하면 그 식사 자체에서 이 두 과정 사이에 그 새로운 관계를 경험하는 시간이 있기 때문이다.

이 식사는 지극히 중요한데, 이는 공동체의 지체들이 함께 먹고 마심으로써 그들의 하나됨이 표현되기 때문이다. 그러므로 식사는 진정한 사교의 자리가 된다. 일상적인 식사에 참여하는 것이 가족이나 집단의 유대를 강화하는 것처럼, 이 식사는 그들의 관계를 깊어지게 한다. 식사의 절정에서 포도주를 나누는 것은 또 다른 이유에서 적절하다. 그럼으로써 그들이 모두 하나님 나라에서 그리스도와 함께 직접적인 방식으로 '마실'(즉 '교제할') 때를 고대하게 하는 것이다. 이 식사는 배석한 모두에게, 남자와 여자, 젊은이와 노인, 노예와 자유인, 유대인과 이방인 모

---

16 롬 3:25; 5:9; 골 1:20; 엡 1:7; 2:13.

두에게 참으로 종말론적인 사건이 된다.

식사의 이러한 사교적 성격은, 바울이 고린도인들에게 쓴 편지에서 떡과 포도주 같은 요소를 대하는 일부 지체들의 태도를 비판한 것이 아니라 **서로를 대하는** 태도와 행동을 비평한 이유를 설명해 준다. 이 식사의 핵심에 있는, 그리스도와 같이 서로를 위해 자신의 생명을 붓는 것이 그들의 행동이나 태도에 반영되지 않는다면, 그들은 주의 떡이나 잔을 "합당하지 않게" 먹고 마심으로써 "주의 몸과 피에 대하여 죄를 짓는 것"이다(고전 11:27). 이것이 바로 "주의 몸을 분별하지 못하고 먹고 마시는 자는 자기의 죄를 먹고 마시는 것이니라"(고전 11:29)라는 바울의 경고가 의미하는 바다. 앞 장에서처럼(고전 10:17), 여기에서도 바울은 공동체를 염두에 두고 있다. 강조점은 떡과 포도주 같은 요소들이 아니라 그들에게 분배된 '한' 덩어리의 떡이 상징하는 공동체의 하나됨에 있다.

이와 비슷한 사상이 몇 문단 앞에 나오는, '강한 자'가 '약한 자'를 대하는 태도에 관한 바울의 언급 배후에도 깔려 있다. 그는 강한 자들을 향해 "너희의 자유가…약한 자들[곧 그리스도께서 위하여 죽으신 자들]에게 걸려 넘어지게 하는 것이 되지 않도록 조심하라"고 권고한다(고전 8:9). 만약 그의 독자들이 이것을 깨닫지 못한다면, "이같이…형제에게 죄를 지어 그 약한 양심을 상하게 하는 것이 곧 **그리스도에게** 죄를 짓는 것"이기 때문이다(고전 8:12, 저자 강조). 바울은 이것을 심각한 문제라고 보았다. 공동체의 육체적인 필요에 민감하지 못한 식사는 결코 주의 만찬이 아니다. 그는 또, 지체들 사이의 잘못된 태도가 제대로 다뤄지지 않는다면 지체들 가운데 육체적으로 약해지거나 심지어 죽는 결과로 이어질 것이라고 덧붙인다. 이것은 바울의 사고 속에 육체적 요소와 영적 요소가 어떻게 얽혀 있는지를 보여 주는 또 하나의 지표다.

초기 그리스도인들의 식사를 바리새인들의 식사인 '하부라'(haburah)와 비교하기는 어려운데, 이 평신도 교제 모임의 상세한 증거가 거의 없기 때문이다. 일반적으로 회당에서 열렸던 "계명 준수를 위한 교제"라는 그들의 설명은 확실히 강조점이 다르다. 또한 의무를 중심으로 돌아가는 조합이나 '티아소이'(thiasoi, 사교 모임들)의 식사도 있었는데, 여기에는 부조금을 내고 참석하는 것이 미덕이었다. 구성원들이 매일 두 차례 공동 식사에 참여해야 하는 쿰란 공동체와도 달랐다. 이 공동 식사는 확실히 그들의 공동체 생활에서 필수적인 역할을 했으며, 그들의 하나됨을 실제로 표현하는 것이었다. 그러나 이것 역시 사제가 인도하고 구성원들은 엄격하게 정해진 진행 순서에 따라 앉아서 참여하는 제의적인 행사였다. 여자들은 없었고 초보 수사는 수련을 마치기 전까지 이 모임에서 제외되었다.[17]

어떤 이들은 신비 종교에서 시행되던 식사들을 재구성하고, 초기 그리스도인 만찬과의 유사성을 주장했다. 하지만 실제로 이 식사는 새로운 사람이 그 신비 종교에 가입하는 것을 기념하는 축하연, 또는 헌신자와 그가 숭배하는 신만 배석하는 식사였다. 상호 간의 교제와 다른 사람들을 위한 희생적 섬김 같은 개념은 전혀 없었다.[18] 길드의 회원들이 신의 보호 아래 베푼 공동 식사에 대해서는 많이 알려져 있다. 그러나 이것들 역시 제의적 요소를 포함하며, 참여할 기회를 얻기 위해 대가를 지불해야 했고, 높은 인지도를 가진 참가자들에 대한 특별한 존경의 상이 포함되었다.

---

17 1QS 6.20-21.
18 Apuleius, *Metamorphoses* 11.24-25. Josephus, *Antiquities* 18.73.

이러한 초기 그리스도인 식사의 마지막 특징인 체제 전복적 성격은 주의를 기울일 필요가 있다. 외형적으로는 당시 로마인들의 전형적 식사와 많이 다르지 않지만, 기본적 의미와 기능이라는 면에서는 그들이 속한 더 넓은 문화와 상충하는 부분이 많았다. 바울의 저술들에서 지체들은 왕과 집권자들을 위해 기도할 것을 권면받지만(딤전 2:2), 왕을 신적 존재나 그들의 궁극적 지도자로 인정하지는 않았다. 지배적인 사회 질서에 적극적으로 반대하라는 가르침은 받지 않았지만(롬 13:1-7), 모든 지체를 형제자매로 인식하는 것, 사람의 지위와 계급보다는 하나님의 은사와 사역에 근거하여 모든 사람의 참여를 독려하는 것, 그들이 맺는 관계의 중심에 권력이 아닌 사랑을 놓는 것 등은 매우 다른 가치 척도를 보여 준다. 이것들은 물론 그들이 시민권을 두고 있는 하나님 나라의 대안적 가치들이었다. 하나님 나라의 완성은 아직 도래하지 않았지만 이미 그들의 모임 가운데 예시되고 있었다. 그들의 행동이 공개적으로 체제 전복적이지는 않았지만(현대의 일부 해석들은 이에 반대한다), 간접적으로는 확실히 체제 전복적이었다.

입맞춤

교제의 신체적인 표현으로 아직 검토해야 할 두 가지가 더 있다. 첫째, "거룩하게 입맞춤으로 모든 형제에게 문안하라."[19] 바울은 이 명령을 자신의 여러 서신에서 반복하는데, 이미 보았듯이 그가 말하는 "형제"는 남자와 여자를 모두 포함한다. 이 행동을 그저 형식적 행위로 해석한다

---

19 살전 5:26; 고전 16:20; 롬 16:16; 참조. 행 20:37.

면 그 중요성을 과소평가하는 것이다. 이 행동은 교회의 각 지체들 사이에 있는 유대를 단순한 상징으로서가 아니라 실제적으로 표현해 주었다.

어떤 집단에서는 입맞춤하는 것 자체가 특별히 놀라운 일이 아니었다. 유대인 회당이나 쿰란 공동체에서의 입맞춤에 대해서는 직접적인 증거가 없지만, 신비 종교들에서는 입맞춤이 초심자와 그의 영적 멘토 사이의 관계를 나타냈다.[20] 그리스와 동방 사회에서는, 특히 친척, 친구, 친절을 베풀거나 대접을 받는 사람들 사이에서는 입맞춤이 매일의 삶에서 일상적인 부분이었다(참조. 눅 7:45). 그래서 그리스도인들은 그 행동에 의미를 부여하여 다른 입맞춤과 차별화했다. 다른 민족, 계층, 가족의 사람들 사이에서도 그리스도의 평강으로 입맞춤한 것을 볼 때, 그들의 입맞춤이 표현하는 관계의 폭은 다른 사회의 입맞춤보다 훨씬 더 깊은 의미를 지닌다. 그리고 공동체적 성격의 그리스도인 입맞춤은 다른 종교 의식들에서 실행된 더 개인화된 입맞춤과 구별된다.

소유를 나눔

바울이 교제의 이러한 신체적 표현들을 강조했음에도 불구하고, 그가 쿰란 공동체에서처럼 공동체의 지체들이 '모든 것을 공유'해야 한다고 제안한 것은 결코 아니다. 그리스도인들이 복음 안에서 하나가 된다고 해서 그들의 모든 물질적 자원을 꼭 공유해야 하는 것은 아니다. 이것은 소유에 대한 그들의 태도가 복음에 의해 변화되지 않았다는 의미가

---

20 Apuleius, *Metamorphoses* 7.9.

아니다. 그들은 "우리 주 예수 그리스도의 은혜를 너희가 알거니와 부요하신 이로서 너희를 위하여 가난하게 되심은 그의 가난함으로 말미암아 너희를 부요하게 하려 하심이라"라는 말씀을 기억해야 한다(고후 8:9). 실제적인 용어로 말하자면, 자신들의 모든 소유를 포기하라는 것이 아니라 오히려 그들의 '풍성함'과 '부요함'을 궁핍한 자들과 나누라는 말이다(고후 8:14; 고전 16:2). 이렇게 함으로써 "많이 거둔 자도 남지 아니하였고 적게 거둔 자도 모자라지 아니"한 상황이 되어야 한다(고후 8:15). 복음의 정신에 따라, 그러한 나눔은 '사랑하는' 마음과 '후한' 마음에서 비롯되어야 한다.[21] 이처럼 자원하는 마음으로 되지 않는다면 참으로 자신의 모든 소유를 다 내어 주더라도 소용이 없으며, "명령"에 의한 "억지"가 될 것이다(고후 8:8; 9:5). 바울은 "각각 그 마음에 정한 대로 할 것이요 인색함으로나 억지로 하지 말지니 하나님은 즐겨 내는 자를 사랑하시느니라"라고 주장한다(고후 9:7). 이것은 사람들이 "풍성한 연보를" "힘대로" 할 뿐만 아니라 "힘에 지나도록 자원하여" 극심한 가난의 상황 속에서도 할 수 있는 가능성을 열어 준다(고후 8:2-3).

그래서 바울은 사유재산제의 폐지나 공동 소유제로의 전환을 요구하지 않는다. 하지만 사람들이 그에 대한 권한을 가지고 있다고 말하지도 않았다. 그러한 생각은 그가 표명한 모든 내용을 넘어선다. 복음은 권리를 주장하는 것이 아니라 선물을 주는 것이다. 소유를 나누는 것에 대한 자신의 가장 긴 논의의 절정에서, 바울이 "말할 수 없는 그의 은사로 말미암아 하나님께 감사하노라"라고 갑자기 탄성을 터뜨린 것은 결코 우연이 아니다(고후 9:15). 믿는 자들이 소유한 모든 것은 십자가를

---

21   고전 13:3; 고후 8:8; 9:11, 13.

통해 평가되어야 하며, 십자가의 흔적이 느껴져야 하고, 다른 이들을 섬기는 자원이 되어야 한다. 때때로 이것은 소유물을 지니되 다른 사람들이 그것을 사용하도록 개방하는 것을 의미할 것이다. 다른 지점에서는, 내가 충분한 양 이상의 돈이나 소유물을 가지고 있고 다른 사람이 어려움에 처했을 때 내가 가진 돈이나 소유물을 나누는 것을 의미할 것이다. 가끔은, 하나님께는 예외지만 사람에게 되돌려 받기를 구하지 않고 모든 소유를 나누는 것을 의미할 것이다.

소유에 대한 바울의 견해는 그리스 조합 단체들의 특징적인 견해를 넘어선다. 바울에게는 물질적인 소유를 나누는 것이 다른 사람의 상황에 따라 달라지는 자발적인 교제의 표현이다. 콜레기아에서는 소유를 나누는 것이 세심하게 규제된 사안이었으며 계산된 한도 내에서 유지되었다. 이 점에서 그것은 당시 고대 세계에서 '상호 간의' 보상에 대한 기대를 중심으로 전개된 일반적인 박애주의 관습을 반영한다.[22] 가끔 다른 동기들이 드러났다면, 그것은 공적인 명예를 얻고자 하는 기증자의 열망과 관련이 있다.[23] 아무것도 되돌려 받지 않고 선물을 베푸는 경우에조차, 주는 만큼 받는다는 대가성에 기반하여 가난한 자들 중에서 가장 가치 있는 자들이 나눠지는 선물의 대부분을 얻곤 했다.[24] 여자들과 아이들은 나눠지는 선물을 받는 두 번째 과정에서 일반적으로 배제되었다.

에세네파와 달리,[25] 바울은 고대 사회를 돌아다니면서 공동생활 촌

---

22   Cicero, *De Officiis* 1.15, 48. Seneca, *De Beneficiis* 2.35.
23   Pliny, *Epistulae* 1.8, 15.
24   Cicero, *De Officiis* 2.5.54. Pliny, *Epistulae* 9.30.
25   참조. 1QS 6.19이하.

을 설립하지 않았다. 그러나 그렇다고 해서 그가 소유에 대한 공동 의식에 도전하지 않았다는 말은 아니다. 바울 공동체의 지체가 된 사람들은 자신의 소유를 결코 이전과 같은 눈으로 바라볼 수 없었다.

9
은사의 나눔과 사역

교회의 목적: 예배인가? 선교인가? 덕을 세우는 것인가?

바울이 그 어디에서도 교회는 '예배'가 최우선이라고 말하지 않는다는 사실은 그 당시 사람들에게 분명 의아한 일이었을 것이다. 바울이 그럴 수 없었던 것은 그가 예배를 훨씬 더 넓은 의미로 이해했기 때문이다. 이 점은 로마의 그리스도인들에게 보낸 그의 호소에 명확히 드러나 있다. "너희 몸을 하나님이 기뻐하시는 거룩한 산 제물로 드리라. 이는 너희가 드릴 영적 예배니라. 너희는 이 세대를 본받지 말고 오직 마음을 새롭게 함으로 변화를 받아 하나님의 선하시고 기뻐하시고 온전하신 뜻이 무엇인지 분별하도록 하라"(롬 12:1-2).

즉, 바울이 보기에 예배는 믿는 자가 항상 하고 있어야 하는 것이다. 그 예배란, 믿는 자들이 세상에서 일반적으로 볼 수 있는 전형적인 태도, 기준, 행위를 보이는 것이 아니라 그들을 위한 하나님의 합당하고 기쁘시고 온전하신 목적을 분별함으로써 그들의 삶 전체를 하나님께 드리는 것을 의미한다. 이렇게 하는 데는 사려 깊고도 자발적인 희생이

요구되는데, 여기서 희생은 문자적 의미의 희생 제물이 아니라 인격적 희생을 말한다. 이 점에서 바울의 예배관은 유대교나 그리스의 공적 예배에서 발견되는 것과 구별된다. '라트레이아'(*latreia*, 예배), '파라스테사이'(*parastēsai*, 제사 드리다), '튀시아'(*thysia*, 제사), '하기아'(*hagia*, 거룩한) 같이 제의와 관련된 언어를 일상 행위의 범주에 비유하는 바울의 적용법은 놀랍다. 그러한 예배는 생활 전반에 관여해야 하기 때문에, 어떤 특별한 장소나 시간과 연결되어 있지 않다. 로마서에서 그다음에 이어지는 부분은 이것을 아주 설득력 있게 나타낸다. 요약하자면, 바울은 믿는 자들 사이의 행동, 다른 사회적 모임에서의 행동, 정치적 영역에서의 행동에 대해 논의를 전개한다(롬 12:3-13:4). 이것은 바울이 그리스도인의 모임을 특별히 예배라는 목적만을 위한 것이라고 말할 수 없었던 이유다. 믿는 자들은 함께 모이기 전부터 그 후까지, 하나님이 받을 만하시든지 그렇지 않든지, 하나님을 예배하고 있다. 그들이 교회 안에 있을 때도 예배는 계속되지만, 그들의 모임을 삶의 나머지 일상과 구별해 주는 것은 예배가 아니라 다른 무엇이다. 그것은 바로 그들이 정규적 모임으로서 함께 예배하고 있다는 사실이다.

교회의 일차적인 목적은 종종 '선교'로 정의되기도 한다. 이런 관점에서 보면, 교회의 목적은 전도 혹은 증거다. 바울은 그 중요성에 대해 상당히 많이 말하며, 때때로 교회에서 전도나 증거가 일어나기도 하지만, 그것이 모임의 주된 목적은 아니다. 사실 그것은 믿는 자들이 참여하는 다른 일의 부산물로서 벌어진다. 바울은 이러한 예를 고린도전서 14장에서 제시한다. 그는 예언에 대해 "교회의 덕을 세우"는 것이며(고전 14:4) 믿지 않는 자가 아니라 믿는 자들을 위한 은사라고(14:22) 정의 내린 후에, "다 예언을 하면 믿지 아니하는 자들이나 알지 못하는 자들이 들어와서 모든 사람에게 책망을 들으며 모든 사람에게 판단을 받고 그 마음의 숨은 일들이 드러나게 되므로, 엎드리어 하나님께 경배하며 '하나님이 참으로 너희 가운데 계신다' 전파하리라"라고 말한다 (14:24-25). 이 모든 것은 그리스도인들이 하나님의 말씀을 교회 밖의 사람들에게 직접 나눈 결과가 아니라 교회 안에서 **서로에게** 나눈 결과다! 선교에 대해서는 이미 조금 살펴보았고 차후에(15장에서) 더 살펴보겠지만, 바울은 복음 전도적 선교이든 사회적 행동 차원의 선교이든 선교에 대해 주로 교회 바깥 일상생활의 한복판에서 일어나는 것으로 상정하고 있다.

이것이 우리를 그리스도인 모임의 핵심 목적으로 인도한다. 그들의 목적은 공동 식사와 서로 섬기는 사역을 통해 그 지체들이 그리스도 안에서와 공동생활 안에서 성장하고 덕을 세우는 데 있다(고전 14:12, 19, 26). 이 두 가지 활동은 한 활동이 다른 활동을 초래한다(예를 들면, 행 20:7-12). 이것은 우리가 보았듯이 그 시대의 전형적인 연회의 패턴과 맞을 것이다. 고린도전서 5:4-5에서 묘사하는 치리 모임은 정규적인 모임의 한 부분에 불과한 것으로 보이며, 지체들 사이의 논쟁을 해결하는 일도 마찬가지였을 것이다(고전 6:5이하). 사도행전에서 알 수 있듯이 때때로 다른 모임도 있었다. 예를 들면 위기 상황에서의 기도 모임과(행 12:5) 지도자들의 모임이 있다(행 20:17이하). 하지만 가장 일반적인 모임의 형태는 식사를 나누고 서로의 유익을 위한 사역을 실행하는 것에 중점을 두었다.

교회의 역학: 은사들과 사역들

이 사실은 우리가 '카리스마'(charisma, 은사)에 대한 바울의 이해를 연구하게 한다. '카리스마'는 서로를 위한 사역에 드러나는 성령의 일하심에 대한, 유일한 용어는 아니지만 주요한 용어다. 당시 그가 살던 세계에서 바울보다 먼저 이 용어를 사용한 예는 거의 없다. 외경에 두 번,[1] 위경에 한 번 나오지만,[2] 전자는 사본상의 전통이 확실하지 못하고 후자는 거의 확실히 바울 이후의 것이다. 비슷한 시기의 인물인 알렉산드리아의 필론도 이 용어를 한 구절에서 두 번 사용했다. 이상의 출처에서 그 단어는 단순히 지극히 일상적인 의미에서의 '호의의 표시'였다.[3] 파피루스에는 몇 번 나오는데, 모두가 신약성경 이후의 것이다. 여기에서도 가장 일반적인 의미는 아무런 종교적 의미가 없이 단순히 '선물'이라는 뜻이다. 바울이 최초로 그 단어에 더 특별한 의미를 부여한 것 같다.

여기서 우리는 '에클레시아'나 '소마'처럼, 바울이 일상적으로 통용되는 용어를 공동체 생활의 몇몇 측면을 묘사하는 데 사용한 예를 발견하게 된다. 이 "은사"라는 용어는 교회의 역학에 대한 바울의 접근 방식에 포함된 기초 원리를 표현하기 때문에 중요하다. 이 중요성은 바울의 교회관에 대한 학술적 연구에서 오랫동안 무시되거나 축소되었다. 겨우 지난 세대에 이르러서야 바울이 생각한 바의 중요성이 주목받기 시작했다. 그러나 "은사"라는 용어는 그리스도인의 공동체 생활이 논의되는 구절에 국한되지 않는다. 이 단어는 폭넓게 언급되어서, 그 의미를 파악하

---

1 Ecclus. 7:33(Codex B); 38:30(Codex S).
2 *Sib. Or.* 2:54.
3 Philo, *Allegorical Interpretation* 3.78.

는 기본적인 통찰을 줄 뿐만 아니라 그 용어의 다른 용례를 이해하는 데도 적절한 틀을 제공한다.

바울에게 "은사"는 이스라엘 백성이 하나님으로부터 받았다가 거부당한 특권들을 묘사해 준다.[4] 이 용어는 그리스도의 구원 사역과 그 결과로 많은 사람에게 주어진 정죄로부터의 해방을 지칭하는 데 사용된다(롬 5:15-17). 또한 죄의 "삯"인 죽음을 대체하는, 지금 경험할 수 있는 영생의 선물을 의미한다(롬 6:23). 바울이 '카리스마'의 동의어로 '도레아'(dōrea)와 '도레마'(dōrēma)를 사용한 것은, 하나님의 "말할 수 없는…은사"(고후 9:15)이신 그리스도와[5] "하나님의 선물"인 믿음(엡 2:8)도 이 범주에 넣을 수 있음을 암시한다. 따라서 바울은 인류에 대한 하나님의 모든 구원 활동을 사실상 은사라는 용어를 통해 이해한다. 즉 양자 됨, 영광, 언약들, 율법 수여, 예배와 약속들, 칭의, 믿음, 영생, 심지어 그리스도까지도 은사라는 용어로 표현한다. 그가 이렇게 말할 수 있었던 것은, 그가 보기에 이 단어가 하나님이 주신 자유, 하나님과의 관계의 관대한 특성, 그 결과인 하나님에 대한 감사와 신뢰 등을 동시에 역설하기 때문이다. 이러한 '카리스마타'(charismata)는 하나님의 근본적인 은사들이며, 동시에 그리스도 안에 있는 사람들이 받을 수 있는 다른 모든 은사로 뒷받침된다.

바울이 언급하는 다른 은사들 역시 그것을 주신 분은 하나님이나[6] 그리스도라고[7] 명백하게 기록되었다. 성령의 일은 이 은사들을 "나누어

---

4 롬 11:29(참조. 9:4-5).
5 참조. 롬 9:5하.
6 고전 12:6, 28; 롬 12:3; 엡 3:7.
7 고전 12:5; 엡 4:7, 8, 11.

주시는"(고전 12:11) 것과 공동의 유익을 위해서 각 지체 개인들을 통해 "나타내시는"(고전 12:7; 14:12) 것이다. 바울이 사용한 전치사들이 보여주듯, 은사들은 단순히 성령'으로부터'가 아니라 성령을 '따라' 성령으로 '말미암아' 주어진다. 성령의 은사들에 대해 마치 성령이 그 은사들의 원천인 것처럼 말하는 것은 오해의 소지가 있다. 은사들은 성령('프뉴마', *pneuma*)으로부터 파생되는 것이 아니고, 하나님의 은혜('카리스', *charis*)로부터 말미암는다.[8] 은사들은 하나님 은혜의 구체적인 표현이다.

은사들을 기술하기 위해 사용된 다양한 용어들은 은사가 지닌 각기 다른 면들을 나타낸다. 예를 들면 은사들의 계시적 특성(*phanerōsis*, 나타냄), 역동적 특질(*energēma*, 사역의 성과), 사회적 목적(*diakonia*, 섬김의 직분) 등이다(고전 12:4-7). 이 은사들은 그리스도인들이 공동으로 강건하여지도록 하나님이 믿는 자들에게 자신을 알리시는 구체적이고 효과적인 방법들이다. 아마도 '카리스마'와 '카리스마타'의 의미는 '은총'과 '은총들'이라고 좀 더 적절히 번역될 수 있을 것이다. '카리스마타'는 성격상 일시적이지 않고, 공동체 생활의 지속적인 속성들이다. 그것은 단순히 교회들이 시작되도록 돕기 위해 주어진 것이 아니라, 지속되는 공동체 생활의 핵심 구성 요소가 되도록 의도된 것이다. 바울에 따르면, 하나님과 인간 사이를 중개하는 성격을 지닌 모든 의사소통 방법은 "온전한 것이 올 때에는"(고전 13:10) 폐할 것이고, 이런 은사들도 끝날 것이다.

바울은 우리에게 '카리스마타'의 네 가지 주요 목록을 제공하는데, 두 가지는 성경의 동일한 장에 있다. 그 단어는 그리스도인 공동체 밖의 삶과 관련된 약간 동떨어진 언급들에도 사용되었다. 이에 대해서는

---

8 고전 1:4이하; 롬 12:6; 엡 4:7.

조금 후에 살펴볼 것이다.[9] 다른 두 군데에서도 사용되었는데, 바울이 로마의 그리스도인들을 방문할 때 그들과 나누기를 갈망했던 밝혀지지 않은 '카리스마'(여기서 "밝혀지지 않은" 이유는 그가 로마에 도착하기 전까지는 어떤 공헌이 적실할지 모르기 때문이다. 롬 1:11)와 그가 고린도의 공동체에 대해 '카리스마타'에 부족함이 없다고 인정한 경우다(고전 1:7).

1. 첫 번째 목록은 다음의 은사들을 언급한다. 지혜의 말씀(복음의 깊이와 함의에 대한 특별한 통찰력),[10] 지식의 말씀(구약성경과 기독교 전통에 대한 이해와 설명), 믿음(구원이 아닌 특별한 상황과 관련), 병 고치는 은사(다양한 비기적적인 종류의), 능력 행함(특별히 축귀의 은사), 예언함(하나님의 마음을 직관적으로 알고 말함), 영들을 분별함(그 영들이 하나님으로부터인지, 마귀로부터인지, 단지 인간의 의견을 나타내는 것인지를 분별함), 방언을 말함과 방언들을 통역함(인간의 말이 아닌 언어를 말하고 해석함) 등이다(고전 12:7-11).
2. 첫 번째 목록에 있는 대부분의 내용이 바로 뒤에 반복되어 나온다. 일부는 그 은사들을 받은 사람의 관점에서, 또 일부는 '카리스마' 자체의 관점에서 나온다. 또한 세 가지 '카리스마타'가 첨가되었다. 이 두 번째 목록은 다음과 같다. 사도, 선지자, 교사, 그리고 능력 행하는 자, 병 고치는 은사, 서로 돕는 것, 다스리는 것, 각종 방언을 말하는 것, 통역하는 것 등이다(고전 12:28).
3. 세 번째 목록은 훨씬 간단하다. 이 목록은 단순히 예언, 구체적 행

---

9   고전 7:7; 고후 1:11; 아마도 고전 7:17이하(참조. 롬 11:29).
10   참조. 롬 11:33-35; 고전 2:6-10.

동으로서의 섬기는 일, 가르치는 일, 권고하는 일, 경제적 도움(또는 소유를 나눔), 다스리는 일, 궁핍한 자에게 긍휼을 베푸는 행동(아마도 경제적 도움을 주는 일도 포함한) 등을 언급한다(롬 12:6-8).

4. 마지막 목록은 '카리스마타'보다는 '도마타'(domata)에 관한 것으로, 다양한 사역을 담당한 사람들 자체를 은사로 표현한다. 여기에는 사도, 선지자, 복음 전하는 자, 목사와 교사가 나온다. 마지막 둘은 함께 묶여서 나오는데, 나중에 우리가 살펴보겠지만 아마도 하나의 활동을 언급하는 것 같다(엡 4:11). 목록에 나오는 요소들 중 사도직과[11] 경제적 도움[12] 이 두 가지는 다른 곳에서 독립적으로 하나님의 은혜에 관련된 것으로 언급된다.

신약의 다른 곳에서는 다른 형태의 사역들이 언급되지만, 특별하게 은사라고 명명되지는 않는다. 이 은사들은 사도,[13] 예언,[14] 복음 전하는 것(고후 8:18), 감독하는 것(빌 1:1), 가르치는 것(갈 6:6; 고후 8:7), 격려하는 것(살전 5:14), 섬기는 것,[15] 능력을 행하는 것(갈 3:5), 믿음(고전 13:2; 고후 8:7), 긍휼을 베푸는 행위(갈 6:10; 살전 5:14) 등이다.

'카리스마'에 관한 바울의 관점과 사용에 어떤 발전이 있는가? 그의 최초 서신에는 그 개념만 나타날 뿐 그 용어가 없었다. 그래서 그는 이미 데살로니가전후서에서 교제 가운데 역사하시는 성령의 활동, 예언의

---

11 엡 3:7(*dorea*).
12 빌 4:17(*doma*).
13 고전 3:5; 롬 16:7; 빌 2:25; 엡 2:20.
14 살전 5:19-20; 고전 13:2; 고전 14장 여러 곳; 엡 2:20.
15 고전 16:15; 롬 16:1; 빌 1:1; 골 4:7, 12, 17; 엡 6:21.

중요성, 모두 이에게 부여된 어떤 기여를 해야 하는 의무, 사역들을 시험해 볼 필요에 대해 언급한다. 그러나 고린도전서에 와서야 그는 '카리스마'라는 용어를 사용하고 이 주제에 대해 어떤 지침을 준다. 아마도 그곳에서 일어난 특별한 상황이 바울이 이렇게 하도록 자극했을 것이다. 이후에 그는 이 문제를 그의 가장 체계적인 글인 로마서와 에베소서에서 논의한다(에베소서에서는 '카리스마'보다 '도마'라는 용어가 사용되었지만, 이는 바울이 '카리스마'라는 단어를 쓰기 싫어해서가 아니라 아마도 칠십인역의 시편 67:19을[16] 인용했기 때문일 것이다).

'카리스마타'의 속성

이 다양한 목록과 독립된 언급들 그리고 부연된 말들을 기초로, '카리스마타'의 속성에 대해 다음과 같이 결론내릴 수 있다.

개방적인 특성이 있다

우선 이 목록들은 말과 행동 모두의 '카리스마타'를 포함하며 분명히 개방적이다. 어느 개인이나 단체도 공동체 안에서 구술(口述)되고 실행되는 사역에 대해 그 가능성을 가로막을 수 없다. 특별한 '카리스마타'에 대한 언급은 바울의 편지를 받는 단체가 어떤 유형이냐에 기인한다. 고린도의 공동체는 좀 더 비범한 은사들을 선호했고, 이것은 그가 언급한 일부 특정 은사들에 반영되어 있다. 로마서의 목록은 은사의 성격상 좀 더 무작위적으로 보이지만 아마도 그 도시의 개별 집단들에서 대부

---

16   시 68:18(개역개정판).

분 실행되었던 은사들의 종류와 일치할 것이다. 에베소서의 목록은 훨씬 더 제한적이고 구조화되어 있는데, 이는 이 서신의 일반적인 성격에 따라 바울 자신과 같은 순회 사역자들과 지역 교회들에서 더 중요한 공헌자들의 사역에 주된 관심을 기울이기 때문이다. 바울은 어디에서도 그리스도인 공동체에 활용 가능한 은사들을 총망라하거나 체계적으로 논하지 않는다. 그들의 목적에 근거하여 어떤 지체가 지속적으로 유익한 공헌을 한다면 바울은 그것도 은사로 인정했을 것으로 추정할 수 있다.

개인적으로 분배되지만 평등하게 주어지는 것은 아니다

공동체의 각 사람은 다른 지체들의 유익을 위해 적어도 한 가지 '카리스마'를 받는다.[17] 은사는 사람마다 다르고,[18] 어떤 사람은 다른 사람보다 더 많은 은사를 받는다. '카리스마타'는 성령에 의해 동등하게 분배되는 것이 아니다. 바울 자신은 매우 많은 은사를, 사실상 목록에 열거한 거의 모든 은사를 사용했다.[19] 아무도 은사의 분배에서 제외되지 않을 정도로 성령의 행하시는 방식에는 민주적인 요소가 있지만, 그것이 평등주의는 아니다. 또 바울은 은사의 소유를 정적인 것으로 보지도 않기 때문에, 각 지체가 공동체의 삶에 기여하는 공헌의 형태는 고정적이지 않다. 그런 이유로 바울은 자신의 수신자들에게 아직 사용하지 않는 은사들을 추구하라고 격려한다(고전 14:1).

17　고전 12:7, 11; 롬 12:3; 엡 4:7.
18　고전 12:29-30; 롬 12:6; 엡 4:11.
19　예를 들면, 살전 2:7이하; 살후 2:15; 갈 2:2; 고전 1:1; 고후 12:1, 6, 14, 18; 롬 15:19; 행 20:10, 34 등에 나오는 바울.

제공하는 유익에 따라 등급이 정해진다

바울은 다른 은사보다 '더 크거나' 더 중요한 것으로 사람들이 특별히 사모해야 하는 은사들을 기술한다(고전 12:31). 우리는 이미 네 개의 목록 중 두 목록에서 은사나 은사들이 기반을 두고 있는 사역의 등급이 있음을 보았다. 이 은사들은 얼마나 비범한가에 따라서 등급이 설정되는 것이 아니다. 바울의 목록들은, 방언과 신비적 행위들 같은 극적인 것들보다는, 아주 일상적이며 실질적인 활동을 더 가치 있는 것으로 제시한다. 바울은 외양에 기반을 둔 은사 차별을 뿌리 뽑기 원했다. 오히려 은사들은 그 효과에 따라 등급이 매겨져야 했다. 즉 공동체의 성장에 가장 유익한 공헌을 하는 은사들이 가장 중요한 것으로 여겨진다.

결론적으로, 말로 하는 은사가 행동으로 하는 것보다 일반적으로 우위에 있다. 바울은 사도의 은사를 첫 자리에 놓았다. 왜냐하면 사도들이 복음을 전하고 회심자들을 모으지 않았다면, 그리스도인 공동체는 존재할 수 없을 것이기 때문이다. 이 사역의 배후에 지혜의 은사가 있는데, 바울은 그의 수신자들을 위한 하나님의 구원 계획과 그 혜택들을 통찰하는 특별한 수단으로서 이 은사를 중시했다. 하지만 그 은사가 가장 중요한 위치를 차지했음에도 불구하고, 바울은 자신의 사역이 사도직과 같은 특별한 '카리스마'로부터 나온 것이 아니라 일반적인 '카리스'로부터 나온 것이라고 말한다(롬 12:3; 엡 3:7). 이것은 사도가 기초적인 은사들을 모두 사용하는 이유가 될 수 있다(19번 각주를 보라). 이 은사들은 바울이 갖추어야 할 필수적인 부분이며, 공동체의 지체들에게 어떤 은사들이 필요하고 어떻게 은사를 사용해야 하는지를 알려 주고 본보여 줄 수 있게 한다.

두 번째로 중요한 것은 선지자들이다. 왜냐하면 이들은 하나님께 직접 들어야 할 구체적인 격려, 경계, 방향 제시 등을 공동체에 들려주는 이들이기 때문이다. 교사들이 그다음에 나오는데, 이는 그들이 하나님이 이미 말씀하시거나 행하신 것들로부터 특별한 통찰을 끌어내며 현 상황에 맞는 도전을 적용할 수 있기 때문이다. 선지자와 교사, 이 두 은사의 사역 뒤에는 각각 '계시'와 '지식'이라는 의사소통의 은사들이 있다. 하지만 이와 같이 '더 큰' 은사들의 중요성은 어느 정도 상대적이다. 방언과 같은 '더 작은' 은사도, 예를 들면 해석의 은사와 같은 다른 은사에 의해 보충될 때 '더 큰' 것으로 간주될 수 있다(고전 14:5). 즉, 특정한 시간에 공동체의 특별한 필요에 따라서, 예를 들어 가르침을 예언과 비교한 경우처럼 일반적으로 다른 것보다 낮게 평가되는 은사가 일시적으로는 당시 상황에 더 적절할 수 있다.

정기적으로뿐만 아니라 간헐적으로 기여한다

이처럼 '더 큰' 은사들이 있음을 볼 때, 어떤 지체들은 단지 간헐적으로만 '카리스마'를 사용하는 반면 다른 지체들은 지속되는 사역의 기초를 제공하면서 정기적으로 그것을 사용한다는 사실을 알 수 있다. 바울에 따르면 모든 사람이 예언을 구해야 하지만,[20] 몇몇 사람만 '선지자'로서 이러한 종류의 사역을 지속해서 한다(고전 12:29). 바울은 은사를 사용하는 것을 근거로 지체 간에 어떤 **질적인** 구별도 하지 않으며, 단순히 그들이 그 은사를 사용하는 **빈도**와 (아마도) 그 메시지의 범위에 **양적인** 차이를 둘 뿐이다. '더 큰' 은사뿐만 아니라 우선순위가 낮은 은사들도 정규적인 사역의 기초가 될 수 있다. 그러나 중요한 것은 한 사람이 특

---

20 고전 14:5; 아마도 고전 14:31.

별한 직함을 갖는지가 아니라 은사들이 실제로 이런 방식으로 기능하는지 여부다(고전 12:30).

새로울 뿐만 아니라 새로워진다

바울은 더 극적으로 나타나는 은사의 우선권에 대해서뿐 아니라 겉보기에 더 평범해 보이는 은사와의 구별에 대해서도 의문을 제기한다. 그의 은사 목록에는 이 둘이 나란히 놓여 있다. 예를 들면 "능력을 행하는 자"와 "병 고치는 은사"가, "서로 돕는 것"과 "다스리는 것"이 나란히 나온다(고전 12:28). 이 사실은 그와 관련된 의문을 제기한다. 이 은사들은 어느 정도까지 자연적인 현상 또는 초자연적인 현상으로 여겨야 하는가?

이 구별은 바울이 만든 것이 아니기 때문에 정말로 질문을 던져야 한다. 그는 확실히 은사들의 '새로움'을(즉 성령이 나눠 주신 것임을) 강조한다. 그는 또한 은사를 사용하는 사람들의 '새로움'에 대해 말한다. "그런즉 누구든지 그리스도 안에 있으면 새로운 피조물이라. 이전 것은 지나갔으니, 보라, 새것이 되었도다!"(고후 5:17) 여기서 바울은 믿는 자가 완전히 다른 사람이 되었음을 의미하는 것이 아니다. 오히려 그는 한 사람이 그리스도 안에서 하나님을 진실하게 만날 때 일어나는 근본적인 변화를 가리키고 있다. 그러므로 은사들에 대한 바울의 언어는, 하나님이 사람들 속에 심어 두신 각 사람의 타고난 역량이나 하나님의 섭리로 얻게 된 사회적 우위 등과 은사 사이의 연관성을 배제하지 않는다. (우리는 바울이 전에 가졌던 역량과 현재 지닌 은사들 사이에 확실한 연속성을 볼 수 있으며, 뒤에서는 사람들의 사회적 위치와 그리스도인으로서의 사역 사이에 존재하는 연관성에 대해 주의를 환기시킬 것이다.) 그러한 능력들은 성령에 의해 새로워지고(한 사람의 생애에서 그 자신이 '십자가에 못 박힘'과 '부활'을 통과함으로), 성령에 의해 활성화되어 그들에게 주신 섬김을 효과적으로 수행할 수 있게 한다.

적절한 상황이면 사용된다

'카리스마타'의 목록이 나오는 모든 글에서 바울이 논하는 주된 문맥은 교회가 아니라 몸이며, 그리스도인이 함께 모인 모임이 아니라 지역의 그리스도인 공동체 자체다.[21] 은사들은 교회 안에서 확실히, 심지어 탁월하게 사용되지만, 또한 그리스도인들이 서로 접촉하는 상황이면 언제든 사용된다. 따라서 공동체 내에서 사역을 지속하는 사람들은 교회가 모이는 한 이러한 일에 관여할 것이고, 다른 때에도 그런 기회들을 가질 수 있다는 결론을 내리게 된다.

여기에는 또 다른 측면이 있다. 이러한 본문들에서 바울은 그 지역의 그리스도의 몸을 염두에 두었기 때문에, **모두**가 모였을 때에만 공동체에 주어진 전 영역의 은사들이 분명히 나타날 수 있다. 이는 이보다 작은 모임들에서는 효력이 없다는 의미가 아니라, 그런 모임들에서는 은사의 발현이 "온 교회"의 모임에서처럼 폭넓게 나타나지 않을 것이라는 의미다. 한편으로 바울은 가정에 기반을 둔 작은 교회들의 모임에서는 온 교회가 모일 때처럼(고전 14:27-33) 은사에 참여하는 사람의 수를 제한할 필요가 없었을 것이다.

---

[21] 고전 12:12-27; 롬 12:4-6; 엡 4:4, 12-16.

10
은혜와 질서의 상호작용

지금까지가 은사에 대한 개괄적 서술이었다면, 이제 은사들이 공동체 내에서 실제로 작용하는 방식을 알아보자. 이를 위해 '카리스마'와 '탁시스'(taxis, 질서) 사이의 관계에 대한 바울의 견해를 살펴보아야 한다. 하지만 먼저 은사들의 목적을 좀 더 면밀하게 조사할 필요가 있다.

덕을 세우는 일의 중요성과 범위

바울은 은사가 개인에게 주어지되 개인적인 즐거움이나 발전을 위해서가 아니라 공동체를 세우기 위해 주어진다고 주장한다(고전 12:7; 엡 4:12). 교회에서 은사의 사용은 개인들에게는 간접적 이익만을 가져다주어야 한다(고전 14:28). 은사의 목적은 자신이 아니라 다른 사람을 섬기는 것이다. 사실상 공동체의 지체들은 다른 사람들의 필요를 충족시키려는 노력을 통해 자신의 특별한 은사들을 발전시키게 된다(고전 14:12). 이것의 정반대 현상이 고린도 교회에서 벌어지고 있었던 것으로 보인다. 그래서 바울이 세운 기본 원칙은 "모든 것을 덕을 세우기 위하여 하라"는 것이다(고전 14:26). 공동체에의 기여는 이 원칙을 목적으로 할 때에만 다른 사람들과 공유되어야 한다.

바울은 덕을 세우는 것의 의미를 폭넓게 이해하고 있다. 바울이 보기에, 덕을 세우는 것은 매우 다양한 방식으로 일어날 수 있지만 궁극적으로는 보완적인 방식으로 일어난다. 이것은 특정 은사들이 무엇을 성취하도록 하기 위한 것인지 확인할 때 명확해진다.

1. 첫째 부류의 은사들은 주로 공동체가 하나님, 공동체 자체, 공동체 밖의 사람들 그리고 세상에 대한 **이해를 증진시키기** 위한 것이다. 이와 같은 지혜는 특별히 예언, 가르침, 권면, 영 분별, 방언 통역 등을 통해 이루어진다. 여기에는 지적인 이해가 포함되지만, 실제적인 통찰과 적용도 포함된다.
2. 둘째 부류의 은사들은 주로 공동체의 **심리사회적 안녕**을 위한(즉 지체들 및 단체의 조화와 온전함을 이루기 위한) 것이다. 여기에서 중요한 것은 목회적 성격을 지닌 은사들, 예를 들면 실제적인 '섬김'과 '구제 행위'이다. 이러한 은사들이 사용될 때 지체들의 심리적 욕구들이 충족되고 단체의 사회적 응집력이 강화된다.
3. 셋째 부류의 은사들은 주로 공동체의 **신체적 복지**를 위한 것이다. 바울은 '카리스마타'가 사람들 삶의 영적인 차원에만 영향을 주어야 한다고 절대 말하지 않는다. 경제적으로 도움을 주는 것과 치유의 은사 그리고 때때로 이적을 행하는 것 등이 여기에 포함된다. 그리스도의 몸은 정신적, 심리 사회학적 차원들뿐 아니라 **신체적** 차원도 갖고 있다.
4. 넷째 부류의 은사들은 공동체의 **무의식적 삶**이라고 부를 수 있는

부분을 위한 것 같다. 바울에 따르면 우리의 영은 하나님께 어떤 것을 소통하기를 원하며 우리의 의식이 깨닫지 못하는 다른 부분들이 있다(롬 8:26-27). 이것은 방언으로 말하기와 영으로 노래하기에 적용된다. 이러한 "영으로 비밀을 말"하고(고전 14:2) "영으로 기도"하는(고전 14:15) 사람들은 다른 사람들이 유익을 얻으려면, 그에 상응하는 해석이 필요하다(고전 14:13-14).

그러므로 은사는 공동체 생활의 **모든 측면**을 풍요롭게 하기 위해 하나님이 주신 것이다. 지체들의 삶은 평범한 관계들, 활동들, 제도들과 불가피하게 관련되기에, 어떤 면에서 교회의 성격은 아주 "일상적" 또는 세속적이다. 또한 이것은 그 지체들의 삶의 문화적 차원을 건드린다. "영으로 노래[하기]"(신령한 노래), "시"(노래로 불리는 가르침)와 "찬송"(노래로 불리는 예언) 같은 표현들이 이를 말해 준다.[1] 정리하자면 공동체에서 은사직 활동의 범위는 매우 넓고 덕을 세우는 일이 일어나는 수준도 매우 다양하다.

은사의 사용

균형 있게

바울은 공동체 생활에서 은사들의 균형 잡힌 사용을 지속해서 주장한다. 그는 어떤 은사들을 다른 은사들에 비해 더 기본적인 것으로 간주하기 때문에, 이러한 은사들에 너 많은 시간이 주어지기를 마란다. 에인

---

1 고전 14:26; 골 3:16; 엡 5:19.

과 가르침(고전 14:6)이 가장 중요하다. 그러나 바울에게는 가르치는 은사가 목회적 돌봄과 밀접하게 연관된다(살전 5:12-14). 다른 사람들이 흔히 개인적 도움을 경험하는 것은 분별력과 민감한 의사소통을 통해서다. 이는 공동체의 심리적·사회적 복지를 위한 은사들도 상당히 중요하다는 의미다.

바울은 어떤 은사들이 단지 본질적으로 더 유용하다고 해서 다른 은사들을 경시해서는 안 된다고 주장한다. 더 "큰" 은사들이 모임을 지나치게 한 방향으로만 몰고 가도록 해서는 안 된다(고전 14:29). 부분적으로는 이런 이유에서, 바울은 온 교회가 모이는 모임에서 지체들이 기여하는 횟수를 제한한다. 그는 이에 대한 책임을, 그 은사들을 행하는 자들에게뿐 아니라 전체 공동체에게도 묻는다. 은사에 분별 있는 균형이 있을 때만 공동체 생활의 모든 측면이 균형 있게 발전할 것이기 때문이다.

이해할 수 있는 맥락 안에서

바울이 공동체의 이해를 증진시키는 은사들을 강조하는 것을 볼 때, 은사의 기여도를 판단하는 중요한 척도의 하나가 명료함(intelligibility)이라는 사실은 결코 놀라운 일이 아니다. 방언에 대한 그의 견해가 이러한 원칙을 반영한다. "너희도 혀로써 알아듣기 쉬운 말을 하지 아니하면 그 말하는 것을 어찌 알리요 이는 허공에다 말하는 것이라"(고전 14:9)라고 바울은 말한다. 새 신자나 관심이 있어서 참석한 외부인은 유익을 얻지 못하고 교회에 대해 나쁜 인상을 받게 될 것이다(고전 14:16, 23). 바울은 이 '카리스마'를 행사하는 것 자체를 금하지 않는다. 방언은 성령의 진정한 은사이며 하나님과 소통하는 유익한 방식이기 때문이다(고전

14:2, 39). 사실 방언에 이지적인 내용이 없는 것은 아니다. 단지 이런 식으로 기여하는 사람에게는 그 내용이 **숨겨졌을** 뿐이다. 이 은사를 사용하는 이들이 그것을 통역할 능력을 구해야 하는 이유와(고전 14:13이하) 공동체 안의 다른 사람들이 통역의 사역을 해야 하는 이유(고전 14:27-28)가 바로 이것이다. 이 문제에 관한 바울의 견해가 다음 구절에 분명히 나타난다. "내가 너희 모든 사람보다 방언을 더 말하므로 하나님께 감사하노라. 그러나 교회에서 내가 남을 가르치기 위하여 깨달은 마음으로 다섯 마디 말을 하는 것이 일만 마디 방언으로 말하는 것보다 나으니라"(고전 14:18-19).

분별 있게 평가하면서

각 지체는 자신이 공동체의 생활에 어떤 기여를 할 수 있을지 현실적으로 판단해야 한다. 믿는 자들은 여기서 자신의 역량을 과내평가해서, 예를 들면 자신이 가지고 있지 않은 은사를 가지고 있다고 생각하거나(롬 12:3; 엡 4:7), 자신의 은사를 균형 잡힌 한도 이상으로 사용하거나(롬 12:6) 해서는 안 된다. 오직 분별을 통해 기여의 진정성과 가치를 측정할 수 있다. 여기서 공동체의 선지자들은 특별한 책임을 갖지만, 어느 정도는 공동체의 모든 지체 역시 책임을 갖는다. 선지자적 영감 아래 있다고 주장하는 이의 어떤 발언이라 할지라도, 공동체의 지체들은 "범사에 헤아려"(살전 5:21) 그 발언을 "분별"해야 한다(고전 14:29). 모든 것을 평가하는 기준은 원래 선포된 복음(갈 1:8), 사도적 전승(살후 2:15), 다른 교회의 행습(고전 14:33), 이전의 체험(빌 3:16), 그 은사에 수반하는 정신(고전 13:1이하) 그리고 그 은사의 건설적 성격(고전 14:26)이다. 그러므로 은사들을 인식하고, 그 한계들을 자각하고, 다른 은사들의 기여를 평가하는 것 등은 모임의 성격을 결정하는 데 사용되는 기준과 관련이 있다.

개인의 절제하에

교회의 질서에 관한 이 모든 원칙은 은사를 사용하는 이들 편에서의 자제력의 중요성을 전제한다. 지체들은 기여하는 동안 다른 사람과 경쟁하지 않고 서로 순서에 따라야 한다(고전 14:27하, 30-31, 40). 그들이 말하는 내용은 항상 그들의 통제 아래 있으며, 그들이 기여하는 시점은 그들의 권한에 달려 있다. 이는 가장 중요한 은사도 마찬가지다. 바울은 "예언하는 자들의 영은 예언하는 자들에게 제재를 받나니"라고 주장한다(고전 14:32). 이것은 가장 극적인 은사들의 경우도 마찬가지다. 방언을 통역하는 자가 없으면 이 은사를 가진 자는 사용하는 것을 금해야 한다(고전 14:28). 하지만 만일 통역하는 사람이 있다면 두세 사람이 차례로 그 은사를 사용해도 된다(고전 14:27). 바울이 보기에는, 예언이나 방언이나 어느 것도 말하는 사람이 통제할 수 없는 무아적 현상이 아니다. 오히려 둘 다 모임 안에서 질서 있게 융화될 수 있다.

사랑이라는 틀 안에서

모든 기여는 지체들 가운데 사랑의 행위라는 틀 안에서 일어나야 한다. 여기서 우리는 은사에 대한 모든 논의에서 바울이 표현한, 무엇보다도 가장 기본적인 원칙에 도달하게 된다.[2] 사랑이 없으면 어떤 은사를 나누는 것도 열매를 맺지 못한다(고전 13:1-3). 바울은 사랑을 성령의 열매로 정의한다(갈 5:22). 사랑은 무례하지도, 자기중심적이지도, 시기하지

---

2   고전 13장 여러 곳; 롬 12:8-9; 엡 4:15.

도, 자랑하지도 않는다. 성령의 은사와 열매는 서로 분리할 수 없이 연결되어 있다['*pistis*'(믿음 또는 충성)는 성령의 은사 목록과 열매 목록에 모두 들어 있다].[3] 다른 하나가 없이 또 다른 하나를 드러내는 것은 모임에 무질서를 초래하고, 이해를 막으며, 외인들에게 조롱거리가 된다.

성령과 질서

지금까지 은사를 사용하는 사람들의 관점에서 은사를 보았다. 여기서 강조되어야 하는 것은 은사의 분배와 기여를 질서 있게 하는 성령의 역할이다. '카리스마타'는 성령의 것이며 또한 성령이 주시고 통제하시는 것으로 남아 있다. 그리스도인 공동체의 발전과 조화는 인간의 사역이 아니라 철저하게 신령한 선물이다. 왜냐하면 하나님은 "무질서의 하나님이 아니시요, 오직 화평의 하나님"이시기 때문이다(고전 14:33). 성령은 공동체 안에서 은사가 안정적으로, 그러나 완고하지는 않게 분배되도록 하시며 모임 안에서 은사들이 질서 있게, 그러나 고정적이지는 않게 상호 작용하도록 하신다. 성령은 사람들에게 은사를 임의로나 강압적으로 강요하지 않고, 항상 그들의 온전함과 자유를 지키는 가운데 그들을 통해서 일하신다. 이 모든 과정을 통해서 성령은 관련된 사람들의 의지를 존중하시며 그것을 침해하지 않으신다.

앞부분에서 성령의 역사에 관한 기본 원칙들을 개괄했다. 즉 균형, 이해 가능성, 평가, 질서, 사랑의 행위 등이다. 이것들을 염두에 두었기 때문에, 공동체의 활동을 위한 어떤 고정된 규칙을 정할 필요가 없었

---

3 참조. 갈 5:22; 고전 12:9.

다. 공동체 모임에 합당한 하나의 질서란 없다. 이러한 기준들이 지켜지는 한 어떤 질서도 정당하기 때문이다. 그래서 바울은 어떤 고정된 예전 형태를 세우는 데는 관심이 없다. 그런 것은 하나님의 의사소통 자유를 제한하게 될 것이다.

공동체의 각 모임은 나름의 구조를 갖고 있고, 그 구조는 사용되는 은사들의 특정한 조합으로부터 자연스럽게 나타난다. 이 구조 안에서, 시편 찬송, 송영, 축복, 응답(아멘, '마라나타' 등), 신앙 고백, 전통적인 의식문, 성경 암송, 찬송 등 예전적 요소들이 각각 자리를 잡는다.[4] 그러나 성경을 낭독하는 것은, 예언과 가르침에서 사용되는 것과 대조적으로, 공동체 생활과 모임의 정규 요소였다는 암시가 없다. 틀림없이 모임 내용에 관한 어떤 결정들은 미리 이루어져 있었다.[5] 성령의 활동을 자발성과 동일시해서는 안 된다.

'카리스마'에 대한 바울의 개념은 공식 요소와 즉흥적 요소의 구분을 뛰어넘는다. 왜냐하면 모두 다 성령의 지배를 받아야 하며, 성령으로부터 새로운 말씀이 주어져 진행을 막을 가능성이 항상 존재하기 때문이다(고전 14:30). 이러한 모든 것을 고려하면, 바울에게 질서가 결코 고정될 수 없는 것인 이유가 분명해진다. 사실 '질서'(*taxis*)라는 단어는 바울의 저술에서 단 두 번 나온다.[6] 질서는 중요한 것이지만 그의 주된 관심사는 아니었다. 그리스도인의 행동과 사역의 기본 원칙들이 준수된다면, 올바른 종류의 질서는 자연적으로 따라온다. 질서가 없는 경우에는,

---

4   고전 14:26; 16:22; 골 3:16; 엡 4:8; 5:19; 또한 롬 15:9이하; 16:25-27; 고후 13:13; 갈 6:18; 롬 1:3-4; 갈 6:4; 빌 2:6-11.
5   참조. 행 20:7-11.
6   고전 14:40; (다른 의미로는) 골 2:5.

어떤 틀을 부과하기보다 이 원칙들을 진지하게 재고해 보는 것이 문제를 해결하는 길이다.

'카리스마'에 대한 동시대의 다른 견해들

바울이 처음으로 '카리스마'라는 말에 전문적인 의미를 부여했지만, 유대교와 헬레니즘에서도 그러한 현상은 낯설지 않았다.

성령이 주시는 능력의 실재는 구약성경의 일부 인물들 안에도 있었다. 바울에게, 이 경험은 남녀노소 누구에게나 열려 있으며 그 능력의 표현은 더욱 일상적이다. 바울 시대의 랍비 유대교는 성령이 일시적으로 이스라엘을 떠나셨다고 확신했다.[7] 쿰란의 묵시적 유대교는 성령의 역사에 대해 다소 헬라화된 관점을 갖고 있었다.[8] 이 두 가지 견해는 모두 은사에 대한 관심을 주변부로 밀어내는 경향이 있었다. 하지만 랍비들은 하나님이 이스라엘의 생활 가운데 여전히 활동하신다고 보았다는 점에서,[9] 에세네파와 몇몇 갈릴리 랍비는[10] 더 강한 은사적 관심을(예언, 신유 등) 가졌다는 점에서 바울과 일부 공통점이 있었다. 그러나 바울 공동체들에서 '카리스마타'가 중심성을 가졌다는 점은 당시 여타의 집단들에서 유례를 찾을 수 없다.

헬레니즘 종교계에는 다른 그림이 존재했다. 더 비상한 은사주의적 현상, 특히 황홀경 같은 것들에 대한 관심이 신비 종교와 공식 종교의

---

7   m. Sotah 9.15.
8   1QS 3.17이하; 4.18이하.
9   Josephus, Antiquities 13.46-49; 15.373-379; 17.345-348.
10 m. Ber. 5.5; m. Ta'an. 3.8; m. Sotah 9.5. Josephus, Antiquities 14.22-24.

특정 측면에 널리 퍼져 있었다. 그러나 이러한 것들은 항상 특정 개인에게 제한된 것이지, 공동 경험으로 인식되지는 않았다. 이에 대한 예가 티아나의 아폴로니우스(Apollonius of Tyana)라는 철학자이자 기적을 행하는 자로, 예언을 하고 병을 고쳤다고 종종 전해진다.[11] 헬레니즘 종교들이 이러한 일들을 묘사하기 위해 사용한 헬라 용어들로는 '엑스타시스'(ekstasis, 유체 이탈―옮긴이), '엔테오스'(entheos, 신적 영감을 받음―옮긴이), '엠프뉴시스'(empneusis, 영감―옮긴이), '엔튀시아모스'(enthysiamos, 신적 영감―옮긴이) 등이며, 바울이 고린도전서에서 언급한 '프뉴마타'(pneumata, 영적인 것―옮긴이)도[12] 아마 그러한 용어 중 하나였을 것이다. 이 용어를 사용할 때, 바울은 주변 문화의 영향을 받은 고린도 사람들의 견해를 지지하는 것이 아니라 반영하고 있는 것이 거의 확실하다(고전 12:3).

바울은 그러한 은사주의적 체험을, 사람들이 황홀경으로 이끌려 우상의 조종을 받는 상태에 이른 것이라고 설명한다. 예언과 방언을 포함한 그리스도인의 '카리스마타' 사용을 구분 짓는 것은 그것이 성령에 기원을 두고 있음에도 불구하고 그 통제권은 그것을 사용하는 그리스도인에게 있다는 점이다(고전 12:2). 바울은 이러한 은사들을 헬레니즘 종교의 모조품 은사들과 구별하고자 했기에, 황홀한 체험을 표현하는 관습적인 헬라 용어들을 피한다. 대신에 그는 '카리스마' 또는 '도마'(doma)라는 자신만의 용어를 사용한다. 때로는 '프뉴마티코스'(pneumatikos, 신령한 것)라는 용어를 채택하는데[13] 그 용어가 다른 곳에서 그리스도인의

---

11   Philostratus, *Vita Apollonii* 8.26
12   고전 14:12; 특히 고전 12:10을 주목하라.
13   고전 12:1; 14:1(참조. 14:37); 롬 1:11.

경험 중 다른 측면들을 묘사하기 때문이다.[14]

바울의 공동체 사상: 그 독특성

이제 우리는 공동체에 대한 바울의 견해와 동시대 사람들의 견해를 구분 짓는 근본적 차이점을 좀 더 자세히 밝혀야 하는 시점에 와 있다. 우리가 이미 살펴본 대로 공동체의 가족적 차원과 하늘의 차원을 강조하는 그의 견해는 폭넓다. 공동체의 식사와 은사에 대한 그의 특별한 이해 역시 두드러진 요소들을 지니고 있다. 이 모든 것을 관통하는 그리스도의 중심성과 성령의 역동적 임재는 거기서 발생하는 모든 것에 독특한 성격을 부여한다.

쿰란 공동체와 바리새인들 같은 유대의 종교 집단 구성원들에게는 그 삶이 주로 토라에 체계화된 것과 같은 **기록된 법전**을 중심으로 이루어졌다.[15] 그 법전은 회당 예배의 내용을 이루는 축복, 낭독, 강론, 신앙 고백, 기도의 기초가 된다. 또 동방의 종교 집단 구성원들의 삶은 주로 극적인 의식과 진행 절차, 신비적 경험 등을 포함하는 **의식적 제의**를 중심으로 이루어졌다.[16] 이 제의는 단체의 활동들에 기본적인 논리적 근거를 제공했다. 헬레니즘식 자발적 조합 구성원들의 삶은 주로 **공식적인 의무**를 중심에 두며, 정기적인 회비 납부와 더불어 보상과 혜택의 체계로 이루어졌다. 그 일들은 신의 보호 아래 실시되었지만 이 신

---

14 예를 들면, 고전 2:13; 9:11; 15:44; 롬 15:27; 골 3:16; 엡 1:3.
15 Philo, *On the Embassy to Gaius* 156; *On Dreams* 2.127; *On the Life of Moses* 2.215-216. Josephus, *Jewish War* 2.301; *Antiquities* 19.300, 305. m. Yoma. 7.1; m. Meg. 3-4; m. Sotah 7.7-8; m. Avot 1.1-2.
16 Apuleius, *Metamorphoses* 11 여러 곳. Plutarch, *Isis and Osiris* 2이하.

은 근본적 방식으로든 변형적 방식으로든 일어난 일의 성격을 형성하지는 않았다.

반면 바울의 이해에 따르면, 그리스도인의 삶은 사역과 교제를 통해 하나님 안에 **서로를 세우는 것**을 중심에 둔다. 바울의 공동체 사상은 믿는 자들 사이에서 그리고 하나님과 개인들 사이에서 그리스도를 통해 이루어진 화해를 반영한다. 이는 바울의 공동체들을 언급할 때의 초점이 어떤 책이나 의식, 특정한 활동에 있는 것이 아니고, 일련의 생생한 관계들에 있음을 의미한다. 하나님은 기록된 말씀과 전통을 통해서나 신비 체험과 제의 준수를 통해서가 아니라, 믿는 자들을 통해서 주로 말씀하신다. 이 경험은 확실히 성경에 근거하고 공동 식사를 포함하지만, 깊은 관계적 맥락 안에서 이루어진다. 물론 여타의 단체들 모두 일정 정도의 교제가 전무한 것은 아니나 그들은 동일한 질, 깊이, 생명력을 갖지 못한다.

이것은 바울이 공동체에 대한 자신의 견해나 실천을 주로 그 당시의 회당이나 이교들, 조합들로부터 도출해 낸 것이 아님을 나타낸다. 그의 경우에 전혀 새로운 어떤 것이 인간의 경험 속으로 파고들어 왔는데, 이것은 다름 아닌 마지막 날 하나님과 그 백성과 심지어 우주까지 포함하는 공동체의 '첫 열매들'이다. 바울의 견해는 복음과 성령에 대한 그의 이해에서 나온 것으로, 회당과는 단지 부차적인 부분들만 겹치고 이교들과는 공통점이 거의 없으며 조합들과는 몇 가지 형식적 유사점만 있다. 그는 복음과 성령에 부합하는 한에서만 회당 예배의 요소들을 통합하거나 다른 유형의 모임들의 일부 측면을 반영했다.

바울의 접근 방식은 고대 세계에서 혁명적이었다. 그 이후 이어진 발전을 보면, 가톨릭은 점차 이교의 방식을 따라 제의 활동을 예배의 중심으로 삼았고, 개신교는 회당의 방식을 따라 한 책을 예배의 중심에 두었는데, 이러한 양상을 볼 때, 바울의 견해는 오늘날에도 여전히 여러 모로 혁명적이다.

Paul's Idea of
Community

11

지체들의 통일성과 다양성

각 그리스도인은 서로 은사들을 나누고 다른 공동 활동에 참여하기 위해 모인다. 이러한 모임 안에서, 지체들은 각자 독특한 기여를 한다. 교회에 단순한 방관자는 하나도 없으며 오직 참여자들만 있다. 이 참여자들을 더 자세하게 살펴보기 위해, 고대 세계에서 사람들 사이에 존재했던 신분상의 차이를 바울의 교회들이 수용했는지 조사할 것이다.

인종, 계층, 성의 차별을 극복하기

그리스-로마 사회의 경향

1세기에는 국가적·사회적·성적 경계를 따라 구별이 존재했다. 공동 국적을 가진 사람, 자유인, 남자, 로마 시민권자 들은 확실한 특권을 누렸고 동시에 책임도 지니고 있었다.

이러한 구별 중 일부는 점차 흐릿해져 갔다. 사회적 지위가 여전히 사람들을 평가하는 주요한 기준으로 남아 있었지만, 부유한 가정의 노예들은 중요한 관리직을 차지했다. 여성은 제2등급 시민으로 간주되었지만, 여성들도 동부 지역에서는 재산을 소유하고 일부 상업 활동과 종교 단체에 참가할 수 있었고 로마에서는 그 정도가 덜했다. 좀 더 관념적인 수준에서는, 철학자들이 모든 사람을 아우르는 보편적 공화제를 이야기했고[1] 법적으로 노예 신분인 것이나 자유인인 것은 내적인 속박이나 자유와 거의 상관이 없다는 것을 인식하기 시작했다.[2] 또한 남자와 여자가 좀 더 평등해야 한다는 간헐적인 청원도 있었다.[3]

바울 서신에 나타난 타개책

바울의 사고는 사람들을 서로 나누는 차이점들에서 출발하지 않고, 모든 사람을 하나님으로부터 분리하는 차이점들에서 출발한다. 바울은 그리스도인 공동체를, 국적이나 사회적 지위나 성별과 관계없이, 자신이 복음을 믿고 복음에 따라 산다고 인정하는 사람 모두를 묶어 주는 것으로 묘사한다. 이 점에서 그리스도인들 사이에는 어떤 차별도 생길 수 없다. 그들이 지금 공동으로 소유한 것은 하나님에 의해 그들 모두에게 값없이 주어진 것이다.

따라서 개인의 국적이나 유산 등은 여기에서 아무런 우위를 제공하지 못한다. "하나님은 사람을 외모로 취하지 아니하시나니"라고 바울은 말한다. 모든 사람이 하나님의 이상(개역개정은 "영광")에 이르지 못했기 때문에, 이러한 기준으로는 사람들 사이에 어떠한 "차별이" 있을 수 없다(예를 들면, 롬 3:22-23). 어떤 사람들이 하나님이 선호하시는 나라, 예

---

1 Plutarch, *De Alexandri Fortuna* 1.6. Philo, *On the Life of Joseph* 6.28-31. Seneca, *De Otio* 4.31. 참조. Marcus Aurelius, *Meditations* 6.44.
2 Epictetus, *Dissertationes* 2.1.27; 4.1.1-5, 89. 참조. Dio Chrysostom, *Orationes* 14.18; 15.29-30.
3 특히 Musonius Rufus, *Fragments* III-IV.

를 들면 유대 민족(롬 3:1-2; 9:4-5)에 속했다는 사실도 여기서는 중요하지 않다. "유대인이나 헬라인이나 차별이 없음이라." 그러므로 그리스도께 충성을 선언한 모든 사람이 그분께 받아들여지고 그분 공동체의 지체가 될 것이다(롬 10:12).[4] 사실상 이 과정을 따르는 이방인들은 유대인들이 누렸던 모든 유산을 상속받을 것이다. 그들은 유대인의 감람나무에 "접붙임"이 되었다(롬 11:17이하). 따라서 그들은 아브라함을 자신의 조상이라고 주장할 수 있고, 아브라함에게 약속된 모든 것의 상속자가 될 수 있다(갈 3:29; 롬 4:16-17). "우리가 유대인이나 헬라인이나, 종이나 자유인이나 다 한 성령으로 세례를 받아 한 몸이 되었고 또 다 한 성령을 마시게 하셨느니라"(고전 12:13).

동일한 원칙이 개인의 사회적 지위에 적용된다. 이러한 입장에서 "종이나 자유인이나" 상관이 없는 것은 "너희는…다 그리스도 예수 안에서 하나"이고(갈 3:28), 다 한 성령을 받은 자들이며(고전 12:3), 결과적으로 다 한 공동체의 지체들이기 때문이다(골 3.11). 어떤 의미에서는 오히려 서로의 입장이 뒤바뀌었다. 왜냐하면 "주 안에서 부르심을 받은 자는 종이라도 주께 속한 자유인이요 또 그와 같이 자유인으로 있을 때에 부르심을 받은 자는 그리스도의 종"이기 때문이다(고전 7:22). 사실상, 자유인은 종들을 "이후로는 종과 같이 대하지 아니하고 종 이상으로 곧 사랑받는 형제로"(몬 16절) 여겨야 한다.[5] 이러한 원리는 지적 능력이나 정치 권력, 귀족 신분과 같은 사회적 특권에 대한 다른 표시에도 적용된다. 공동체 안에서 더 높은 사회적 지위를 지닌 자들이 공동체 안에

---

4 갈 3:11; 고후 5:16; 롬 10:12-13; 참조. 롬 2:11.
5 참조. 골 4:9.

있다 해도 그들이 하나님 앞에서 어떤 특권적 위치를 갖는 것은 아니다 (고전 1:26-29). 왜냐하면 그리스도의 삶과 죽음이 그러한 인간적 평가들을 대체했기 때문이다(고전 1:30). 공동체의 지체들은 세상이 사회적 지위를 판단하는 방식을 거부해야 한다(고전 1:26; 2:1이하).

이 동등성의 원칙은 성별 영역에서도 작용한다. 공동체에 가입하는 것에 관하여 "남자나 여자나 다 그리스도 예수 안에서 하나"이기 때문이다(갈 3:28). 이 어구는 아마도 창세기 1:27에 나오는 흡사한 표현을 생각나게 할 텐데, 그 구절은 그 앞에 나온 내용의 절정을 이룬다. 바울은, 그리스도 안에서는 종교적이고 사회적인 차이들뿐만 아니라 근본적인 성별 구분까지도 극복된다고 주장한다. 이것이 동성애/이성애 구분에 대한 함의를 담고 있는지는 바울이 논하지 않는다. 동성애 배경이 교회의 지체가 되는 것을 가로막지는 않았던 것으로 보이는데(고전 6:9-11), 그는 동성애 관계가 용납될 수 없음을 분명히 한다(롬 1:26-27). 하지만 그는 공동체 안에서 "음행하는 자나…탐욕을 부리는 자나 술 취하는 자나 모욕하는 자"도 용인하지 않는다.[6]

다른 종교 단체들과의 비교

바울의 관점은 동시대 유대교의 태도보다 앞서 있다. 유대인이 아닌 사람은 온전한 시민의 자격을 갖추어야만 온전한 의미에서 유대인이 될 수 있었다. 회당은 유일신 교리와 계명들은 받아들이지만 할례받기는 꺼리는 이방인들에게 열려 있었다. 그러나 그러한 이방인들은 대부분

---

6   고전 6:9-10; 참조. 롬 1:29-32.

유대인의 회합에서 2급 회원으로 간주되었다.[7] 이방인들은 회당의 중요한 기부자가 되었을 때에만(예를 들면, 눅 7:5) 공적인 영예를 얻었다. 신비 종교들에서는 좀 더 유연한 상황이 존재했다. 외국에서 이들의 교리를 전파하는 원동력은 일반적으로 군인, 무역업자, 사업가 등과 같은 귀화 시민들에게서 왔다. 하지만 일정 기간이 지나고 나면 이들 종교의 주요한 자리는 대부분 그 지역의 지지자들에게 넘어갔다.

유대 사회에서는 노예 제도가 다른 곳처럼 일반적이지 않았지만, 더 부유한 사람들은 종을 소유했고[8] 유대인들은 자신의 빚을 갚는 방법으로 6년까지는 동족의 종이 될 수 있었다.[9] 종들은 대부분 외국인이었지만 곧 유대 시민이 되었기 때문에, 그 주인들은 율법에 저촉됨이 없이 그들과 함께 지낼 수 있었다. 그들의 종교적 의무는, 특히 성전에서,[10] 특별법 제정의 대상이었다. 그들은 율법의 모든 요구를 지킬 의무가 없었으므로,[11] 직책을 갖지 못한 것 같다. 그러나 신비 종교들은 노예들에게 강한 호감을 나타냈고, 그들은 사회직으로 더 높은 지위에 있는 자들과 나란히 신비 종교의 사제가 될 수 있었다. 그러나 사제로 입문하는 데 비용이 들어서 대부분 노예에게는 힘든 일이었다.[12] 더 일반적인 수준에서는, 이 기간에 집에서 태어나는 노예의 수가 증가함에 따라 많은 이들이 가족의 구성원으로 취급되었고, 대부분은 성년이 된 후 비교적 이른 시기에 자유를 얻었다.

---

7   행 10:28; 참조. 10:22.
8   *m. Rosh Hash.* 1.7. Josephus, *Antiquities* 20.205, 207.
9   Josephus, *Antiquities* 4.273; 16.3. 참조. 출 21:2; 신 15:12.
10   *m. Pesah.* 8.2. 그리고 *m. B. Metz.* 1.5; *m. Arakh.* 8.4이하; *m. Ma'as. Sh.* 4.4을 보라.
11   *m. Ber.* 3.3; *m. Sukkah* 2.1, 8.
12   Apuleius, *Metamorphoses* 11.17, 23, 27-28.

유대교에서나 그리스-로마의 종교에서나 여성은 일반적으로 이차적인 위치에 있었다. 여성과 딸들은 유대교 언약 안에 포함되긴 했지만, 기본 의례인 할례는 남자들만을 위한 것이었다.[13] 매일의 기도로 추천되던 후기 랍비의 기도에는 "나를 여자로 만들지 않은 하나님을 찬양합니다"라는 구절이 있었다.[14] 일부 견유학파 철학자들은 인종, 출생, 성의 평등을 주장했지만, 공동체에 대한 관심이 부족했던 것은 그들이 이 평등성을 너무 개인주의적 관점에서만 보았음을 의미한다.[15] 신비 종교들은 점차 여성에게 상당한 지위를 부여했지만, 바울의 말과 같이 평등을 명확하게 선언한 기록은 어디에도 남아 있지 않다. "유대인이나 헬라인이나 종이나 자유인이나 남자나 여자나 다 그리스도 예수 안에서 하나이니라"(갈 3:28).

이 절에서 바울이 평등보다는 그리스도 안에서의 일치를 강조하고 있음을 주목해야 한다.[16] 바울의 강조점은 불리한 집단이 새롭게 얻은 평등한 지위가 아니라, 그들이 함께 나누는 그리스도 및 서로와의 하나 됨에 있다. 또한 바울의 발언은 이 집단들 사이의 차이가 지금 일어난 일의 결과로 사라진다는 의미를 전달하지도 않는다. 다른 곳에 기록된 그의 설명에 따르면,[17] 그리스도에 의해 만들어진 새로운 공동체에서조차도 일부 정당한 인종적, 사회적, 성별 간 차이가 계속 존재한다. 이러한 다양성은 사람들 사이의 완전한 획일성을 피하고 인간관계에 다채로

---

13 참조. 창 17:10이하.
14 *t. Ber.* 7, 18, 16.
15 예를 들면, Diogenes Laertius, *Vit. phil.* 6.72.
16 엡 2:11이하도 보라.
17 고전 1:14; 16:15; 롬 16:3이하; 골 4:10, 11; 행 13:43; 14:1; 16:1; 17:4, 12; 18:2, 8; 19:9.

움과 풍성함을 더한다.

민족, 계층, 성별 구분의 방향 수정

이 다양성은 이들 각 집단 사이의 차이가 바울의 공동체들에서 어떤 방식으로 가치 있는 역할을 지속해 왔는지 살펴봄으로써 드러난다.

공동체 내의 유대인과 이방인

이 공동체들의 대부분이 상당수 유대인을 포함하고 있었다. 각 도시에서 바울의 설교가 회당에서 시작되었던 만큼 이것은 필연적이었다. 물론 하나님을 경외하는 자들이 바울의 메시지에 잘 반응했고, 교회의 형성을 도왔을 것이다. 빌립보와 같은 일부 지역에서는 이방인 그리스도인 공동체가 처음부터 존재했던 것 같지만, 이것은 예외적인 경우였다.[18] 우리가 살펴본 대로, 비록 유대인이 그리스도인 공동체에 받아들여지는 데 특별히 유리한 것은 없었지만, 바울은 인류의 구원을 위한 하나님의 계획에서 그들이 특별한 역할을 맡았다고 말할 수 있었다.[19] 이런 이유로 바울은 주로 이방인 지체들로 구성된 그리스도인 공동체가 하나님의 목적에서 이스라엘을 전적으로 대체한다고 보지 않는다.

우선 이방인들은 단지 유대인의 감람나무에 '접붙임되었기' 때문이다(롬 11:17). 그리고 이방인들이 비록 일시적으로 세상에서 하나님의 구원 사역의 중심이 될지라도 하나님은 이스라엘을 위한 미래의 지위를

---

18 행 16:11-40; 18:4.
19 롬 9:4-5; 11:28-29.

여전히 남겨 놓고 계신다.[20] 현재에도 회심한 유대인들은 다른 유대인에게뿐 아니라 이방인들에게도 마찬가지로 그리스도의 메시지를 전달하는 데에 두드러진 역할을 하고 있다(롬 1:1). 이 사실은, 유대인 회심자들이 구약성경에 대한 지식 때문에 교회 생활의 초기 단계에 중요한 가르치는 역할을 맡았다는 주장에 무게를 더한다.

또한 좀 더 일반적인 차이들이 바울 공동체들 내의 유대인과 이방인 그리스도인들 사이에 나타났다. 회심한 유대인과 이방인은 과거의 종교적·문화적 행동 양식을 그들의 새로운 삶의 방식 속으로 가지고 왔다. 특히 유대인들은, 예루살렘에서나 흩어진 곳에서나, 안식일 준수와 특정 종류의 음식과 음료를 금하는 등의 일부 관습들을 계속 고수했다. 바울이 언급한 "강한 자"와 "약한 자"의 차이는 아마도 삶의 양식에서의 차이를 반영할 것이다(롬 14-15장). 거기서 그는 "모든 것을 먹을 만한 믿음"이 있고 "모든 날을 같게 여기"는 사람과 "채소만 먹"고 "이 날을 저 날보다 낫게 여기"는 사람을 구별한다. 이는 어떤 유대인들이 그러한 문제들에 대해 좀 더 자유로운 태도를 취하지 못했다거나, 종종 이방인들이 회당으로부터 채택한 관습들을 지키지 못했다는 말이 아니다. "강한 자"와 "약한 자"의 구분이 이방인 그리스도인과 유대인 그리스도인의 구분과 모든 면에서 일치하지는 않으나, 이 둘 사이에 겹치는 부분이 상당히 있다는 것은 분명하다.

각 사람이 하나님 앞에서 온전히 행하고 다른 사람에게 자신과 같이 되라고 강요하지 않는다면, 바울은 자신의 공동체들 안에 그러한 문화적 차이들이 공존하는 것을 허용한다(롬 14:20-23). 바울 자신도 속한다

---

20 롬 11:11-15, 25-27, 30-32.

고 여겼던 "강한 자"는 이 점에서 특별히 민감해야 한다(롬 15:1). 그러나 유대인 그리스도인들이 할례와 율법 준수를 이방인들의 의무라고 주장함으로써 삶의 양식의 문제를 구원의 기준으로 바꾸어 놓는다면, 율법주의자들은 그들의 방식에 오류가 있음이 밝혀져야 한다.[21] 또는 베드로와 바나바가 걸렸던 올무처럼, 서로 다른 생활양식 때문에 유대인과 이방인 그리스도인들이 함께 음식을 나누지 못한다면, 조화를 회복하기 위해 엄격한 말도 해야만 한다(갈 2:11-16). 여기서 '약함'은 가혹함으로, 상처받기 쉬운 성향은 자기 의로 변해 버렸는데, 그러한 '바리새주의'에 굴복해서는 안 된다. 마찬가지로, 더 상처받기 쉬운 그리스도인(유대인이든 예민한 이방인 회심자든) 앞에서 자신의 자유를 과시하고 다른 사람의 믿음을 위험에 처하게 하는 이방인 그리스도인들은 자진하여 자유를 포기해야 한다(고전 8:7-13). '더 약한 자'들을 고려하지 않는다면, '더 강한 자'들은 그들의 실제적 결론에 대한 자신의 신념을 추구할 것이다(고전 10:23 30). 그들의 차이에도 불구하고, 믿는 자들은 이 기본 원리를 고수해야 한다. 바로 믿는 자들 사이의 평화와 수용이다.[22]

공동체 내의 사회적으로 저명한 사람과 불우한 사람들

공동체 내에 지적·정치적·사회적 구별이 생겨서는 안 되지만, 바울의 저술과 다른 글들은 그러한 강점을 가진 사람들이 가치 있는 기여를 할 수 있다고 제안한다. 사도행전의 여러 구절을 통해 이를 확인할 수 있다.[23] 그래서 바울 역시, "[세상의 기준에] 따라 지혜로운 자가 많지 아

---

21   갈 1:6-8; 4:8-10; 5:1, 2; 6:12-15.
22   롬 15:7; 참조. 14:17.
23   행 16:14; 17:4, 12, 34; 18:7.

니하며 능한 자가 많지 아니하며 문벌 좋은 자가 많지 아니"했던(고전 1:26) 고린도 교회에서조차 성도들 중 일부는 사회의 더 존경받는 계층 출신이었다고 언급한다. 예를 들어 스데바나, 그리스보, 가이오, 에라스도, 아굴라, 브리스가, 디도 유스도, 뵈뵈 그리고 아마도 소스데네 등이다.[24] 우리가 본 바와 같이 눈에 띄는 예는 가이오였는데, 그는 자신의 저택을 '온 교회'가 모이는 모임을 위해 사용하도록 내놓았다.

이것은 '가정 교회' 차원에서도 발생했을 것이다. 상업과 무역에 종사했던 아굴라와 브리스가 그리고 루디아 같은 사람들의 경우가 바로 그 좋은 예다. 많은 사람들이 비좁은 공간에 살았고 많은 노예들이 종속된 지위를 갖고 있었기 때문에, 집을 소유한 사람들은 자연스럽게 공동체에 더 많은 것을 제공했다. 다른 사람들도 도움이 필요한 자들에게 상당한 재정적 도움을 줄 수 있는 사람들이었을 것이다. 이러한 사회적 차이들은 마치 그런 차이가 존재하지 않는 것처럼 취급되지도 않았고, 무분별한 평준화의 대상이 되지도 않았다. 그 차이들은 다른 사람들을 유익하게 하는 데 사용되었다.

종합하자면, 그 당시 다른 집단들과 비교할 때 바울 공동체는 사회적·민족적 소속을 가로질러 가장 큰 영향을 미쳤다. 그들은 영적인 경험뿐 아니라 영적인 삶의 방식에도 초점을 맞춤으로써 자신들을 동시대의 이교들과 구별 지을 수 있었다. 따라서 그들은 현재의 사회적·민족적·종교적 연대를 초월했고, 1세기에 가장 포괄적이고 혁신적인 공동체가 되었다. 우리는 또한 바울 공동체가 성별에 대한 관점과 태도에 실질적인 영향을 끼쳤음을 보았다. 이에 대해서는, 방대한 양의 자료와 분

---

24 고전 1:14-16; 16:15-17; 롬 16:1, 2, 23; 행 18:2-3, 6-8, 17.

분한 해석 때문에(이 주제에 대한 동시대의 폭넓은 관심은 말할 것도 없이) 남성과 여성의 공헌이라는 주제에 좀 더 세심한 주의가 필요하다. 다음 장에서는 이 주제를 다룰 것이다.

Paul's Idea of
Community

12
교회에서 여성의 기여

바울의 교회들에서 여성은 어떤 역할을 담당했을까? 이 질문에는 종종 여성의 기여를 명확히 언급한 구절들에 초점을 맞춘 대답이 제시된다. 그러나 이 구절들을 올바른 시각으로 보기 위해서는, 이 주제를 간접적으로 조명해 주는 바울 서신의 다른 언급들과 바울 시대의 문화 속에서 여성의 역할을 먼저 살펴볼 필요가 있다. 이 두 차원을 함께 살펴보면 바울의 더 구체적인 발언들을 이해하는 데 필요한 틀을 얻을 수 있다.

1세기 사회에서 여성의 역할

사회 전반에서

고대 사회에서 여성들은 항상 부차적 지위를 점했다고 종종 추정된다. 일반적으로는 그것이 사실이지만 모든 면에서 그랬다거나 모든 지역에서 동일했던 것은 아니다. 여성이 종종 남성의 재산으로 인식되었던 것은 사실이며, 여성의 외출은 제한되었고, 그들이 할 수 있는 일은 주로 가사 영역에 한정되었던 것도 사실이다. 가난한 자들의 경우에는 궁핍함으로 인해 외출 제한과 가사 위주 노동이라는 두 가지 제한이 온전히 실행되지 못했다. 사회 계급의 다른 극단(부유층)에서도 마찬가지였는데 그 이유는 사뭇 달랐다. 그들의 지위와 혜택 때문이었다. 어느 경우든 여성들은 남편의 곁에서 부차적인 영향력과 권위를 가졌다. 그 대상은 특히 집 안의 자녀들과 (노예가 있다면) 노예들이었다. 반면 로마 제국의 일부 지역에서는 일부 여성들이 사유 재산을 소유하고 무역에 종사할 수 있었다. 더욱이 남편이 죽으면 아내는 남편이 가졌던 권리와 책임 중 많은 부분을 맡을 수 있었다.

그리스도인 공동체에서

바울은 그의 공동체에 있는 남자들뿐 아니라 여자들에게도 편지를 보낸다. 그는 모임에서의 질서(고전 12-14장), 식탁에서의 처신(고전 10-11장), 분쟁의 해결(고전 5-6장) 등에 대해 고린도인들에게 편지하면서, 이러한 지침의 대상을 모든 "형제들"(the brethren)로[1] 호명하는데, 이는 우리가 이미 살펴보았듯이 '자매들'도 포함하는 용어다. 이 용어는 종종 "**너희가**…모일 때에"(참조. 고전 11:17, 33), "그러므로 온 교회가 함께 모여"(고전 14:23) 같은 언급과 함께 사용된다. "모두(또는 "다"),[2] "누구든지"(whoever, 고전 11:27), "모든 사람"(고전 12:6), "누가"(또는 "누구든지", anyone),[3] "각자"[4] 같은 용어들의 사용은, 바울이 남성과 여성 모두를 염두에 두고 있음을 확증한다. 이런 이유로, 유독 일부 번역들이 헬라어

---

1 고전 11:33; 12:1; 14:6, 20, 26, 39; 참고 5:11.
2 고전 10:17; 12:26; 14:5, 18, 23, 24, 31.
3 고전 11:29, 34; 14:9, 16, 27, 37-38.
4 고전 11:21; 12:7, 11, 18; 14:26.

에 아무런 근거가 없는 구절이나[5] '안트로포스'(*anthrōpos*)라는 단어가 '사람'이라는 일반적 의미로 사용된 구절에 "남자"라는 단어를 삽입한 것은 불행한 일이다(고전 11:28; 14:2-3).

바울은 교회 내 여성의 기여에 대해 명확히 언급하면서 다양한 수준에서 그들의 자유를 강조한다. 고린도 교회의 모임에서 여자들이 통상적으로 기도하고 예언했음은 분명하며(고전 11:5), 그 뒤에 다른 교회들의 관례에 대해 언급한 부분은 이런 현상이 다른 곳에도 있었던 관행임을 암시한다(11:16; 참조. 행 21:9). 바울은 예언이 교회에서 가장 중요한 기여라고 믿었기에, 여성 선지자들에 관한 그의 언급은 매우 중요하다.[6] 그의 관례는 요엘의 예언에 대한 누가의 언급과 일치한다. "하나님이 말씀하시기를 말세에 내가 내 영을 모든 육체에 부어 주리니 너희의 자녀들[너희의 아들들과 너희의 딸들]은 예언할 것이요…그때에 내가 내 영을 내 남종과 여종들에게 부어 주리니 그들이 예언할 것이요."[7]

바울은 교회에서 기여하는 여성에게 어떤 조건을 붙였는가?

옷차림

고린도전서 11장에 반영된 이런 자유에도 불구하고, 바울은 여성이 교회에서 처신하는 방식에 관해 일정 조건들을 언급하는데, 그가 이야기하는 것은 그들의 머리 길이다. 베일을 쓰는 문제는 아마도 여기서의 쟁

---

5   고전 5:9; 10:15; 11:33; 14:21; 16:16, 18.
6   고전 12:28; 14:1-5, 20-25, 30, 31, 39, 40; 참조. 살전 5:19-20; 롬 12:6; 엡 4:11; 행 13:1; 15:32.
7   행 2:17-18; 참조. 욜 2:28-29.

점이 아닌 듯하다. "권세"를 뜻하는 헬라어 용어를 '베일'로 번역한 예외가 한 절 있긴 하지만, 바울은 시종일관 단순히 "쓴 것"을 의미하는 단어를 사용한다. 그는 이것을 11장의 앞부분에서는 설명하지 않지만, 나중에는 여자의 머리카락이 "가리는 것"을 대신하여 주어졌다고 말한다(11:15). 그가 이 문제에서 여자에게만 의무를 지우지는 않는다는 것을 주목하는 것이 중요하다. 여자가 특정한 길이로(즉, 길게) 머리를 길러야 한다면, 남자는 적절한 길이로(즉, 짧게) 머리를 유지해야 한다. 이것은 바울이 언급한 것처럼, 당시의 관습을 따른 것 같다(11:14). 고린도의 여자들은 이 관습을 무시하는 경향이 있었던 것 같은데, 아마도 그들이 그리스도 안에서의 자유를 새롭게 경험한 결과로 나타난 광범위한 해방 운동의 일환이었을 것이다. 이 문제 전체에서 가장 중요한 것은 여성이 머리를 어떻게 하는지가 그녀의 "권세"를 확인해 준다는 바울의 언급이다(11:10). 남자 혹은 남편만이 권세를 지니는 것이 아니다. 이것을 강조하면서, 바울은 실제로 주변 문화에서 추정할 수 있었던 것을 뛰어 넘는 진술을 하고 있다.

결혼 상태

바울이 어떤 유형의 여성을 염두에 두고 말하는지, 즉 기혼인지 미혼인지 혹은 모든 여성을 통틀어서 말하는지가 항상 분명한 것은 아니다. 여기서 어려움은 일반적으로 '남자'와 '여자'를 지칭하는 헬라어인 '아네르'(*anēr*)와 '귀네'(*gynē*)가 **또한** '남편'과 '아내'를 가리키기도 한다는 것이다. 그러므로 이 단어들을 어떤 의미로 사용하였는지는 문맥에서만

---

8   참조. 고전 11:8-9, 11-12.

결정할 수 있다. 고린도전서 11장을 보면, 그 배경은 일반적인 여자와 남자를 말하는 것이지만,[8] 일차적으로 염두에 두는 것은 아내와 남편인 것 같다(3절). 아내의 외모는 남자의 옆에 있는 그녀의 지위를 나타낸다. "남자는 하나님의 형상과 영광이니 그 머리를 마땅히 가리지 않거니와 여자는 남자의 영광이니라"(11:7). 그러나 어떤 의미에서 그것은 그녀가 남자와 함께 "권세"를 갖고 있음을 나타내기도 한다(11:10). 함께 나온 "천사들로 말미암아"라는 어구가 무엇을 의미하는지 정확히 알 수는 없지만 말이다.

바울의 주장은 창세기 서사에 대한 그의 이해에 기초한다. 한편으로 바울은 남자를 여자의 근원으로 본다(이것이 고전 11:3의 "머리"에 대한 더 나은 번역이다). 그러나 남자와 여자 둘 다 하나님의 형상으로 지음을 받았으며, 남자가 본래적으로 하나님의 영광을 반영한다면, 여자는 그녀를 남자에게 매력적으로 만들어 주는 영광을 추가로 갖는다. 바울은 여자가 남자를 위하여 지음을 받았다고 이해한다(11:8-9). 그러나 그는 즉시 다음을 추가하여 균형을 유지한다. "주 안에는 남자 없이 여자만 있지 않고 **여자 없이 남자만 있지 아니하니라**. 이는 여자가 남자에게서 난 것같이 **남자도 여자로 말미암아 났음이라**." 무엇보다 중요한 것은 "모든 것은 하나님에게서 났느니라"라는 사실이다(11:11-12, 저자 강조).

교회에서 여자들(과 남자들의) 외모가 어떠해야 하는지에 대한 주장을 뒷받침하는 근거로서, 그는 본성(11:14), 관습(11:14) 그리고 교회의 관례(11:16)도 언급한다. 이 세 가지 논거 중 하나만이 기본적으로 의미가 있다. 바울은 관습이 어떤 일들의 본래적인 상태를 나타낸다고 전제하기에, "교회의 관례" 논증은 이 두 논거에 의존하며 그 논거들이 없이는 성립될 수 없다. 그리고 본성과 관습에 근거한 논증은 사실상 그의 마음속에서 하나이기 때문에, 두 논증은 동일하게 지속되는 의복이나 외모의 관습에 의존한다. 그의 추가적인 기독론적 주장은 사실 창세기에서 도출된 유비이므로, 여성에 대한 남성의 일시적 우선성을 너무 강조해서는 안 된다. 또한 우리는 바울의 교훈이, 아내들이 자신의 적정한 한계를 벗어난 특별한 상황에서(남편들도 다른 곳에서 그러듯이) 불거진 것임을 명심해야 하며, 그것을 지나치게 규범적인 방식으로 해석하지 않도록 조심해야 한다.

교회 생활

교회에서 여자가 기도하고 예언하는 것을 지지하는 바울의 태도는 언뜻 보기에 조금 뒤에 나오는 "여자는 교회에서 잠잠하라"(고전 14:34)라는 말과 상충하는 것처럼 보인다. 그러나 전자의 지지를 후자의 발언으로 무효화하려는 시도나, 후자를 성경 본문에 나중에 삽입된 것으로 치부하여 무시하려는 시도는 모두 지양되어야 한다. 첫 번째 시도를 정당화하는 아무런 근거도 없으며, 두 번째 시도를 지지하는 사본도 거의 없다. 어떤 경우든, 바울의 충고가 나오는 인접 문맥과 더 넓은 문맥을 검토한다면 이러한 해결책은 불필요하다. 이 지시는 교회의 무질서를 막기 위한 일련의 권고(14:20이하) 중 세 번째 내용인데, 첫째는 다 방언으로 말하는 것에 대해서, 둘째는 공동으로 예언하는 것에 대해서였다. 다음 구절은 여자들(더 엄격히 말하면, 아내들)의 그런 행동이 정확히 어떤 성격이었는지 설명한다. "만일 무엇을 배우려거든 집에서 자기 남편에게 물을지니"(고전 14:35). 그들이 이전에 받은 교육은 어떤 것을 배울 기회를 제공하지 않았기에 그들은 산만한 질문들로 모임을 방해하고 있었다. 특히 그리스도인의 자유가 매우 소중히 여겨지던 고린도에서는,

아내들이 이해되지 않는 것을 질문하는 데 거리낌이 없었다. 이에 반하는 조언을 하면서, 바울은 이것이 일반적 관습에 어긋나는 행위임을 다시금 상기시킨다(14:35). 그리스 도시들에서 남자들과 공적인 토론에 참여할 수 있는 여자는 '헤타이라이'(*hetairai*), 즉 매춘부밖에 없었다. 또한 그것은 다른 교회들의 관례(14:36)와 구약(14:34)에도 어긋난다고 바울은 상기시킨다. 그러므로 "잠잠하라"는 바울의 권고는 절대적 의미가 있는 것이 아니고, 단지 이러한 특정 상황에 대한 언급일 뿐이다.

바울은 여성을 얼마나 중요하게 여겼는가?

상황을 바로잡기 위한 바울의 발언(과 때로는 상대적인 발언)과 더불어, 중요한 서술적 발언들도 많이 있다. 이 지점에서, 로마서 16:1-2에 나오는 "뵈뵈"에 관한 언급을 살펴보자. 바울은 그녀를 '디아코노스'(*diakonos*, "일꾼")와 그 다음 절에서는 '프로스타티스'(*prostatis*, 일반석으로 '돕는 자'로 번역된다. 개역개정은 "보호자")로 묘사한다. 다른 곳에서는 동일 어원에서 파생된 용어들이 교회에서 중요한 기능을 담당하는 이들의 활동을 묘사하는 데 사용된다. 이는 겐그레아에 있는 그녀의 지역 교회에서 "뵈뵈"가 '관리하는' 것을 돕는 일에 관여했음을 암시한다.

이 외에 바울의 다른 진술들도 그의 공동체들에서 여자가 가르치고 권면하는 일에 참여했음을 암시한다. 우선, 바울이 교회에서 여자가 예언하는 것을 허락했고 예언이 가르치는 일보다 더 중요하게 여겨졌다면, 누구든 여자들에게 그것을 부정할 이유가 무엇이었겠는가? 일부 여성은 일반적 교육이나 성경에 관한 교육을 충분히 받지 못했지만, 이것이 당시 모든 여성에게 해당하는 것은 아니었다(참조. 행 18:26과 아마도 딤후 1:5). 어떤 경우든 바울은, 모든 "하나님이 택하[신] 자"는 남자와 여자 모두 성령으로 충만해야 하며 "그리스도의 말씀이 그 속에 풍성히 거하여 모든 지혜로 피차 가르치며 권면하고 시와 찬송과 신령한 노래를 부르며 감사하는 마음으로 하나님을 찬양"(골 3:12, 16)해야 한다고 묘사한다. 가르침과 권면은 목회 사역의 기본 요소였기 때문에, 이것은 바울이 어느 정도까지는 모든 그리스도인이 이런 기능을 해야 한다고 생각했음을 보여 준다.

이러한 일반적인 언급 외에도 바울은 남자뿐 아니라 여자도 포함된 "스데바나의 집"을 고린도 교회가 가장 존경해야 할 집단으로 인정한다(고전 16:15). 그는 또한 "눔바와 그 여자의 집에 있는 교회"(골 4:15)도 언급한다. 눔바는 상당히 부유한 과부였던 것으로 보이며 고린도의 "가이오"처럼 믿는 자들의 지역 모임을 주최하는 집주인이었다. 그녀의 남편이 살아 있었다면 가정과 교회에서 그 남편이 했을 역할들을, 남편의 부재 상황에서 그녀가 담당하는 것은 다른 사람들 눈에도 완전히 합당해 보였을 것이다. 다른 가족의 남자 가장들도 이 교회에 속했을 것이지만 눔바의 지위를 고려할 때 그녀는 특별한 역량으로 그들과 함께 활동했을 것이다. 바울 공동체의 광범위한 가정적 환경은 여성이 그러한 상황에서 이미 가지고 있는 권위에 적합하고 확장된 방식으로 활동하는 것을 온전히 받아들일 수 있게 만들었을 것이다. 또한 그녀가 과부였다면 가정에서 그녀의 권위는 의심받지 않았으리라는 것도 기억해야 한다.

다른 종교 공동체에서 여성의 역할

유감스럽게도, 당시 회당에서의 여성의 지위에 대해서는 확실히 알려진 바가 거의 없다.[9] 유대인 남자 열 명이 모이면 하나의 회당을 형성할 수 있었는데, 여자는 아무리 많아도 이 숫자에 포함되지 않았다.[10] 여자들과 소녀들은 남자들과 분리되어 앉았고 예배의 전례 의식에만 참석이 허용되었다. 여자들에게는 예배의 두 번째 순서인 율법 교육을 받는 것이 허용되지 않았다. 그 결과, 여자들은 회당에서 가르칠 수 없었다. 예루살렘 멸망 이전에는 여자들에게 모세오경을 읽어 달라고 요구하기도 했다. 후대에도 이런 요구는 종종 있었지만, 여자들은 그에 응하지 않는 것이 관습이었다. 그러나 디아스포라 유대인 사회에서는, 주변의 영향 때문에 여자들이 회당 생활의 일정 부분에서 더 중요한 역할을 하게 되었으며, 심지어 공식적으로 '아르키쉬나고고스'(archisynagōgos), 즉 회당장이라는 위치를 차지하는 경우도 있었다.

적어도 어느 정도는 기혼자를 일부 포함했던 일반적인 에세네파와 달리, 쿰란 공동체는 사실상 남성 사회였다. 여성은 이 공동체 생활의 주변부에만 존재했던 것 같다.[11] 반면 신비 종교의 경우, 그것이 추종자들에게 약속하는 보상과 더불어 그 종교의 핵심에 있는 의식과 체험들을 통해 여성들, 특히 사회적 지위가 높은 여성들 사이에 퍼져 나갔고 그들의 마음을 샀다. 예를 들면, 이시스(Isis) 숭배 종교가 세라피스

---

9 그러나 Philo, *Special Laws* 3.171; *On the Contemplative Life* 69. Josephus, *Antiquities* 14.260-261 등을 보라.
10 *m. Meg.* 4.3.
11 CD 7.6-9; 14. 16; 16.10. 다른 에세네파에 대하여는, Josephus, *Jewish War* 2.119-121, 160-161를 보라.

(Serapis)를 배우자로 얻었을 때, 여자들은 다양한 예식에 온전히 참여할 수 있었다.[12] 여자들은 여사제가 되는 것으로 그 종교에 입문하기도 했고 때때로 그 안에서 상당히 주요한 자리에 오르기도 했다. 그럴지라도 이시스 숭배 종교에서 남자가 차지하는 구성 비율은 여자의 비율을 계속해서 능가했으며 이는 아마도 다른 신비 종교에서도 마찬가지일 것이다. 아테네와 로마, 이 두 곳에서는 열성적인 여성 신자들이 구성원의 절반 가까이를 차지하기도 했다. 그러나 보통 신비 종교의 가장 높은 지위들은 한결같이 남자들만의 것이었다. 한편, 가정집에 기반을 둔 좀 더 사적인 신비 종교에서는 여성들이 때로 여사제 지도자가 되기도 했다.

결론

이제 우리는 바울 공동체에서 여성들이 받았던 대우와 그들이 맡았던 역할이 그 당시 다른 종교 단체들에서의 대우 및 역할을 능가한다는 것을 보았다. 사회적 지위나 민족을 구별할 때와 마찬가지로 바울은 모든 사람을 자신과의 친밀한 관계로 인도하는 하나님 앞에서의 근본적인 평등을 주장한다. 바울은 어떤 면에서는 서로 다른 사람들이 어떻게 하나가 되어 함께 일할 수 있는지, 때로는 어느 한쪽을 앞세우고도 함께 일할 수 있는지에 더 관심이 있다. 종교적 지위의 평등은 공동체 안에서 기능적 다양성이 나타날 가능성을 배제하지 않는다.

바울의 활동에서 성별의 차이가 나타나는 방식에 대해 할 말이 더 있다. 목회서신을 살펴볼 때 바울과 관련된 더 논쟁적인 구절들 중 하

---

12   Apuleius, *Metamorphoses* 11.6이하.

나를 살펴볼 것인데, 앞으로 보겠지만 우리가 이 초기 서신들에서 발견한 것과 강한 연속성이 있다. 바울의 선교팀 안에서 여성의 역할을 알아볼 때도 마찬가지일 것이다. 공동체의 지체들을 지도하고 돌보는 일에 더 근본적인 역할을 한 공동체 구성원들에게 주어진 위상을 좀 더 면밀히 조사할 필요가 있다.

Paul's Idea of
Community

지체들 간 종교적 구별의 철폐

바울의 공동체 사상은 당시의 고대 세계에서 사람들을 나누던 구별들을 부분적으로는 폐지하고 부분적으로는 유지했다. 그러나 유지한 것들도 변형되었다. 이 구별들은 다른 사람들보다 더 혜택을 누리는 수단이 되는 대신, 다른 사람들을 섬기는 기반이 되었다. 그러나 우리는 지체들이 받은 은사와 그들이 맡은 책임에 따라 공동체 내에 지위의 차이가 생겨났다는 사실을 알아야 한다. 이 문제에 답하기 위해서는 전통적인 종교적 구별이 바울의 교회들에서도 지속되고 있었는지 여부를 먼저 알아보아야 한다. 예를 들어, 사제와 평신도, 직분자와 보통 회원, 거룩한 자들과 일반 백성 등의 구별이다. 일부의 경우에는 이 범주들이 한 사람이나 한 집단 안에서 서로 합쳐져 있기도 하지만, 우리는 이것들을 각각 차례대로 간단히 살펴볼 것이다.

바울의 전통적 구별 해체

사제와 평신도

바울 서신에서 가장 눈에 띄는 특징 중 하나는 '히에레우스'(*hiereus*, 사제)라는 어휘가 등장하지 않는다는 것이다. '레이투르기아'(*leitourgia*, 사제의 직무)나 그 파생어 한 가지는 나타나지만 그것도 모두 합해서 단 일곱 번에 불과하다. 그마저도 바울은 은유적으로나 비제의적인 의미로만 사용한다. 예를 들면, 그는 사도로서 복음을 전파함으로 하나님을 섬기는 것(롬 15:16), 복음으로부터 나오는 믿음의 헌신(빌 2:17), 교제가 부족한 사람들과 교제를 나눔으로 그들을 섬기는 것(빌 2:25, 30), 어려운 사람에게 경제적 도움을 주는 것(롬 15:27; 고후 9:12), 로마 행정 당국이 그들의 권세를 이용하여 사회 전반에 행하는 봉사(롬 13:6) 등에 그 단어를 사용했다.

'라트레이아'(*latreia*, 예배; 그리고 동사 '*latreuein*')라는 용어도 발견된다. 이 말은 칠십인역에서 단순히 종교적 행동을 가리키는 것이 아니라 특별히 제의적 행동을 가리킨다. 바울 자신도 이런 식으로 유대인의 예배(롬 9:4)과 이방인의 경배(롬 1:25) 모두에 이 단어를 썼다(골 2:18에서는 이단의 숭배만 언급하기 위하여 '*thrēskeia*'를 사용한 것과 대조하라). 바울은 그리스도인 공동체에 이 단어를 적용하여 하나님, 그리스도, 성령께 드리는 지체들의 헌신(빌 3:3)뿐 아니라 개인(롬 1:9; 15:16)과 전체 공동체(롬 12:1)가 드리는 총체적인 삶의 예배를 묘사한다. 그는 제사장이 드리는 제물을 뜻하는 '프로스포라'(*prosphora*),[1] 제사를 의미하는 '튀시

---

1 롬 15:16; 참조. 엡 5:2.

아'(*thysia*),[2] 첫 열매를 의미하는 '아파르케'(*aparchē*; 참조. 들어감을 뜻하는 '*prosagōgē*')[3] 등 다른 용어들도 채택하는데, 단지 비제의적인 방식으로만 사용한다. 여기서 그들 가운데 선택된 집단이 아니라 일반적인 그리스도인들을 의도하고 있다는 점은 분명하다.

비록 바울이 제사장직, 제사장의 봉사, 제사장의 섬김, 제사 의식 등의 단어를 사용하고는 있지만, 결코 신성한 특권 계급이나 행위 혹은 대상을 언급하는 것은 아니다. 오히려 바울이 의미하는 바는 모든 개인, 전체로서의 공동체, 세속적인 관헌들 모두가 바로 '제사장들'이라는 것이다. 종교적 헌신, 자선 행위, 사도직을 통해 '제사장적 섬김'이 이루어질 수 있다. 믿음, 사랑, 삶 전체를 드리는 것 등도 지금 하나님이 요구하시는 '제의적 행위들'이다. 이는 교회 안에 제사장과 평신도, 중재적인 봉사와 일반적인 봉사, 제의적 활동과 세속적 활동 사이의 구별이 존재하지 않는다는 의미다.

이에 대한 확증은 다른 쪽에서 나온다. 바울은 신성한 단어를 그것이 속해 있던 제의적 영역에서 일상의 삶의 영역으로 옮겨 올 뿐 아니라, 교회 생활의 특징을 기술할 때 일상어를 활용한다. 이미 이에 대한 몇 가지 예를 보았다. 그리스도인들의 모임을 가리키는 '쉬네르코마이'(*synerchomai*)와 '에클레시아'(*ekklēsia*), 그들의 관계를 묘사하는 '오이케이오이'(*oikeioi*, 권속들)와 '소마'(*sōma*, 몸), 모임의 중심적 활동을 가리키는 '카리스마타'(*charismata*, 은사)와 '데이프논'(*deipnon*, 공동 식사) 등이다. '소마'와 '에클레시아' 같은 용어들은 신약성경 외에 다른 제의적 문맥에

---

2 롬 12:1; 빌 2:17; 4:18; 참조. 엡 5:2.
3 살후 2:13; 고전 16:15; 롬 5:2; 16:5(롬 8:23도 보라); 엡 2:18하; 3:12.

서도 종종 나오지만,[4] 이 모두가 기본적으로는 제의적 의미가 아니다. 이 단어들이 종교와 연관되어 사용된 때조차도, 반드시 그 자체로 제의적 의미를 갖지는 않는다. 예를 들어, '에클레시아'라는 단어는 비문에 두세 번 나타나는데, 단순히 모였다는 행위를 가리킨다. 또한 '데이프논'은 때때로 종교적 식사를 의미하지만, 주로는 평범한 식사에 적용된다.

그러므로 바울은 교회 생활에 대한 기본적인 면모들을 묘사하기 위해 일상용어들을 사용함으로써 일반적인 성/속 이분법을 극복하고자 했음을 보여 준다. 이에 대한 부분적 선례를 구약의 후기 예언서들과[5] 신구약 중간기의 유대 문헌에서[6] 찾아볼 수 있다. 일부 반문화적 경향은 헬레니즘 유대교에서와 쿰란 공동체에서도 어느 정도 나타나지만, 그것이 제의를 근본적으로 거부하는 것은 결코 아니다.[7] 그러나 바울 서신에서는, 하나님과 사람 사이를 중재하는 공식적 제사장직은 더 이상 존재하지 않으며, 종교적 영역만이 아닌 삶의 모든 면을 포괄하는 모든 신자의 '제사장직'만이 존재한다.

회당과 바리새주의는 이러한 면에서 어느 정도 앞서 있었다. 바리새주의는 근본적으로 평신도 운동이었다. 회당은 대중적인 모임으로, 제사장에 의해서라기보다는 지역 공동체에 의해 조직되었다. 그러나 바울의 공동체과 달리, 이들은 예루살렘 성전을 대체했다기보다는 보충했다. 성전 파괴 후의 회당은 제사장 계급의 구성원들을 위해 남아 있는

---

4 예를 들면, Josephus, *Antiquities* 18.73.
5 예를 들면, 시 51:17; 사 58:3이하; 미 6:6-8.
6 예를 들면, Jdt. 16:16; *Jub.* 2:22; *Apoc. Mos.* 33; *T. Levi* 3.
7 단 3:38-40(LXX); 1 *En.* 45:3; *Let. Arist.* 170, 234; 그리고 1QS 9.3-4를 보라.

역할을 유지했다. 회당이 하나 세워지기 위해서는 열 명의 남자가 있어야 하는데, 그중에 적어도 한 명은 제사장이어야 했다. 회당의 일부 절차에는 제사장의 출석과 비준이 요구되었고, 예배에서 특정 기도는 관습적으로 제사장의 몫이었다.[8]

에세네파와 쿰란 공동체에서는 제사장적 요소가 더 강했다. 쿰란 공동체의 율법에 대한 헌신과 함께, 이 집단은 자신들을 대안적이지만 불완전한(이어지는 메시아 전쟁으로 성전이 자기들 손에 들어올 때까지는) 제의 체계의 수호자로 여겼다. 그러므로 제사장은 그들의 종교 생활에 필수적이었으며, 회의, 예배, 회원 허입, 공동 식사, 징계 조치 등에서 중요한 역할을 담당했다.[9]

신비 종교들은 성격상 제의적이었고 계급 질서가 있었다. 입문과 동시에 자동으로 그 신비 종교의 사제가 된 초심자들과 아직 계시로 신의 은총을 받지 못한 사람들 사이에는 뚜렷한 구별이 있었다. 입문자들 사이에서도 그들이 올라가야 할 제사장 서열이 등급별로 나뉘어져 있었다.[10]

바리새파 및 회당과 부분적으로 비슷한 점은 있지만, 바울이 사제와 평신도, 거룩한 것과 세속적인 것, 제의적 예배와 일상의 예배 사이의 구별을 철폐한 것은 당시로서는 전례가 없는 일이었다. 제물 바치기를 거절한 스토아 철학자들의 진술(제물을 바치는 것은 도덕적인 의도에서 나온 것이 아니라고 자주 비난했다)과 비슷한 점이 있지만, 제물을 대체한 "영적"

---

8   *m. Meg.* 4.3, 6.
9   1QS 5.2, 21-24; 6.2-5, 8; 8.1-4; 9.6-7; 참조. 1QS 1.21; 2.11, 19-23; 7.2-3; CD 10.4-6; 14:3-6.
10   Apuleius, *Metamorphoses* 11.10, 12, 16-17, 22. Plutarch, *Isis and Osiris* 4이하.

예배는 공동체적이라기보다 개인적인 일이다.[11] 이러한 구별을 무너뜨린 것은 예수님이 하셨던 행동들에 그 기초를 두고 있지만, 처음으로 이러한 견해를 완전하게 표현하고 그것의 공동체적 의미를 캐낸 사람은 바울이다.

직분자와 보통 회원

바울은 성직자와 평신도 사이의 어떠한 형식적 구별 또한 거부한다. 그러한 종교적 직분의 존재를 주지시키기 원했다면 바울이 활용할 만한 헬라 용어는 얼마든지 있었다. 그러나 헬라어로 "통치자" "머리" "지도자"를 뜻하는 '아르케'(*archē*; 참조. *archōn* 또는 *archēgos*)라는 직함은 종종 합법성이나 서열의 의미를 띠며, 오직 그리스도를 지칭하거나[12] 다양한 초자연적 권세들을 가리킬 때 의미 있게 사용되었을 뿐 결코 공동체 내에 있는 개인을 지칭하는 데는 쓰인 적이 없다.[13] 직분의 위엄을 강조하는 '티메'(*timē*)라는 용어와 그 직분에 부여된 권력을 강조하는 '티미오스'(*timios*)라는 용어도 바울의 글에서 찾아볼 수 없다. 대신에 교회에서 믿는 자의 섬김을 일컫는 일반적인 용어로 그가 거의 일관되게 사용한 어휘는 '디아코니아'(섬김) 또는 그와 관련된 용어들이다. 이 단어는 위엄이나 지위 같은 주제를 다른 틀 안에 둔다.

'디아코니아'는 칠십인역에서 단 두 번 나오는데, 지극히 일반적이고 세속적인 의미로 쓰였다.[14] 필론과 요세푸스의 저작에서는 이것이 때때

---

11   Seneca, *Fragment* 123.
12   골 1:18(참조. 롬 15:12).
13   고전 2:6, 8; 엡 2:2; 6:12.
14   1 Macc. 11:58; 에 6:3.

로 '식탁에서 시중드는 것'을 가리키며 그보다 자주 일반적인 '섬김'을 가리키는데,[15] 두 의미 모두 일상적인 헬라어 용례에 나타난다. 이 '섬김'은 모든 범위의 활동과 사람에 적용된다. 섬김 받는 사람이 누구냐에 따라서 이 단어는 중요한 과업이나 덜 중요한 과업을 실행한다는 의미가 될 수 있고, 더 큰 의미나 덜한 의미를 전달할 수 있다. 만약 섬기는 사람의 주인이 높은 서열이라면, 섬기는 사람은 의미 있는 역할과 중요성을 지닌다. 이것은 섬기는 사람 자신이 누구인지보다는 그가 대표하는 사람으로부터 파생된 중요성이다.

그리스 철학자들 사이에서는 다른 입장을 볼 수 있다. "누군가를 섬겨야 한다면 어떻게 그 사람이 행복할 수 있겠는가?"라고 쓴 플라톤의 입장은 전형적이다.[16] 플라톤이나 다른 사상가들이 종의 신분이나 노예 제도에 대해 가졌던 주된 어려움은 종이나 노예가 그 주인과 맺는 관계의 의존적 속성에 있었다. 관련된 일의 열등성이 아니라(종들이 하는 일은 때때로 교육적, 전문적, 경영적으로 높은 수준이었다) 이것이 결정적이었다. 그러나 바울은 공동체의 한 지체가 그 공동체의 다른 지체에게 하는 모든 종류의 섬김을 말하는 데 '디아코니아'(diakonia)를 사용했다. 그는 사도인 자신을 포함하여[17] 사도가 보낸 사람들의 섬김과(골 4:7; 엡 6:21), 여성을 포함하여(롬 16:1) 교회 안의 다른 중요한 인물들의 섬김,[18] 그리고 모든 믿는 자들의 섬김을[19] 언급할 때 이 단어를 사용한다.

---

15 Philo, *On the Contemplative Life* 70. Josephus, *Antiquities* 2.65; 11.163, 166.
16 Platon, *Gorgias* 491e.
17 고후 4:1; 6:3이하; 11:8, 23; 롬 11:13.
18 고전 16:15; 빌 1:1; 골 1:7; 4:17.
19 고전 12:5; 고후 8:4, 19-20; 9:1, 12-13; 롬 15:31; 엡 4:12.

섬김을 받는 이들과 관련하여 '디아코니아'의 의미를 이해하는 데 중요한 사실은, 바울이 이 단어를 성령과 그리스도의 사역을 묘사하는 데 쓴다는 것이다(고후 3:8; 롬 15:8). 성령과 관련하여 이 말을 사용했다는 사실은 공동체 안에서 성령의 촉진하는 사역에 대해 이미 언급된 내용을 확증해 준다. 이것은 강요나 힘으로 일어나지 않는다. 예수님은 자신이 섬김을 받기 위해 온 것이 아니라 "도리어 섬기려 하고 자기 목숨을 많은 사람의 대속물로 주"기 위해 오셨다고 말씀하셨다(막 10:45). 바울은 교회에서 "성도 섬기기로 작정한" 이들을 모본으로 삼는다(고전 16:15). 예수님의 섬김과 그것을 지속하시는 성령의 섬김으로 인해, 그리스도는 공동체의 '아르케'가 되신다(골 1:18). 바울은 이 단어를 신중하고 일관성 있게 사용함으로써, 공동체 내에서 특정인들이 일반 회원들보다 우월한 공식적 권리와 권세를 소유한다는 개념을 거부한다.

이처럼 자신들에게 속한 직분, 지위, 명예를 포기한다는 것이 1세기 다른 종교 기관들의 태도와는 근본적으로 다른 점이었다. 회당에는 이미 앞에서 언급한 '아르키쉬나고고스'(회당장)을 비롯한 많은 직분이 있었다. 이 중 하나인 '하짠'(hazzan)은 주로 공중 예배를 수행하는 책임을 담당했다.[20] 복음서에 나타나듯이, 바리새인들은 회당의 상석을 차지했다(마 23:6). 일반 회원들은 회당 관계자에게 지명을 받아 기도문 낭송, '쉐마'(Shema) 선포, 성경 낭독, 설교 등의 책임을 수행할 수 있었는데(눅 4:16-17; 행 13:15), 이는 직책이 아니라 기능으로 간주되었다.[21]

쿰란 공동체와 에세네파에도 직분들이 있었다. '메박케림'(mebaq-

---

20   m. Sotah 7.7-8; m. Yoma 7.1; 참조. 마 9:18; 막 5:35이하; 눅 8:41, 49; 13:14; 행 14:15; 18:8, 17.
21   m. Ber. 5.5; m. Rosh Hash. 4.9; m. Tamid 5.1.

qerim), 즉 감독자들이 공동체와 지부마다 있어서 공동체의 구성원이 되기 위해 지원하는 사람들을 평가하고,[22] 발생한 위반 행위에 관한 보고서를 받아 보며,[23] 위문품을 받고 분배하는 역할을 하고, 율법의 격언과 공동체 규칙으로 구성원들을 교육하는 일을 했다.[24] 이들이 앞에서 언급한 기능들을 수행했던 제사장과 동일한지의 여부는 분명하지 않다.

신비 종교에서는 여러 등급의 직분자들이 지역의 성소나 신전마다 속해 있었다. 이들은 제의 진행과 관련한 행정 업무와 재정 업무를 관장했다. 아마도 공식적 지위를 가진 사람들은 그 종교 내에서 비교적 높은 지위에 속한 제사장이었을 것이다.[25]

거룩한 자들과 일반 백성

바울은 공동체의 지체들을 그들이 지닌 '거룩함'의 정도에 따라 구별하는 것도 거부한다. 바울은 공동체 내의 영적 엘리트 개념을 거부한다. 공동체의 모든 지체가 성령을 소유한다. "한 성령으로" 그들은 모두 공동체에 들어왔으며(고전 12:13), "한 성령 안에서" 동일하게 하나님께 나아가고(엡 2:18), "주의 영[이신 한 성령]으로 [말미암아]" 동일한 공급을 받으며(고후 3:18), "[동일한] 성령으로" 각자의 삶을 지도받는다(갈 5:25). 모든 사람 안에 거하시는 분이 동일한 성령이기 때문에, 모두 성령이 맺게 하시는 성품의 특성들을 공유한다(갈 5:22-23). 그리고 성령이 나누어 주시는 사역의 은사에 모두 참여한다(고전 12:4-11). 기본적으로, 공동체에

---

22 1QS 6.13-14; CD 13.7-13.
23 CD 9.16-20; 14.9-10.
24 1QS 6.19-20; CD 14.12-16.
25 10번 각주를 보라.

속한 모든 지체는 본질적으로 '신령하다.'

바울이 '라오스'(laos, 백성)와 '하기오스'(hagios, 성도)라는 용어들을 사용한다는 점은 이것을 확증한다. 이 용어들이 구약을 인용하는 구절들이나[26] 유대 민족을 직접적으로 가리키는 몇 구절(롬 11:1-2)에서 나오는 경우는 제외하고, '라오스'는 "백성"의 창조에 관한 하나님의 약속을 받은 모든 그리스도인을 전체로서 지칭하는 데만 사용된다(고후 6:16). 이 말이 공동체의 일부만을 지칭하거나 '클레로스'(kleros, 성직자)와 구별되는 의미로 사용된 곳은 한 군데도 없다(기독교가 성직자와 평신도라는 말을 사용한 것은 주후 3세기경이었다). 또한 공동체의 어느 한 지체나 어떤 지체들의 무리가 다른 사람의 거룩을 부정할 만큼 특별한 '거룩'을 소유하는 경우도 없다. 다른 곳에서는 바울이 특정 지역이나 공동체의 믿는 자들 모두를 "성도들"이라고 칭하지만,[27] 예루살렘에 있는 유대인 그리스도인을 가리킬 때는 때때로 '하기오스'의 복수형을 사용하는데 이는 이 단어와 구약의 연관성 때문이다.[28] 그는 유대 그리스도인들이 더 큰 영적 지위를 가졌다고 생각하지 않는다. 그들은 단순히 먼저 하나님께 '예비되고', '따로 구별되고', '바쳐졌을' 뿐이다.

바리새파와 에세네파의 경우, 성령의 임재는 그들의 중심 사상이 아니었다. 하지만 우리가 살펴보았듯이, 예루살렘의 주류 집단 바깥에서는 소규모 은사주의 랍비 계열이 부상했고, 에세네파는 특별히 예언과 꿈 해석으로 평판이 높았다. 이들 말고도, 바리새파 내에서는 성취에

---

26 고전 10:7; 14:21; 롬 9:25-26; 10:21; 15:10.

27 고전 1:2; 14:33; 16:15; 고후 1:1; 13:13; 롬 1:7; 16:2, 15; 빌 1:1; 4:22; 골 1:2, 4, 12, 26; 참조. 3:12; 엡 1:1, 15, 18; 3:18; 5:3.

28 고전 16:1; 고후 8:4; 9:1, 12; 롬 15:25-26; 엡 2:19.

따라 등급이 나뉘었던 것으로 보이며, 쿰란 공동체에는 공동체 심의회가 있어서 구성원들의 영적 성취 수준에 따라 순위를 매기고 구성원들의 참여에 관한 엄격한 규칙을 강행했다.[29] 모든 사람이 '함께 먹고, 함께 찬미하며, 함께 숙고한다'는 그들의 실천은 이렇게 유지되었다.[30]

헬레니즘 시대에는 다른 분위기가 퍼져 있었다. 점을 치고 기적을 행하는 '신령한' 사람이나 은사주의적 재주가 있는 개인들이 돈을 벌기 위해 그 재주를 행사하는 일이 도처에 있었다(참조. 행 16:16-18). 또한 에세네파와 같이, 은둔 수도회에 함께 결속된 더 작은 집단들은 그들의 고결한 삶의 방식 때문에 존경을 받았다. 그러나 바울은 거룩함이 세상과 분리된다거나 비범한 능력으로서 숭배된다거나 하는 개념은 배격했다. 오히려 이 두 가지는 상당히 세속적인 태도와 쉽게 공존할 수 있다(고전 3:1-3). 바울은 영성과 거룩함에 대해 덜 엘리트주의적이고 더 현실적으로 이해했다. 그의 서신은 탁월하게 거룩한 사람을 '성자'라고 부르는 후기 기독교 개념을 지지하지 않으므로, 경의를 표하는 방식으로 그를 '성'(Saint) 바울이라고 묘사하는 것에 그는 아마 저항했을 것이다.

그러므로 바울의 공동체관에는 제의나 직책 혹은 종교적인 기준으로 지체들을 나누는 전통적 구별이 들어설 자리가 없다. 이 사실은 공동체 안에서의 책임 문제에 관한 바울의 접근법을 더 긍정적으로 평가할 수 있는 근거를 제공한다. 이제는 모든 믿는 자를 높이 평가하는 바울의 견해가, 그들이 다양한 과업을 수행하는 데 어느 정도 영향을 미쳤는지 살펴보아야 한다. 공동 식사, 지체들을 돌보는 것, 징계, 공동체

---

29 1QS 6.25-27; 9.12-16; *m. Hag.* 2.5-6; *m. Dem.* 2.2-3.
30 1QS 6.2, 6-13.

의 방향 설정 등을 포함한 교회 조직을 위한 책임은 어디에 있었을까?

공동 책임에 대한 바울의 강조

조직에 대해

여러 서신에서, 바울은 교회 모임의 구체적 면면에 대해 이야기하고, 여러 결정의 근거가 되는 원리들을 명확히 하고, 그에 따르는 조치들에 대해 실제적인 조언을 한다. 잠시 후에 더 자세히 설명할 두 명의 팀원을 제외하고, 그가 이런 문제들을 처리할 책임을 오롯이 지도록 공동체의 한 사람 또는 특정 그룹에게만 이야기를 전하는 경우는 그 어디에도 없다. 그는 끊임없이, 이런 문제들을 처리할 의무가 공동체 전체에 있음을 상기시키고, 또한 모든 지체가 그 임무를 수행할 것을 촉구한다.[31] 그의 서신들은 일관성 있게 지역 공동체 전체를 수신자로 삼으며, 우리가 보겠지만 그들 내부의 특정 그룹을 가끔 혹은 부차적으로만 언급한다. 그러므로 공동체의 조직에 관한 문제가 논의되는 곳은 말할 것도 없이, "형제들"이라는 표현이 그의 입에서 끊이지 않는다. 분명히, 공동체에 속한 모든 사람이 그 공동체의 실제적 운영에 대한 책임을 공유한다.

복지에 대해

또한 모든 지체는 서로의 복지에 대해서도 책임이 있었다. 여기에는 다른 지체의 필요에 민감할 뿐만 아니라 각 지체가 자기를 점검하는 것도 포함된다. 모든 지체는 마땅히 "짐을 서로 지[고]" "서로 같이 돌보[며]"

---

31   예를 들면, 고전 11:33-34상; 14:39-40; 16:2-3.

"각각 자기 일을 돌볼뿐더러 또한 각각 다른 사람들의 일을 돌보[며]" "피차 권면하고 서로 덕을 세[워야]" 한다.[32] 이러한 호소들은 바울 서신에서 반복적으로 나타나며, 이는 이 문제가 그에게 얼마나 중요한 주제였는지를 나타낸다.

과오를 범한 지체를 징계하는 책임도 확실히 그 공동체의 다른 지체들에게 있다. 한 지체가 다른 지체에 대해 개인적인 수준에서 해결되지 않는 법적인 분쟁이 있을 경우, 외인이 아니라 그 공동체의 누군가가 그 문제를 해결해야 한다(고전 6:1-6). 만약 어떤 지체가 무심결에 자기 파괴적인 행위를 했다면, 다른 지체들은 "온유한 심령으로 그러한 자를 바로잡[되]" 자신도 시험에 빠지지 않도록 자신을 살펴야 한다(갈 6:1). 어떤 행위가 공동체의 생활에 악영향을 미칠 때, 이를 알아차린 지체는 누구든지 그 문제에 공동체의 관심을 모아야 한다. 그러나 그 문제를 실증하기 위해서는 적어도 둘, 가능하면 세 사람의 증인이 있어야 한다.[33]

만약 피고 측이 충고를 거절하고 고의로 공동체를 방해하는 행위를 계속하면, 모든 지체는 그를 지목하여 사귀지 말고 특별히 식사를 같이 하지 말아야 한다.[34] 그 사람이 반응하지 않으면, 좀 더 극적인 단계가 필요하다.[35] 고린도전서 5장에서처럼, 범죄자가 이교도에게조차 불쾌하게 여겨지는 잘못을 행하고도 자신의 행동을 회개하지 않는 경우에는, 공동체 전체가 모여서 이 문제를 의논하고 그들 가운데 있는 이 죄악을

---

32 갈 6:2; 고전 12:25; 빌 2:4; 살전 5:11.
33 고후 13:1; 참조. 고전 1:11.
34 살후 3:14; 고전 5:11.
35 고전 16:22; 롬 16:17.

인식하여 하나님의 징벌을 시행하는 자의 자격으로 그 사람을 "사탄에게 내주"어야 한다(고전 5:3-5). 다소 이상하게 보이는 이 표현은 그 범죄자와의 관계를 끊는(그와의 모든 접촉을 완전히 끊는) 것을 의미할 수도 있다. 혹은 아나니아와 삽비라 사건에서 유추해 볼 때(행 5장), 그것은 어떤 형태의 심판이 일어나도록 기도하는 것을 뜻할 수도 있다. 어느 쪽이든 이런 극단적인 형태의 징계를 하는 목적은 그 사람의 궁극적 복지에 있다. 바라건대 (만약 고후 2장이 고전 5장과 같은 경우를 언급하는 것이라면) 이런 징계가 그 범죄자의 더 즉각적인 태도 변화를 유발할 수도 있다.

성장에 대해

이것은 공동체가 기독교적 헌신을 더 깊게 하고, 그 공동체의 미래의 발전을 결정하는 길을 모색하게 한다. 우리는 이미 은사가 성령에 의해 공동체의 모든 지체에게 어떻게 분배되고 공유되는지 살펴보았다. 공동체 생활에 영향을 주는 사안들에 대한 인도하심은, 주로 하나님이 그들에게 요구하시는 바를 분별하기 위해 지체들이 함께 모일 때 주어진다. 지체들은 지식, 계시, 지혜의 은사를 실제로 사용함으로써 성령으로부터 이러한 인도하심을 받는다. 이 모든 것과 관련하여 바울은 공동체의 모든 지체가 참여해야 한다고 끊임없이 역설한다. 바울은 모든 사람에게 "서로 권하"고, "모든 사람으로 배우게 하고 모든 사람으로 권면을 받게 하기 위하여" 하나님의 말씀을 말하고, "모든 지혜로 피차 가르치며 권면하[라]"고 촉구한다. "사랑 안에서 참된 것을 [말함]"으로써 "범사에 [머리이신 그리스도]에게까지 자[라기]" 위해서다.[36] 그래서 양육과 훈련

---

36 롬 15:14; 고전 14:31; 골 3:16; 엡 4:15.

모두, 모든 지체가 그 공동체 생활의 질에 관심을 가지는 것과 모든 지체가 공동체 전체에 영향을 미치는 결정에 참여하는 것으로부터 자발적으로 일어나야 한다.

결론

지금까지 살펴본 공동체 생활의 이러한 영역들 각각에 대해서, 모든 지체는 지도력을 발휘하는 데 각자 특정한 역할을 해야 할 책임이 있다. 지도력은 한 사람이나 선택된 그룹의 임무라기보다 어느 정도는 모두에게 달린 공동의 사안이다. 물론 동등성의 원리는 그리스의 법과 정치 사상 속에 깊이 들어와 있었고 사회적 관계에서도 어느 정도 중요했다. 모든 사람이 이성을 소유한다는 사실로부터 모든 사람의 이론적 동등성을 추론한 스토아학파에서도 이 동등성의 원리는 무척 강조되었다. 그러니 바울의 접근은 이러한 공식들과 상이하다. 바울은 동등성이 근거를 인간성의 어떤 측면보다 하나님의 행하심에 두며, 동등성이 어떻게 기능하는지에 대해 더 관계적으로 이해한다.

Paul's Idea of
Community

14
직위가 아닌 기능으로 정의되는 지도력

일부 본문들에서 바울은 교회 안의 특정 그룹을 지목한다. 예를 들어 골로새서 3장에서 남편들과 아내들, 부모들과 자녀들, 종들과 주인들에게 차례로 말할 때, 고린도전서 7장에서 결혼한 자들, 결혼하지 않은 자들, 헤어진 자들에게 말할 때, 로마서 1-2장과 14-15장에서 유대인과 이방인, 약한 자와 강한 자에게 말할 때 등이다. 이것과 더불어 그는 고린도 교회에서 공동체 구성원 사이의 법적 분쟁을 해결할 수 있었던 "지혜 있는" 사람들처럼(고전 6:5), 특정한 방식으로 다른 사람들을 돕도록 부름받은 몇 사람을 구별한다.

때때로 그는 특정 개인들을 언급한다. 이미 말했듯이 자신의 가정에서 모여 교회의 일들을 처리하는 데 특별한 역할을 감당했던 아굴라와 브리스가(고전 16:19; 롬 16:3-5)나 눔바(골 4:15) 같은 이들이다. 고린도에 있는 "온 교회"를 "집주인"으로서 돌보았던 가이오(롬 16:23)도 실제적인 책임을 수행했다. 목회적 돌봄의 영역에서는, 빌립보의 두 여성이 같은 마음을 품도록 도우라는 명령을 받는 "참으로 나와 멍에를 같이한 [너]"라는 아리송한 언급이 있다(빌 4:2-3). 우리는 이제 바울이 교회 생활의 행정적 측면, 목회적 측면, 지도적 측면을 설명하기 위해 사용한 용어들을 더 자세히 살펴볼 수 있으며, 이런 일들을 모든 구성원이 책임지는 것보다 더 분명한 방식으로 수행하는 특정인들을 바울이 얼마나 선호하는지 평가할 수 있다.

공동체 안의 두 부류

이 일의 전초 작업으로서, 바울이 그의 수신자들을 더 성숙한 이들과 덜 성숙한 이들로 크게 구분한다는 점을 지적할 수 있다. 앞에서 우리는 "사람이 무슨 범죄한 일이 드러나거든 신령한 너희는 온유한 심령으로 그러한 자를 바로잡고"(갈 6:1)라는 바울의 말을 잠깐 살펴봤다. 다른 많은 곳에서도 바울은 기독교적 이해가 "강한" 자와 "약한" 자들을 구분한다.[1] 바울에게 이것은 신앙생활에서 나타나는 실제 현상이었다. 유대인과 비유대인 사이의 차이는 이것과 일부 겹치지만 일부는 무관하다. 강한 자들과 약한 자들, 이 두 부류가 모두 유혹에 노출되어 있고 취약한 부분이 있다(롬 14:1이하). 바울은 그리스도가 위에서 부르신 부르심을 향해 달려갈 것을 촉구한다(빌 3:13-14). 그러므로 성숙은 모든 이의 목표이며 바울은 어디에서도 성숙의 대상을 엘리트 계층으로만 제한하지 않는다.

한편으로 성숙을 향한 여정에서 선두에 있는 이들은 더 긴 여정이 남은 이들을 마땅히 도와야 한다. 성숙한 자들은 자신도 다시 이전의 분별력이 부족한 행동 양식으로 퇴보하지 않도록 스스로 살펴야 한다

---

1 참조. 고전 2:14-3:4; 롬 14:1-15:7.

(갈 6:1). 더 성숙한 이들은 자신들이 이룰 수 있었던 것들에 대해 감사히 여겨야 한다(빌 3:15-16). 이들 가운데서 바울은 더 구체적인 임무를 수행하는 몇 사람을 따로 거론한다.

공동체에서 특별한 임무를 맡은 자들

이제 바울이 공동체에서 특정 기능을 담당했던 사람들을 묘사하는 데 사용한 용어들을 살펴보도록 하자. 그의 서신들을 기록된 순서에 따라 검토해 보면 몇 가지 재미있는 특징이 발견된다.

그러한 사람들에 대한 첫 번째 언급은 데살로니가전서 5:12에 나온다. 여기에는 어떤 직위도 언급되지 않고, 바울도 어떤 지위를 갖지 않는다. 대신 우리는 공동체 내의 세 가지 임무를 규정하는 데 사용된 세 가지 분사 '코피온타스'(kopiōntas), '프로이스타메누스'(proistamenous), 'ㄴ데툰디스'(nouthetountas)를 만난다. 이들은 "너희 가운데 수고하고" "주 안에서 너희를 다스리며" "[너희를] 권하는" 자들이다(NRSV는 두 번째를 개역개정과 비슷하게 '주 안에서 너희를 책임지는 자들'이라고 번역하지만, '너희에게 도움을 주는' 자들이라는 번역이 더 좋다). 이 용어는 종교 관련 단체뿐 아니라 세속적 영역의 자발적 조합들의 임직자를 지칭하는 것으로 파피루스에 간혹 등장하는데, 여기서도 그 이상의 전문적 의미를 가진 것 같지는 않다. 이는 명사형이 아닌 분사형을 사용한 점, 다른 두 단어 사이에 위치한 점, 신약성경에서 그 동사의 일반적 의미 등을 고려할 때 분명하다. 이 세 단어가 함께 쓰여서 그러한 이들이 임무를 수행하면서 들이는 노력, 그들 업무의 지원적 성격, 그 가운데 포함된 권고 및 경고의 역할 등을 나타낸다. 로마의 사회 체제에서 '도움을 주는' 사람은 다른 사람들에게 혜택을 제공하는 지위에 있었으므로, 데살로니가 공동체에서 사회적으로 더 높은 위치에 있는 사람들 중 일부가 여기에 있었을 것으로 보인다. 그러나 그들의 지위보다는 그들이 그 지위를 자신이 아닌 다른 사람들을 섬기는 데 어떻게 사용할 수 있는지에 강조점을 둔다.

고린도전서 12장의 은사와 사역 목록에는 다른 두 용어, '안틸렘프세이스'(*antilēmpseis*, "돕는 것")와 '퀴베르네세이스'(*kybernēseis*, "다스리는 것")가 나온다. 데살로니가전서 5장과 달리 여기서는 분사가 아닌 명사로 쓰였지만, 이 명사들도 여전히 특정 인물이나 지위라기보다는 기능을 묘사한다. 바울의 은사 목록에서 처음 세 항목, 즉 사도, 선지자, 교사(고전 12:28)만 특정 인물들을 염두에 두고, 위에서 언급한 '안틸렘프세이스'와 '퀴베르네세이스'를 포함한 나머지는 누구에게나 적용할 수 있다. 이러한 이유로 이 단어들은 '보호자들'(helpers)과 '행정가들'(administrators)로 번역한 RSV보다 '도움을 제공하는 것'과 '방향을 제시하는 것' 같은 덜 인격화된 방식으로 번역하는 것이 더 좋다. 다시 말해서 이 두 용어는 성격상 전문 용어가 아니다. 분명히 교회 내의 어떤 공식적 지위를 가리키는 것이 아니다. 이 용어들이 이런 활동에 참여하는 사람들이 아니라 그 기능에 적용된 점, 은사 목록의 한참 뒤쪽에 위치한 점, 그리고 아마도 신약성경에서 이곳에만 등장한다는 점, 이 모든 것이 그 사실을 뒷받침한다.

동일한 서신의 뒷부분에서 바울은 고린도 공동체에 스데바나의 집을 추천한다(고전 16:15-18). 그는 이 집을 아시아에서 복음의 "첫 열매"(*aparchē*)라고 묘사한다. 교회에서 그들은 "성도 섬기기로(*eis diakonian*) 작정"했다. 여기에 쓰인 '섬김'은 우리는 이미 살펴본 대로 폭넓은 의미를 지니는, 아주 일반적인 용어다. 여기서 '디아코니아'가 어떤 전문적 의미를 지닌다는 암시는 전혀 없다. 공동체의 기능은 이러한 인물을 임명하여 세우는 것이 아니라 그들의 섬김의 가치를 인정하는 것이다. 바울은 계속해서 그 인정이 이 집의 구성원들에게만이 아니라 "[그들과] 함께 일하며 수고하는 모든 사람"에게(synergounti kai kopiōnti) 주어져야 한다고 말한다. 이 단어들의 분사형과 바울이 이 사람들을 언급하는 포괄적인 방식은 어떤 공적 지위를 배제한다. 하지만 "첫 열매"라는 언급을 볼 때, 한 지역의 최초 회심자들은 그들을 중심으로 새 공동체가 세워지는 핵심 인물일 뿐만 아니라 공동체를 튼튼히 하는 주요 참여자임을 알 수 있다. 그리고 스데바나가 권속들을 거느렸다는 사실(브드나도와 아가이고는 그의 종이었을 것이다)은 공동체 내에서 사회적으로 더 인정받는 이들이 이러한 목회적 기능을 수행했음을 다시 한번 보여 준다.

갈라디아서는 이 주제에 대해 언급하는 바가 거의 없다. 바울은 그저 배우는 자가 가르치는 자(katēchountes)에게 후하게 베풀어야 한다고 권고할 뿐이다(갈 6:6). 여기서도 분사 구조가 등장하는데, 어떤 특정한 직함이나 지위가 연상되지는 않는다. 가르침을 받는 자가 가르치는 자와 "모든 좋은 것을 함께하도록" 권면하는 것이, 당시에 유급 사역자가 존재했음을 가리키는 것은 아니다. 다른 곳과 마찬가지로 여기서도 바울은 배상의 적절성을 확실히 지지한다(참조. 롬 15:27; 고전 9:11). 비록 바울 자신은 이 권리를 주장하지 않을지라도(고전 9:15-18), 여기에서 주님의 명령에 근거한 기본 원리는 "복음 전하는 자들이 복음으로 말미암아 살리라"(고전 9:14)라는 것이다. 그러나 그러한 구절들에서 바울은, 그의 공동체들이 복음 메시지의 두 주요 원천인 바울 자신과 예루살렘 교회에게 진 빚을 생각하고 있다. 갈라디아서에서의 바울의 설명도 이 원천들 중 하나를 생각하고 있을 것이다. 더 일반적인 표현으로서 "모든 좋은 것"은 주로 물질적 소유물을 의미하는 것이 아니라 단순히 주는 이와 받는 이 사이의 교제를 표현하는 것일 수도 있다.

로마서 12장에서 바울이 열거한 은사 목록에는 '프로이스타메노스'(proistamenos), 즉 '도움을 주는 자'(개역개정은 "다스리는 자")라고 묘사된 사람에 대한 언급이 있다(롬 12:8). 여기서는 참여한 인물에 더 강조점이 주어졌음에도 분사형이 나온다. NRSV의 "지도자"(the leader)라는 번역은 헬라어의 의미와 전혀 다르다. 데살로니가전서에서 바울은 이러한 활동에 수반되어야 하는 활력(롬 12장에서는 "부지런함")에 대해 언급한다. 더 직접적이고 개인적인 언급과 그 언급의 위치에도 불구하고(구제하는 자와 긍휼을 베푸는 자에 대한 언급 사이), 사용된 문장 구조를 보면 어떤 공적인 직책도 염두에 두고 있지 않음을 분명히 알 수 있다.

로마서 후반부에서 바울은 겐그레아에서 온 여행자 뵈뵈를 천거할 때 두 가지 다른 어휘를 사용한다. 그녀는 겐그레아에 있는 교회의 "일꾼"(diakonos, 16:1)이자 바울 자신을 포함한 많은 사람의 "보호자"(prostatis, 16:2)로 불린다. 두 번째 용어 '프로스타티스'는 아마도 지역 교회에서보다는 바울의 선교에서 그녀의 역할과 관련이 있는 듯한데, 이에 대해서는 다음 장에서 자세히 살펴보도록 하자. 첫 번째 용어는 명사인 '디아코노스'가 지역 모임의 구성원에게 처음으로 분명하게 적용된 사례를 보여 준다(이 용어는 남성형과 여성형이 동일하다). 그러나 이 사실로부터 뵈뵈가 교회에서 어떤 공식적 지위를 가졌다고 결론짓는 것은 성급한 일일 것이다. 뵈뵈는 단지 도움을 준 것 때문에 유명해졌을 뿐이다. 하지만 ('prostatis'라는 단어가 암시하듯이) 그녀의 사회적 위치가 이런 일을 하는 데 도움이 되었을 것이다. 이 어휘의 명사형은, 이러한 것들에 대한 좀 더 정확한 용어가 바울의 공동체들 안에서 혹은 공동체들에 대한 그의 생각 속에서 발전되어 가고 있었음을 암시할 수도 있다.

빌립보서에서 "감독들"과 "집사들"에게 보내는 바울의 문안 인사, 에베소서에서 "목사"(poimenes)와 골로새서에서 아킵보의 "직분"(diakonia)을 언급한 것 등은 직책의 개념을 보여 주는 근거라고 여겨지는 경우가 매우 빈번하다. 빌립보서의 두 명칭은 두 그룹을 공동체의 나머지 사람들과 구별하기 위해 사용되었다(빌 1:1). 그러나 "성도"라는 말이 "감독들"(episkopoi)과 "집사들"(diakonoi)보다 먼저 나온다. 만약 후자가 교회 내의 주요 임직자들이라면 이 순서는 좀 이상하다. 또한 이 점은 에베소서의 경우["목사"(poimenes)와 "교사"(didaskaloi)]에도 마찬가지로 적용되는데,[2] 헬라어로는 이 두 용어에 정관사가 붙어 있지 않다. 이는 이 용어들이 직책으로 취급되지 않는다는 것을 의미하며, 아마 단 한 그룹의 사람들만을 가리킬 것이다. 게다가, 개인적 분쟁을 조정하라는 임무를 받은 "참으로 멍에를 같이한 자"에 대한 언급을 제외하면, 에베소서, 빌립보서, 골로새서에서 바울은 항상 공동체 전체에 초점을 맞춘다. 바울은 그 어디에서도 나머지 사람들에 관해 어떤 한 그룹에만 특별한 책임을 부과하지 않는다. 빌립보서에서 특정 인물이 공동체의 선물을 바울에게 전달한 일로 따로 언급된 것은 사실이지만(빌 4:18), 이것은 다른 문제다(이에 대해서는 조금 뒤에 충분히 다룰 것이다).

어떤 경우든 '에피스코포스'와 '디아코노스'는 나중에 생긴 기독교적 함의에서 벗어나야 한다. 이 두 용어는 바울이 사용하는 여타의 목회적 용어들과 근본적으로 다르지 않다. 당시에 이 용어들이 어떤 전문적 의미를 지녔다고 암시하는 실제적 증거는 전혀 없다. 이 점은 2세기의 이

---

2 엡 4:11; 참조. 살전 5:12; 고전 16:16.

그나티우스(Ignatius)와 폴리카르포스(Polycarp)이 빌립보에 있는 교회에서 감독제 구조에 대해 전혀 언급하지 않았다는 사실이 뒷받침한다. 골로새에서는 사회적으로 명망 있는 가문 출신으로 보이는 아킵보가 주께 받은 직분(*diakonia*)을 완수할 책임을 부여받는다(골 4:17). '디아코니아'는 사역을 의미하는 매우 일반적인 용어지만, 이 사역은 교회가 아니라 그리스도께서 그에게 맡기신 것이다. 이때 교회 공동체가 해야 할 일은 아킵보가 그 사역을 감당하도록 격려하는 것이다.

이러한 용어들로부터 우리가 도출한 결론은 이 용어들에 동반된 해설의 힘으로 더욱 분명해진다. 데살로니가전서 5장에 따르면, 지체들은 스데바나와 그의 권속 같은 이들을 '존경하고'(개역개정은 "알고") "사랑 안에서 가장 귀히 [여겨야]" 한다. 이는 그들이 가지고 있는 공적 지위나 그들의 사회적 위치 때문이 아니라, "그들의 역사"(살전 5:12-13) 때문이다. 이렇게 말한 후에 바울이 계속해서 더 넓은 범위의 교회에 말하면서(여기의 "형제들"이라는 단어는 교회 안의 한 그룹에 적용되는 것이 아니라), **모든 이에게** "게으른 자들을 권계하며 마음이 약한 자들을 격려하고 힘이 없는 자들을 붙들어 주며 모든 사람에게 오래 참으라"라고 권면한다는 점은 중요하다(살전 5:14). 비록 일부는 더 유리한 지위나 큰 역량을 갖췄기에 주어진 임무에 더 왕성하게 헌신할 수 있지만, 목회적 책임은 결코 선택된 소수의 영역에 제한될 수 없으며 항상 공동체 모든 구성원의 책임으로 존재한다.

이 점은 스데바나와 그의 집에 대한 고린도전서 16장의 언급에 의해 확증된다. 그들은 교회 내의 어떤 지위에 임명된 것이 아니다. 즉 바울의 눈에 띈 탁월함은 자원하여 "성도 섬기기로 작정한" 그들의 태도였다(16:15). 공동체는 그들이 수행하는 이 "일"과 "수고" 때문에 그들을 알아주고 또 그들에게 순종해야 한다(16:16, 18). 바로 몇 절 앞에서 바울은 공동체의 모든 지체에게 "주의 일에 더욱 힘쓰는 자들이 되[어야]" 한다고 상기시킨다. "이는 너희 수고가 주 안에서 헛되지 않은 줄 앎이기" 때문이다(고전 15:58). 이것은 스데바나와 그의 집이 하듯이 동일하게 "일하며 수고하는 모든 사람"이(16:16) 스데바나의 집과 동일한 인정을 받아야 한다고 바울이 덧붙인 내용과도 일치한다.

몇 가지 남은 문제

목사와 교사의 연계

데살로니가전서와 고린도전서에서 논의된 일꾼들과, 이 교회들에 존재했던 선지자와 교사들 사이의 관계는 불분명하다. 데살로니가전서에 언급된 그들의 권고 사역을 보면 어떤 관계가 있을 법도 하지만, 고린도전서 12장의 사역과 은사 목록에서는 예언 및 가르치는 일을 하는 사람들과 유용하고 실제적인 다른 활동을 하는 사람들이 구분된다. 에베소서 4장에 가서야 우리는 교사와 목사가 서로 긴밀히 연계되었음을 볼 수 있다. 거기서조차도, "목사"(*poimēn*)라는 용어는 단순한 은유로서 뒤이어 나오는 "교사"(*didaskalos*)라는 말이 그 내용을 규정해 준다고 보는 이들이 있다.[3] 어떠한 경우든, 선지자들은 그들만 따로 한 그룹으로 남아 있다. 그러므로 우리는 한편에는 교육적 은사가, 다른 한편에는 목회적 기여가 반드시 한 사람 안에 결합되어 있어야 한다고 가정해서는 안 된다.

---

3 참조. *2 Bar.* 77:13-16.

그 이유는 예언과 가르침의 은사에 바탕이 되는 특별한 카리스마적 기초와, 목회적 기여가 근거하고 있는 일부 문화적 기초에 있다. 이 두 범주는 서로 대립되어서는 안 된다. 우리는 앞에서 바울이 '자연적인' 역량과 '사회적인' 혜택을 은사에 대한 자신의 개념 속에 어떻게 함께 받아들이는지 보았다. 또한 우리가 기억해야 할 것은, 교회의 모든 지체가 어느 정도는 예언과 가르치는 일에 부르심을 받았다는 사실과 이러한 종류의 특별한 사역을 받은 이들을 비판 없이 청종해서도 안 된다는 점이다. 선지자의 메시지에 대한 평가는 고린도전서 14장에 분명히 나타난다. 교사의 가르침을 시험할 필요성은 거짓 가르침이 공동체 내에 침투할 경우 이를 끊어 내라는 바울의 권고에서 나온다.[4] 공동체가 교사를 받아들이는 것은 그가 하나님을 대신하여 성실하게 말하는 정도에 상응한다.

임직 문제

지금까지 살펴본 구절들 중 어디에도 바울이 특정한 사역을 수행하려는 사람에게 임직이 필요하다고 제시하는 내용은 없다. 사도행전에는 바울과 바나바가 금식과 기도로 "각 교회에서 장로들을 택하[였다]"는 기록이 있다(행 14:23). 이 과정은 사도행전 다른 곳에 기록된 것처럼 안수를 통해 이루어진 것 같다(행 13:3). 그러나 이러한 언급들을 살펴보면, 집회에서 한 선지자의 말을 통해서나 모든 구성원의 분별 있는 선택을 통해(행 6:1-6), 임무에 대한 적합성에 따라 사람을 택했음을 알 수 있다. 그런 후에 특별한 은혜를 부어 주기 위해서나 특별한 지위를 부여하기

---

4 롬 16:17-18.

위해서가 아니라, 단지 교제와 기도의 가시적 표시로서, 그들의 머리 위에 손을 얹었다. 사도행전 14:23에서 누가는 이런 방식으로 '프레스뷔테로이'(*presbyteroi*, 장로들)가 세워졌다고 말한다.[5] 그러나 바울은 목회서신이 아닌 곳에서는(부록 참조), 이 용어를 전혀 사용하지 않는다. 누가는 장로를 가리키는 말로 '에피스코포스'(*episkopos*)라는 용어를 단 한 번 사용하지만(행 20:28), 이것은 바울의 좀 더 유동적인 용어법을 나중에 표준화시킨 것 같다.

장로직의 기원

'장로'의 개념이 회당에서 유래했다는 일부 사람들의 주장이 있지만, 유대 자료에는 뒷받침할 어떠한 증거도 없다. 신약성경은 유대인 장로들을 언급하는데, 그 도시의 장로들을 염두에 둔 것이지 회당의 직책을 맡은 사람을 말하는 것이 아니다(눅 7:3). 세속 헬라어에서 '프레스뷔테로스'는 일반적으로 단순히 '나이 든 사람'을 의미했다. 사도행진에서 누가는 아마도 이런 식으로 이해했을 것이다. 누가가 그렇게 이해했다면, 바울은 어떤 이들을 장로의 자리에 임명한 것이 아니라 일부 나이 든 사람들에게 특별한 책임을 맡긴 것이 된다. 이미 살펴보았듯이, 바울의 저작임이 확실한 서신에서는 "장로"라는 용어가 사용되지 않는다.

'에피스코포스'라는 단어가 성경 밖에서는 넓은 의미로 사용되었다. 즉 여러 활동이나 다른 사람들을 감독하는 남녀, 자신의 청중을 살피거나 시험하는 철학자들,[6] 그리고 가장 관련이 있는 것으로는 자발적 사

---

5 참조. 행 20:17.
6 Epictetus, *Dissertationes* 3.22.97. Plutarch, *De Solone* 19.1.

회단체의 관계자들을 지칭하는 말로 사용되었다. 그러나 그 용어는 어떤 하나의 특별한 기능을 언급하지 않으며, 수여된 지위도 대부분 그다지 중요하지 않다. 성경 헬라어는 이 단어를 자유롭게 사용하지만, 그 직함을 지닌 직위를 명확히 규정하지는 않는다.[7] 어느 경우든 '감독하는 것'에 대한 바울의 이해는 은사, 섬김, 사역에 대한 그의 견해로부터 자라났다. 이것은 바울이 주변 문화에서 어떤 용어를 도입하더라도 그 의미를 변화시켰다.

조합체들의 형식적 특성의 영향

바울에 관한 최근의 몇몇 연구들은 바울 공동체의 구조가 고린도 같은 곳에서 당시 자발적 조합들의 특정 제도에 깊은 영향을 받았다고 주장한다. 이들 조합들에는 공식 선발된 행정 관리들이 있었고, 그들의 섬김에 대한 보상으로서 영예의 면류관과 비문이 주어졌으며, 정기적인 사례금이나 기본 식대와 기타 혜택을 충당하기 위한 후원금이 지급되었다. 여기서 한 가지 난관은, 바울이 그의 편지에서 교회의 저명한 사람들을 언급한 것과 면류관이나 비문을 암시하는 것, 그리고 이런 맥락에서 나오는 재정 관련 언급 등에 대한 해석이 이런 단락들의 안에 또는 뒤에 있는 것들을 이해하는 가장 직접적인 방법은 아니라는 점이다. 또 다른 난관은 고린도 사람들과 바울 사이에 특정 문제들에 대한 입장 차이가 분명히 존재했지만 이러한 차이는 교회가 위계적 요소나 다른

---

7   예를 들면, 느 11:9; 왕하 11:15; 1 Macc. 1:51. 참조. Philo, *On Dreams* 2.186, Josephus, *Antiquities* 12.254.

형식적 요소들이 아니라 은사적 요소들을 지나치게 강조한 데서 표출되었다는 점이다. 결과적으로, 어떤 면에서는 공동체에 대한 바울의 관점이 지나치게 이상적이어서 공동체의 실제 성격과는 동떨어져 있다는 것이 이러한 최근 연구들의 주장이다.

사실, 바울이 다양하고 부정확한 용어들을 사용한다는 점, 그 용어들이 상대적으로 간헐적으로, 덜 중요하게 사용된다는 점, 그리고 이 용어들 주변 발언의 취지 등은 모두 공적 지위(명예로운 보상과 공식 후원금은 차치하고)에 대해 바울이 전혀 염두에 두지 않았음을 확증해 준다. 우리는 바울이 일반적이고 기능적인 용어보다는 더 특정적이고 개인적인 용어를 점진적으로 사용하고 있음을 살펴보았다. 그러나 증거가 많지 않다는 점을 고려할 때, 이 점을 지나치게 강조해서는 안 된다. 용어의 변화에는 공동체의 지역적 용례가 반영되어 있기 때문에(공동체 구성원들의 출신 문화에 영향을 받았을 것이다), 빌립보서의 '에피스코포스'나 빌립보서와 로마서의 '니아고노스'의 용례를 일반화하는 것은 현명하지 못할 것이다.

바울 공동체들의 구조는 위계적이지 않았다. 바울은 한 사람에게나 일단의 무리에게 나머지 지체들을 통치할 권한을 부여하지 않았다. 그렇다고 해서 그의 공동체들이 평등주의를 실행한 것도 아니다. 바울은 모든 사람에게 동등하게 권한을 부여하지도 않았고, 공동체가 민주적으로 특정 인물을 선출하여 지체들을 감독하도록 하지도 않았다. 대신에 바울의 공동체는 구조상 신정적(theocratic)이었다. 하나님이 공동체의 각 개인에게 공동체의 복지를 위해 기여할 수 있는 일정 몫을 주셨기에, 강한 민주적 성향은 존재한다. 각기 다른 방식과 다른 정도로 모든 사람이 그리스도의 마음을 따라 공동체의 활동들에 권위 있게 참여한다. 또한 성령이 그분의 은사와 혜택들을 불균등하게 나누어 주셨기에, 어떤 이들은 다른 이들보다 기여할 것이 더 많으며, 전문성의 요소도 존재한다. 그러나 이 두 차원 모두 공식적인 구조는 아니다. 오히려 지체들은 성령의 은사적 원리와 그리스도의 '디아코노스적 섬김'의 원리에 순복함으로써 변화된다.

결론

바울의 공동체들에 중요한 사람들이 있기는 하다. 그러나 그들의 권위는 공동체 밖에서의 지위나 공동체 안에서의 위치에서 나오는 것이 아니라, 단지 공동체 내에서 그들이 행하는 사역에서 나온다. 그들이 적합한 방식으로 자신들의 기능을 수행하는 한 그들은 계속 인정받는다. 모든 그리스도인이 자신에게 부여된 은사와 자신이 누리고 있는 혜택을 사용하여 사역을 감당하는 한, 그들의 기여는 공동체의 다른 사람들이 진지하게 받아들일 수밖에 없는 것이 된다. 하나님은 어떤 사람들을 통해서 더 자주 말씀하시거나 역사하시지만, 그 사람들의 권위도 원칙적으로 어느 정도는 모든 사람에게 부여된 권위와 차이가 없다. 우리는 여기서 권위가 모든 구성원에게 고루 분배된 **참여 사회**(participatory society)를 보게 된다.

비슷한 참여적 경향은 회당과 일부 그리스 도시국가(시민에게만)에도 존재했지만, 바울 공동체와 같은 경우는 당시의 유대교나 헬레니즘 세계에서 볼 수 없었다. 그렇다면 공동체의 사도적 기초를 세운 사람과 그의 동역자들 그리고 일종의 순회 사역에 관여한 다른 이들처럼, 바울 공동체 바깥에서 공동체와 관계한 인물들의 역할은 어떤가? 그들은 바울의 교회들에 대해 더 공식적인 역할을 하는가? 우리가 방금 살펴본, 신중하게 숙고되고 실제적으로 장려되는 정신에 어떻게 부합되는가? 이 문제를 살펴보면, 이 모든 사역에 존재하는 권위의 본질적 성격이 더 선명하게 나타날 것이다.

Paul's Idea of
Community

15
방문 선교사들의 역할

바울 공동체 내부에서 가장 도움이 되는 방식으로 지체들을 섬기는 이들이 있는가 하면, 어떤 인물들은 공동체 밖에서 가치 있는 기여를 했다. 이 외부 인물들 중 몇몇은 바울의 교회들을 설립하는 데 도움을 주었던 무리 중 일부였기 때문에 그 교회들과 연결되었다. 이러한 활동을 가장 잘 묘사하는 표현은 '선교'이며, 우리는 이 교회들과 선교의 관계가 정확히 어떠한 속성을 지니는지 알아볼 필요가 있다. 그렇게 함으로써 바울 공동체에서의 권위에 대한 질문을 확장하고 교회와 선교가 그 목적과 성격에서 어떤 차이가 있는지 명확히 할 수 있다. 바울도 누가도 이 점을 체계적인 방식으로 논하지 않았기 때문에, 이에 대한 정보는 선교 활동에 대한 간접적 언급들이나 다른 문제를 주로 다루는 성경 구절들로부터 조금씩 모아야 한다.

바울의 동역자들

바울은 바나바의 조력자로 선교 사역을 시작하여(행 13:2-4) 후에는 선교팀의 선임자가 되었다(행 13:13이하).¹ 제2차 선교 여행에서 그는 자신의 조력자를 선택하고(행 15:40), 디모데를 시작으로 추가 인원을 모집했다(행 16:1-3). 처음에 바울은 자신의 랍비 지위를 이용하여 회당을 말씀의 단상으로 사용했다.² 그는 부차적인 방법으로 당시 순회 소피스트(Sophists) 교사들의 접근 방식과 방법을 사용하기도 했다. 바울은 자신의 로마 시민권과 사회적 지위를 활용하여 헬레니즘 사회의 엘리트 계층에도 들어갔다. 바울의 가족은 다소에서 로마 시민권을 취득했고, 그가 예루살렘에서 교육받을 수 있도록 경제적 지원도 했던 것으로 보인다. 이 두 가지는 모두 보유 재산과 공인된 사회적 지위를 요구하기 때문에, 바울의 가문은 비교적 부유했음이 틀림없다. 제국의 동부 지역에서는 사회 엘리트를 구성하는 이들이 주로 상업과 행정에 종사하는 계층이었고, 일부는 유대교와 회당에 더 호의적이었다. 바울은 일반적으로 이러한 기반을 통해서 메시지를 전하고 회심자를 얻어 그의 교회들을 설립했다.³

유대 랍비들이나 그리스 철학자들과 달리, 바울은 대부분 손수 일하여 자기 생계를 책임졌다.⁴ 그가 이렇게 한 것은 자신의 공동체에 부담을 주고 싶지 않았고 자신이 전하는 복음 메시지가 그들이 대가를 지불해야 하는 어떤 것이라는 암시를 전하고 싶지 않았기 때문이다. 그러므로 바울은 풀타임 선교사가 아니라, 주로 파트타임 선교사로서 자신

---

1 행 11:25, 30; 12:25; 13:7도 보라.
2 행 13:5, 14; 14:1; 17:1, 10, 17; 18:4, 19; 19:8.
3 행 16:15; 17:4-7, 12; 18:5-7; 롬 16:2, 4, 23; 빌 4:2-3; 몬 7절(참조. 22절). 또한 행 19:31; 빌 4:22도 보라.
4 살후 3:6-9; 고전 9:3-6; 행 18:3; 20:33-35. 참조. *m. Avot* 2:2; 3:21. 또한 Cicero, *De Officiis* 1.150도 보라. 참조. Dio Chrysostom, *Orationes* 3.123이하.

의 장사 일을 하면서 동시에 복음 전도와 목회 활동을 병행했다. 그는 부유한 사람들을 위해 여행에 필요한 텐트를 만들어 주는 천막장이였다. 대체로, 바울이 일을 하지 않은 시간은 그가 투옥 중이거나 여행 중일 때뿐이었다. 우리가 '풀타임' 사역이라 부르는 것을 바울이 하지 않았다는 사실은 그의 선교적 성과를 더욱 빛나게 한다.

재정 후원자들

동역자와 함께했던 초기 선교를 제외하더라도, 바울은 그의 복음적 비전에 헌신한 점점 더 많은 사람들과 함께 활동하는 것을 지속해 나갔다. 그의 서신들을 통해 우리는 40명에 이르는 사람들이 저마다의 시점에 그의 활동을 후원했다고 추산할 수 있다. 때때로 온 교회가 후원에 관련되기도 했지만, 바울은 그런 경우에는 대부분 도움받기를 거절했다. 후원자들은 환대와 재정적 지원을 통해 복음이 아직 닿지 않은 지역에 복음을 전파하는 사역을 바울이 수행할 수 있도록 도왔다. 그리고 바울이 당국과 충돌하거나 사역으로 인해 투옥될 때, 종종 그를 도와주기도 했다.

동료 사역자들

바울 서신들은 또한 그의 사역을 돕는 두 번째 범주의 사람들이 있었음을 알려 준다. 그의 동지 또는 동료 사역자들이다. 이들 중 다수는 지역 교회와 바울 사이를 왕래하며 때로는 바울에게 보조금을 전달하거나(빌 4:18) 그가 세운 교회들의 안부를 전하거나[5] 그의 도움을 요청하

---

5   고전 16:17-18; 골 1:7-8; 4:12.

는(고전 1:11) 등 특별한 용건을 전하기도 하고 때로는 그들이 떠나온 교회의 사람들에게 돌아가 섬기기도 했다(빌 2:25-30). 또 다른 사람들은 어느 정도 상시적인 바울 사단의 일행으로, 비서 업무나(롬 16:22) 의료진으로서(골 4:14) 그를 수행하거나 지역 교회에서 바울이 할 수 없었던 특별한 임무를 수행했다. 바울의 서신들이나 구두 메시지를 전달하거나[6] 예루살렘의 가난한 자들을 위한 모금 활동을 감독하는 일[7] 등이 그런 임무였다. 바울이 혼자서 여러 상황에 대처해야만 할 때도 있었지만, 대부분 그의 주위에는 일단의 동료 사역자들이 있었다. 주로 각 지역에 고정되어 있던 바울의 후원자들과는 대조적으로, 이들 동료 사역자들은 일시적으로 또는 지속적으로 바울과 여행하며 능동적으로 사역에 참여했다.

민족 구분, 계층 구분, 성별 구분

우리는 이미 앞에서 바울 공동체에 대해 살펴보았지만, 이제 민족 구성, 계층 구성, 성별 구성이 그의 선교 사역에 어떤 방식으로 영향을 끼쳤는지를 살펴볼 수 있다.

유대인과 이방인

바울의 후원자로 언급되는 40여 명의 사람 중에서, 그리스보(행 18:8)처럼 이름이 명확히 언급된 유대인 그리스도인은 한두 명에 불과하다. 그

---

6   살전 3:6; 고전 4:17; 고후 7:6-15; 빌 2:19-23; 골 4:7-9; 엡 6:21-22.
7   고전 16:3; 고후 8:16-23.

러나 그의 여행 동료 대부분은 기독교로 개종한 유대인 회심자들이었다. 사도행전에 따르면, 바울은 이방인 선교를 바나바와 그의 사촌 마가와 더불어 시작한다. 이 세 사람은 모두 디아스포라 유대인이었고, 특히 바나바와 마가는 키프로스 출신이다(행 4:36; 골 4:10). 바나바와 갈라선 후, 바울은 예루살렘 교회의 특출한 구성원이었던 실라를 택했다(행 15:22, 40). 이 두 번째 여행에서 바울은, 비록 부친은 그리스인이지만 유대인 모친이 양육한 디모데를 합류시킨다(행 16:1). 고린도에서는 아굴라와 브리스가의 합류로 팀이 확장되었다. 아굴라는 본도(Pontus) 출신이며, 브리스가는 아마도 로마 출신이었을 것이다(행 18:1-2). 바울의 세 번째 선교 여행에서는 고린도 시의 재무 담당이며 완전한 이방인인 에라스도가 처음으로(두 번째 여행 중 드로아에서 합류한 누가를 최초의 이방인으로 보지 않는다면, 행 16:10) 언급된다.[8] 바울의 '동역자들' 가운데 누기오, 야손, 소시바더(롬 16:21)는 유대인이었으며 아마도 소스데네와 유스도라 하는 예수(고전 1:1) 역시 유대인이었을 것이다. 아리스다고도 마찬가지였다(골 4:10).

이 지점부터는 바울과 함께 여행한 사람들의 민족적 기원을 밝히기가 점점 어려워진다. 에베소에서 함께한 가이오(행 19:29), 마케도니아를 거쳐 돌아오는 여행길에서 함께한 소바더, 세군도, 두기고, 또 다른 가이오, 드로비모(행 20:4) 등이 그들이다. 그 밖에도 민족을 구별하기 어려운 사람들이 바울 서신 여러 곳에서 언급된다.

바울의 선교팀 구성이 유대인 그리스도인에 편중되어 있었다는 사실은, 골로새서에서 바울이 아리스다고와 마가와 유스도라 하는 예수에

---

8 행 19:22; 참조. 롬 16:23.

대해 "하나님의 나라를 위하여 함께 역사하는 자들" 중 이들만이 할례파라고 애석해하며 이들을 인정하는 장면에 반영되어 있다(골 4:10-11). 그러나 선교 초기에 유대인 그리스도인이 우세했다고 해서 이방인들, 특히 디도와[9] 두기고의[10] 중요한 참여를 간과해서는 안 된다. 흥미롭게도 사역에 가장 적극적이었던 세 사람은 유대인 실라, 반은 유대인이고 반은 그리스인인 디모데, 그리스인 디도다. 선교 사역이 진행됨에 따라 사역에 참여한 이방인 회심자의 비율이 증가한 점은 이미 언급했다.

종들

바울과 동행한 이들 중에 종들도 있었을까? 단 한 가지 사례에서 우리는 그런 일이 있었음을 확신할 수 있다. 즉, 달아난 종 오네시모의 그 유명한 예다.[11] 결국 바울은 그를 주인 빌레몬에게 돌려보내지만, 어디에서도 바울은 오네시모의 존재가 부적합하다고 표현하지 않는다. 게다가 로마법으로는 주인에게서 달아난 오네시모와 그를 받아들인 바울이 모두 정당함을 인정받는다.[12] 빌레몬서에서, 바울은 분명히 오네시모를 돌려보내기를 바라며(몬 13절), 심지어 빌레몬이 오네시모를 풀어 주어 바울을 돕게 할 수 있다는 암시도 있다(21절).

생각해 보면 이것은 흥미로운 지점이 있다. 여러 면에서 바울 선교의 가장 뜻밖인 측면은, 그와 동행하면서 사역의 조직적 측면을 돌볼 종들이 없었다는 것이다. 바울의 서신들과 사도행전이 알려 주는 바에 따르

---

9   갈 2:1-5; 고후 2:12-13; 7:6, 13; 8:6, 16, 18, 23; 12:18.
10   행 20:4; 골 4:7; 엡 6:21.
11   골 4:8-9; 몬 10절 이하.
12   Proclus, *Digest* 21.1.17.4.

면, 바울은 자기 가문의 배경과 로마 시민권 덕에 어느 정도 지위를 인정받았고 보통 긴 여행길에 종들을 대동하고 다녔으리라고 예상되는 신분의 사람이었다.

여성

바울의 1, 2차 선교 여행은 모두 남성인 팀으로 시작한다. 바울이 아시아에서 마케도니아로 건너간 후에야, 비로소 여자들이 유의미한 방식으로 이야기에 등장한다. 로마의 식민지 빌립보에는 회당이 없었던 것으로 보이는데 이곳에서 바울과 그의 동료들은 기도하려고 모인 유대인과 "하나님을 섬기는" 이방인을 찾아냈다. 이 결과로, 상업 활동에 종사하는 두아디라 출신의 여자 루디아가 자신의 권속과 더불어 회심한다(행 16:13-15). 루디아는 자신의 집을 개방해 바울과 그의 조력자들에게 제공했고, 집주인으로서 새로운 교회의 주최자가 되었다(16:40). 이때부터 우리는 바울의 사역에 그리스 "귀부인"들이 따랐다는 언급을 종종 발견한다. 데살로니가에서(행 17:4), 베뢰아에서(17:12), 아테네에서(17:34)의 경우가 그 예들이다.

고린도에서 바울은 자신의 사역에 중요한 역할을 하게 될 아굴라와 브리스가(혹은 다소 비공식적 호칭인 브리스길라)를 알게 되었다(행 18:1-3). 앞에서 언급한 바와 같이, 바울과 특히 누가는 대개 브리스길라를 먼저 언급하는데 이는 아마도 그녀의 신분이 남편보다 높았기 때문일 것이다.[13] 그녀는 심지어 로마의 귀족 사회에서 유력한 집안인 아킬리우스 가문(*gens Acilia*)에서 출생했을 가능성이 있다. 브리스길라는 가사에만

---

13 행 18:18, 26; 롬 16:3.

매여 있지 않고 남편과 함께 가업에도 참여했다. 에베소와 로마에서의 그들의 후기 활동을 보면(고전 16:19; 롬 16:3), 그들은 고린도에 갓 설립된 교회 중 한 곳의 집주인이었던 것 같다. 바울이 아시아로 돌아왔을 때, 그들은 바울의 선교에 "동역자들"의 자격으로 동행했다.[14] 이때부터 바울의 선교 무리는 남자뿐 아니라 여자도 포함하게 된다. 에베소에서 순회 전도자였던 유대인 그리스도인(아볼로)의 가르침에 어떤 결함이 발견되자, 브리스길라와 아굴라(여기서 다시 그녀의 이름이 먼저 나온다)는 아볼로의 가르침을 바로잡는 일을 한다(행 18:26). 이 부부는 로마서 마지막 부분의 인사말에 다시 등장하는데, 바울뿐 아니라 "이방인의 모든 교회도 그들에게 감사"한다고 묘사된다(롬 16:4).

바울의 동역자였던 다른 여성들도 많이 있다. 예를 들어, 마리아는 로마의 성도 중에서 많이 "수고한" 여성이었다(롬 16:6). 다른 곳에서 바울은 "수고하는…사람"이라는 용어를 "함께 일하[는 사람]"과 엮어서 사용하기도 하고(고전 16:16) 자신의 사도적 사역을 묘사하는 데에도 사용하기 때문에,[15] 이 마리아는 독립적으로 기독교 선교에 참여했을지도 모른다. 이와 유사하게 로마에서 함께한 다른 두 여성은 "주 안에서 수고한 드루배나와 드루보사"다(롬 16:12). 그리고 이 안부 목록의 첫머리에서 바울은 "자매" 뵈뵈를 추천하면서, 그녀가 "여러 사람과 나의 보호자가 되었"다고 말한다(16:2). 로마서의 이 목록 외에도 바울은 그의 다른 동역자들과 더불어 복음에 그와 "함께 힘쓰던" 두 빌립보 여성 유오디아와 순두게를 언급한다(빌 4:2-4). 마리아, 드루배나, 드루보사(그리고 아마 유오

---

14 행 18:18; 참조. 롬 16:3.
15 갈 4:11; 빌 2:16; 골 2:29.

디아와 순두게)는 비혼 여성 또는 과부로서 특정 지역에서 선교의 '일꾼들'로 활동한 사례들이다. 유니아(롬 16:7)는 여성 사도다(모든 초기 주석가들이 그 구절을 그렇게 해석했다). 아마도 문화적인 이유로, 여성들이 바울의 선교 기구에서 남성들만큼 눈에 띄는 위치를 점유하지는 못했다고 할지라도, 여전히 여성들은 그 안에서 중요한 역할을 했으며 초기 기독교가 팽창하던 시기에 복음의 확산에 의미 있는 기여를 했다.

당시 사회적 배경에서 본 바울의 관행

유대인과 비유대인들은 일상생활의 다양한 영역에서, 특별히 더 헬라화된 상류 계층에서는 더욱 서로 영향을 끼쳤음에도 불구하고, 종교를 권하거나 공동체를 형성하는 부분에서 협력했다는 실제적 전례는 없는 것 같다. 앞에서 우리는 신비 종교들이 본고장의 시민들뿐 아니라 타문화 출신 신봉사들을 통해서도 전파되있음을 살펴보았다. 그러나 이 진파를 위해 다양한 종교적, 민족적 배경을 가진 동료들이 팀을 이루어 활동했는지는 알 수 없다.

유일한 예외를 제외하고, 다른 순회 교사나 마술사들은 종을 대동하지 않고는 여행을 다니지 않았다. 예를 들어, 바울과 동시대 사람인 티아나의 아폴로니우스는 여러 가지 비서 업무와 실제적 업무를 위해 고용한 종들을 대동하고 다녔다. 이 관행의 유일한 예외는 종을 대동하지 않고 여행하는 것을 자랑스럽게 여긴 견유학파들이다.[16]

여성의 참여에 관한 한, 미쉬나(Mishnah)를 집성한 후기 랍비들은 이

16　Philostratus, *Vita Apollonii* 1.18. 그러나 Epictetus, *Dissertationes* 4.22, 45-47를 보라.

문제를 매우 간단히 처리했다. 여성은 어떤 실질적인 공적 활동에도 참여하지 못하도록 금한 것이다. 이러한 태도는 초기 유대 저술들에도 반영되어 있다. 특히 미혼 여성은 집의 울타리 안에 머물고 밖으로 나가지 않도록 권고 받았다.[17] 기혼 여성은 외출 시 몸을 모두 가려서 밖에서 만나는 사람들에게 드러나지 않도록 해야 했다. 이를 어기면 남편은 그 여자와 반드시 이혼해야 했다.[18] 랍비 마이어(Meir)의 딸 베루리아(Beruriah)는 악명 높은 예외였지만, 공개적으로 다른 사람과 대화하는 것 또한 눈살을 찌푸리게 하는 일이었다(요 4:27). 더 엄격한 관습이 널리 전파된 것은 주후 70년 이후이지만, '여자와는 대화를 많이 하지 말라'는 원칙은 이미 주전 150년경에 선포되었다. 이 원칙이 심지어 자기 아내에게도 적용되었다면, 하물며 다른 사람의 아내와 대화하는 것에는 더 엄격히 적용되지 않았겠는가!"[19]

여성이 모임에 참석하는 것과 관련하여, 필론은 다음과 같이 쓴다. "시장, 공회, 법정, 집회, 많은 사람이 모이는 모임 등, 짧게 말해 토론과 행동을 포함하는 모든 공공 생활은 전쟁 때나 평화로울 때나 남자에게만 허락된다. 여자들은 집안에 머무르며 칩거하는 것이 바람직하고, 어린 소녀들은 중간 문까지(남자들의 숙소로 통하는), 결혼한 여자들은 바깥 문까지만 출입이 제한된다."[20] 복음서는 여자들이 낯선 사람과 대화하지 않는 관습이 있었다고 전하지만[21] 유대인 마을에서 여자들은 생산 과정

---

17 Philo, *Against Flaccus* 11, 89. 참조. Ecclus. 42:11-12; 2 Macc. 3:19; *3 Macc.* 1:18-19.
18 *m. Ketub.* 7.6.
19 *m. Avot.* 1.5. 참조. Ecclus. 9:9.
20 Philo, *On the Special Laws* 3.169.
21 눅 1:39-40; 8:19-21, 43; 요 4:7. *m. Ketub.* 1.10; *m. Yevam.* 15:2; *m. Ed.* 1.12, 그러나 요 4:27을 보라.

에서뿐 아니라 판매의 영역에서도 남편의 직업이나 기술을 보조해야 하는 경우가 흔했다.[22] 복음서는 또한 여성들이 때때로 성전에서 예언했고, 예루살렘 지역을 자유로이 돌아다녔으며, (예수님의 존재가 비전통적 행동을 유발하지 않았다면) 방문 교사들을 초대해서 가르침을 받기도 했다고 알려 준다.[23] 그들이 시골에서 예수님을 좇은 것은 전혀 놀라운 일이 아니었다(마 20:20; 눅 8:1-3). 특별히 농촌 지역에서 여자들은 이곳저곳으로 움직이며, 들에서 일손을 돕고, 마을 우물에서 물을 길어오기도 하며, 문간에서 물건을 팔고, 식탁에서 시중을 들었으며, 옷차림에 관한 도시의 엄격한 예법에 덜 얽매였다. 귀족 사회에서는 더 많은 자유가 허용되었다(예를 들면, 마 14:6). 1세기 중반의 관행은 확실히 더 자유로웠고, 후기 랍비 문서들이 시사하는 것보다 덜 획일적이었다.

여성의 공적인 역할에 관한 그리스의 일반적인 태도도 별반 다르지 않았다. 전통적으로 여자들은 정치 생활을 할 수 있는 자격이 주어지지 않았으며, 딸들은 결혼할 때까지 보통 집안에서만 생활해야 했다.[24] 그러나 분명히 딸들도 축제와 장례식 등에 참석했으며, 기혼 여성들은 시민 연설장이나 종교 예식에 참석했고, 물건을 사거나 산책을 다녔다.[25] 하지만 도덕이나 여타의 문제들에 대한 토론은 주로 남자들의 소일거리여서 여성들은 일반적으로 배제되었다. 남편의 손님이 찾아올 경우 아내는 자신의 거처로 물러나곤 했는데, 이는 이런 활동에 공개적으로 참여하는

---

22   *m. Ketub.* 9.4.
23   눅 2:36-38; 4:39; 10:38-42; 11:27-28; 요 11:20; 12:2.
24   Xenophon, *Oeconomicus* 8.10.
25   Aristophanes, *Ranae (Frogs)* 1346-1351.

것이 매춘부(hetairai)들뿐이었기 때문이다.[26] 그러나 사도행전이 보여 주듯, 적어도 고린도와 같은 곳에서는 여자들도 상업 활동에 참여할 수 있었고, 한 지방에서 다른 지방으로 자유로이 이동할 수 있었다(행 18:3). 로마인은 이러한 제약들이 적용되지 않았다. 물론 아내들은 여러 사람 앞에서 남편을 지지하고 모욕을 주지 않아야 하는 것이 통례였다.[27] 이 점은 다른 지역, 특히 그리스 동부 도시들에서도 마찬가지였을 것이다.[28]

로마와 동방에서는 여성이 공공 생활에 참여할 수 있는 기회가 더 많았다. 로마의 귀족 여성들은 그리스 귀족 여성들보다 자유롭게 공개적으로 돌아다닐 수 있었고, 도덕과 그 밖의 과목에 걸쳐 교육을 받을 수 있었으며, 여성 단체에 가입할 수도 있었다.[29] 몇몇 여인은 간접적으로 정치적인 일의 진행에 상당한 영향력을 행사했다.[30] 사도행전이 보여 주듯, 마케도니아의 경우 기혼 여성과 과부는 그들이 태어난 도시의 안과 밖 모두에서 공개적으로 상업 활동에 참여했다(행 16:14-15). 간혹 몇몇 여성은 특별히 영예롭게 완전한 시민권을 수여받기도 했다. 그들은 또한 종종 재판 과정을 사주할 수도 있었고, 어떤 지역에서는 심지어 치안 판사가 될 수도 있었다. 매우 이례적인 사례이긴 하지만, 순회를 다니는 철학자나 교사/영매자와 동행했던 여성들에 대한 두 가지 사례도 전해진다.[31]

---

26 Sallust, *Bellum Catilinae* 23.3이하; 28.2.
27 Plutarch, *Conjugalia praeccepta* 19, 32, 48. Seneca, *Ad Helviam* 17.2-5.
28 참조. 롬 16:1; 행 18:26.
29 Livy, *Ab urbe condita* 3.44이하. Pliny, *Epistulae* 4.19.1-5(참조. Plutarch, *De Pompeio* 55.1). Ovid, *Ars Amatoria* 3.634-642.
30 예를 들면, Sallust, *Bellum Catilinae* 24.3; 25.5. Tacitus, *Annales* 1.3-14.
31 Diogenes Laertius, *Vitae philosophorum* 6.96 (Crates와 Hipparchia). 믿을 만하다면, Justin Martyr, *First Apology* 26 (Simon Magus와 Helena).

결론

바울의 선교팀은, 그가 세운 교회의 구성과 마찬가지로, 당시 다양하게 얽혀 들던 민족적·사회적·성별적 상호작용에 부분적으로는 도전하고, 부분적으로는 이를 반영하고, 부분적으로는 확장시켰다. 적어도 헬레니즘 사회에서는 바울이 명백하게 종들을 대동하지 않은 것도 흔치 않은 일이었지만, 그의 동료들이 유대인과 이방인으로 구성된 것은 그의 가장 모험적인 실천이었던 것으로 여겨진다. 우리는 바울의 선교가 발전하는 가운데, 특히 마케도니아와 로마에서 여자들이 현저한 역할을 했다는 충분한 증거를 가지고 있다. 이는 그러한 영역에서 여성이 누린 더 큰 자유를 반영하기도 하지만, 허용된 범위 안에서 실행한 바울의 융통성을 입증하는 것이기도 하다. 그의 접근법은 종교적 활동에서는 당대의 유례를 거의 찾아볼 수 없는 위치까지 여성의 지위를 상승시켰다.

Paul's Idea of
Community

16
선교 팀과 교회의 연계

바울의 사역은 그가 세우고 양육한 공동체들과 연결되어 있었지만, 그 자체의 생명력을 가진 독립적인 실체였다. 바울의 공동체들 또한 그의 사역과 연결되어 있었음에도, 바울에게 밀접하게 의존하지 않으려는 경향이 있었다. 이 두 실체 사이의 관계를 이해하기에 가장 좋은 범주는 지배와 종속이 아니라 양방향 통행을 포함하는 서로 간 상호 의존성이다. 이를 더 자세히 정의하는 과정에서, 바울의 선교와 교회들이 여러 의미 있는 영역에서 분명한 차이가 있음을 알 수 있다. 이제 이러한 차이들의 정확한 속성을 좌표에 표시할 수 있을 것이다.

언뜻 보기에 바울의 선교 팀의 구조는 그가 세운 교회들의 구조와 어떤 **유사점들**이 있다. 예를 들면,

1. 사역에 참여한 사람들에 대해 집중적으로 사용한 가족 용어들. 즉 아버지(빌 2:22), 아들(몬 10절), 형제,[1] 자매(롬 16:1; 몬 2절).

---

1 살전 3:2; 고전 1:1; 16:12, 20; 고후 1:1; 2:13; 8:18, 22, 23; 빌 2:25; 4:21; 골 1:1; 4:7-9;

2. 그룹 가운데 눈에 띄게 나타나는 은사와 사역들. 즉 사도(갈 1:1),[2] 선지자(행 15:32), 복음 전파(고후 8:18, 20), 섬김(고후 8:20), 병 고침(행 28:8-9).
3. 구성원들 사이에 존재하는 강한 평등주의적 분위기. 이런 분위기는 바울이 구성원들을 동역자,[3] 함께 군사 된 자(빌 2:25; 몬 2절), 함께 종이 된 자(골 4:7) 등으로 지칭하는 방식에서, 그리고 유대인과 이방인, 남자와 여자, 종과 자유인 등으로 대표되는 사람들의 유형에서 나타난다.

그러나 이런 유사점들과 함께, 사역과 교회들 사이에는 몇 가지 실제적 **차이점**도 존재한다.

바울의 선교와 그의 교회들의 차이점

특성

바울의 선교 사업팀은 특화된 성격을 지니고 있다. 선교 팀은 특수하고 한정된 목적을 위해서 존재한다. 교회들과 달리, 선교 팀의 기반은 예수님의 죽음과 부활 그리고 성령의 열매와 은사들에만 있는 것이 아니다. 또한 선교 팀의 목표는 기본적으로 구성원들을 공동의 생활 안에 단단히 정착시키는 것이 아니다. 교회의 지체들처럼, 바울 선교 팀의 구성원들도 은사를 사용하고 성숙을 개발한다. 그러나 둘 사이에는 차이점도

몬 1, 20절; 엡 6:21.
2   고후 8:23; 롬 16:7.
3   고전 3:9; 16:16; 고후 8:23; 롬 16:3, 9, 21; 빌 2:25; 골 4:11; 몬 1절.

있다. 바울의 선교는 지역적이지 않고 순회적이며, 모이기보다는 가는 것으로 주로 성립된다. 끊임없이 이동 중이며 그 구성원들의 회집보다는 분산을 통해 그 자취가 더 많이 표시된다. 그렇다고 해서 선교에 참여한 이들이 교회 안에 있는 사람들과 유사한 방식으로 함께 나누지 못한다는 의미는 아니다. 그러나 이것이 선교 팀의 주된 목적은 아니었다.

기능

바울의 활동에 적용된 몸의 은유는 없다. 바울의 선교에 참여하는 이들은 기본적으로 공동생활에 참여하기보다(분명히 그렇게 하기도 했지만) 공동의 임무에 참여했다. '에르곤'(ergon, 일)이라는 표현은 선교에 대한 바울의 생각 대부분의 근저에 놓여 있다.[4] 구성원들은 내부 지향적이기보다는 더 타인 지향적이었다. 역설적으로 이런 성격 때문에 그들은 자신들이 설립한 공동체들보다 더 많이 '모든 것을 함께' 나누기도 했다. 예를 들어, 바울은 징사해서 빈 돈의 일부를 동역자들의 선교 사역을 지원하는 데 사용했고(행 20:34), 교회들로부터 받은 선물들도 같은 식으로 쓴 것 같다(빌 4:14-16). '사역'이란 모든 자원이 공동 출자된 일종의 이동식 공동체(mobile commune)로 볼 수도 있다. 그렇지만 교회와 달리, 그리스도 외에 선교의 가장 중요한 기준점은 바울 자신이었다. 바울의 동료들은 바울의 사도적 사역에 참여한다. 목적은 첫째가 복음 전파이고 그다음이 교회 설립이다. 반대로 교회의 목적은 첫째가 성숙한 공동체를 세우는 모임이고 그런 후에 흩어져 그들을 둘러싼 세계에 증거하는 것이다.

---

4   갈 6:4; 고전 3:13-15; 9:1; 16:10; 빌 2:30.

은사들

선교 사역에서 나타나는 은사들은 다양하지만, 바울의 교회에서 일어나는 은사들 중 어떤 것들은 선교와 관련이 덜하다. 선교에서 가장 중요한 은사는 동료 신자들보다는 외인들과 나눌 수 있는 은사들이다. 바울의 선교는 더 많은 은사가 **집중되었음**을 보여 준다. 바울의 수행단은 일반적 의사소통과 공동체 개발 분야의 전문가 집단으로 조직된다. 교육보다는 전도가 일차적인 임무다. 물론 다양한 곳에 교회가 세워짐에 따라 지체들을 교육하는 일도 일어나긴 했지만, 바울의 동역자들은 주로 믿는 자들의 공동체 바깥에서, 즉 강의실, 토론장, 시장뿐 아니라 자기 거처에서 자신의 은사를 사용했다.

권위

바울은 자신의 교회에 있는 어느 한 사람보다 자신의 선교 사역에 더 중점을 두었다. 그의 공동체에는 항상 지도력 있는 인물이 여럿 있었지만,[5] 궁극적으로는 온 회중이 공동체의 복지에 대한 책임을 갖고 있었다. 그의 사역에서 바울은 더 강력한 기준점이 된다. 그는 자신의 동역자들을 여러 활동에 참여하도록 어떤 지역에 보낼지 남겨 둘지 결정하는 사람이었고,[6] 선교가 나아갈 다음 단계를 대략적으로 구상하는 사람이었다. 바울의 권위가 인정되지 않은 분명한 두 예외는 시점에 관한 것이었다. 첫 번째는 1차 선교 여행 초기에 조력자였던 바울의 위치다. 마가가 그들의 여행에 동행해서는 안 된다는 바울의 주장을 바나바가

---

5   살전 5:12-13; 빌 1:1; 참조. 행 13:1-2.
6   살전 3:2; 고전 4:17; 고후 8:18이하; 빌 2:19, 23, 25, 28; 골 4:8-9; 몬 12절; 엡 6:22.

거절한 것(행 15:36-41)은 바울의 성숙에서 비롯되었으며, 결과적으로 두 개의 분리된 선교 팀이 세워졌다. 두 번째는 바울이 "형제들과 함께" 고린도를 방문할 것을 요청했을 때, 아볼로가 '당시에는 갈 뜻이 전혀 없었기 때문에' 거절한 경우다(고전 16:12). 아볼로는 독립적으로 복음 전도 활동을 했기 때문에 바울의 권위 아래 있지 않았다. 바울을 선교의 핵심 인물이 되게 한 더 중요한 요소는 그가 동료들의 자발적 협력을 구한 방식이다. 이것은 고린도 성도들에게 보내는 감탄문에 아름답게 나타난다. "너희를 위하여 같은 간절함을 디도의 마음에도 주시는 하나님께 감사하노니 그가 권함을 받고 더욱 간절함으로 자원하여 너희에게 나아갔고."[7]

바울 교회들의 선교 참여

비록 이 책의 의도는 아니시반(이것을 제대로 다루려면 다른 책이 필요할 것이다), 바울의 공동체들이 자신들의 지역에서 전개한 선교 활동과 관련하여 해야 할 이야기가 있다. 교회의 목적 중 일부는 그들의 집회나 비공식적 모임 바깥에서의 삶과 증거를 위해 구성원들을 준비시키는 것이라고 이미 언급하였다. 누구나 각자의 은사와 상황에 따라 자신의 일상적 환경과 책임들에서 그리스도를 반영할 것을 장려했다. 이에 대한 언급은 바울의 저서 전반에 걸쳐 많이 발견된다. 믿지 않는 배우자와 관련해서든(고전 7:12-16) 공동체 구성원이 아닌 사람들을 포함하여 다른 사람들에게 환대를 제공하는 경우든(롬 12:20) 이 목적을 위해 그들의 가

---

7 고후 8:16, 17; 또한 고후 8:6; 9:5; 12:18; 빌 4:2도 보라.

정이 사용되었다는 것은 분명하다. 그들의 작업장에서는, 그것이 집 안에 있든 다른 주소지에 있든, 종들은 그들의 태도를 통해 주인들이 그들의 믿음의 헌신을 존중하게 만들라는 권면을 받았다(엡 6:5-6; 참조. 딛 2:9-10). 더 넓은 부류의 사람들을 접하는 어떤 상황에서든 그들은 자신의 기본적 신앙과 가치들을 적절한 방식으로 기꺼이 나눌 수 있어야 했다(골 4:5-6).

바울 교회의 지체들은 그의 선교에도 간접적인 방식으로 참여했다. 그들은 바울에게서 편지를 받았고, 그와 그의 동료들의 재방문을 환영했으며, 그들의 안녕을 위한 바울의 기도에 감사했고,[8] "그리스도의 이름을 부르는 곳에는 복음을 전하지 않기를 힘썼노니 이는 남의 터 위에 건축하지 아니하려 함이라"는[9] 바울의 포부에 고무되었다. 더 구체적인 방법으로, 그들은 바울의 개척 사역을 지지하고 추진하는 데 도움을 주었다. 그들은 이 일을 다음과 같은 방식으로 했다. (1) 재정 후원 전달(빌 4:14-16), 사역의 성공을 위한 기도,[10] 바울과의 연락 유지[11] 등을 통해, (2) 사역에 참여한 이들로부터 그곳에서 어떤 일이 있었는지 듣기 위해 **모임**으로써[12] 그리고 오해를 극복하기 위해 다른 교회에 대표자를 **파견함**으로써(행 15:1이하). 이러한 방법을 통해 그들은 사도의 선교 사역에 실질적으로 '참여했고' 그 선교 사역의 일원이 되었다. 이는 복음 전도 사역에 참여하는 모델을 제공해 준다. 따라서 교회와 선교는 각자의

---

8 살전 1:2이하; 살후 1:3이하; 3:1이하; 고전 1:4이하; 고후 1:3이하; 13:9; 롬 1:8이하; 빌 1:3이하; 골 1:3이하.
9 롬 15:20; 참조. 고후 10:13-16.
10 살전 5:25; 고후 1:11; 롬 15:30-32; 빌 1:19-20; 골 4:18; 엡 6:18-20.
11 고전 1:11; 7:1; 16:17-18; 빌 2:25; 4:18; 행 14:26; 18:22-23.
12 행 14:26; 18:22-23.

특별한 목적과 기능을 존중할 필요가 있었지만, 상호 의존적이었고 각자의 활동에서 서로 도왔다.

또 다른 방법은 지역 교회의 몇몇 지체들이 공동체의 격려를 받아 바울의 사역에 '동역자'와 '일꾼'으로 잠시 참여하는 것이었다. 스데바나와 그의 권속은 분명히 이 범주에 들어간다(고전 16:15). 빌레몬, 압비아, 아킵보도 마찬가지다(몬 1절). 이 때문에 바울이 에바브라를 "함께 종이 된 자"요, "일꾼"이라고 칭한 것이다(골 4:7; 4:12). 다른 예로는 한두 명의 지체들이 바울과 동행하여 다른 교회에 안부나 소식을 전하거나 재정적 지원을 대행한 것이 있다. 에바브로디도는 빌립보에 있는 공동체를 대신하여 이 임무를 수행했다. 바울은 그를 "함께 수고하고 함께 군사 된 자"이며 빌립보 성도들이 보낸 "사자"이며 "돕는 자"라고 묘사한다(빌 2:25). 또 다른 예로, 서신이 곧 신임장인 이들이 있는데, 이들은 바울이 "일"이라고도 부른 연보를 예루살렘까지 가져가는 것을 도왔다(고후 8:19).

바울은 이러한 사람들이 그들의 공동체에서 마땅한 존경을 받아야 한다고 주장한다. 이는 그들이 어떤 우월한 지위를 가지고 있어서가 아니라 그들이 유익한 섬김을 수행하고 있기 때문이다. 바울이 에바브로디도에 대해 말했듯이, "이와 같은 자들을 존귀히 여기라. 그가 그리스도의 일을 위하여 죽기에 이르러도 자기 목숨을 돌보지 아니한 것은 나를 섬기는 너희의 일에 부족함을 채우려 함이니라."[13] 우리는 여기서 공동체 내의 섬김에 대한 바울의 전체적인 접근 방식의 근저에 자리 잡은, 인정 원칙에 대한 더 깊은 적용을 발견한다.

---

13   빌 2:29-30; 참조. 고전 16:17-18; 고후 8:9; 골 4:13.

바울의 선교와 그의 교회들 사이의 상호관계

나중에 따로 논할 목회서신을 제외하고는 바울이 동역자들을 보낸 공동체에서 그 동역자들이 어떤 위치에 있었는지에 대한 충분한 증거를 찾을 수가 없다. 바울은 교회들에 이러한 사람들이 방문했을 때 정중하게 맞을 것을 지시한다. 그러나 바울이 그렇게 하는 것은 그들이 하는 일의 본질이나 특성 때문이지, 그들이 자신의 선교 조직에서 차지하는 위치나 교회 안에서 마땅히 맡았을 지위 때문이 아니다.

바울이 자신의 메시지를 상기시키기 위해 디모데를 고린도에 보낼 때, 디모데에게 그곳 교회에서의 위치가 자동적으로 보장되는 것은 아니었다. 바울은 고린도 성도들에게 디모데가 "나와 같이 주의 일을 힘쓰는 자"이므로 그들 가운데에서 "두려움 없이…있게" 하고 "그를 멸시하지 말"라고 권고해야 했다(고전 16:10-11). 디모데는 하나님이 그에게 완수하라고 맡기신 선교 사역을 수행하기 때문에 존중받아야 하는 것이다. 고린도 교회가 디도를 어떻게 영접했는지에 대해서는 분명하지 않지만, 결국 그의 사역에 적절한 존경으로 그를 영접했다는 소식을 듣고 바울의 마음은 "안심함을 얻었"다(고후 7:13-15).

유사하게, 두기고를 골로새 교회에 보내고, 디모데를 빌립보와 데살로니가 교회로 파송하며, 디도를 고린도 교회에 보낸 것 등은 바울의 동역자들이 했던 일시적 공동 선교를 보여 준다. 그들의 가치는 자신들이 맡은 임무에 대한 헌신과 그들의 사역을 근거로 판단된다. 바울은 고린도 성도들에게 디도가 자신의 "동료요 너희를 위한 나의 동역자"이며 "더욱 간절함으로 자원하여" 그들에게 갔다고 상기시킨다(고후 8:17, 23). 디모데에 대해 바울은 "뜻을 같이하여 너희 사정을 진실히 생각할

자가 이밖에 내게 없음이라"라고 말한다. "디모데의 연단을 너희가 아나니 자식이 아버지에게 함같이 나와 함께 복음을 위하여 수고하였느니라"라고 덧붙인다(빌 2:19-22).[14] 또한 바울은 두기고를 "사랑받는 형제요 신실한 일꾼이요 주 안에서 함께 종이 된 자"라고 하면서 "그를 특별히 너희에게 보내는 것"이라고 말한다(골 4:7-8).

바울은 그들에게 주어진 명예로운 위치에 대해 말하기보다, 그들이 자신에게 맡겨진 사역을 충성스럽게 수행하는 점을 일관성 있게 호소한다. 이 사람들이 지역 공동체를 방문하여 행사하는 권위는 그 공동체 안에서 가치 있는 기능을 수행하는 사람들의 권위와 같다.

바울의 선교와 다른 순회 활동들의 비교

일반적으로

우리는 바울의 선교 사역의 구조와 성격에 관한 논의를 종합하고, 이를 당시에 존재했던 다른 형태의 순회 활동과 비교할 수 있다. 여행은 비록 대부분 상업하는 이들과 부유한 자들에 의해서였지만 1세기에 상당히 널리 행해졌다. 우리는 이미 철학의 '선교사들'이 자신들의 사상을 보급하며 고대 세계를 두루 여행했음을 살펴보았다. 일부 스토아학파와 견유학파 철학자들은 역사적 전기에서 잘 그려졌고[15] 풍자 에세이에도 조소적으로 표현되었다.[16] 우리는 사도행전에서 유대인 마술사들이 디아스포라 유대인의 회당들을 돌아다닌 것을 볼 수 있다(행 19:13-15). 반면

---

14 참조. 살전 3:1-8.
15 예를 들면, Philostratus, *Vita Apollonii*.
16 예를 들면, Lucian, *Alexander the False Prophet*.

에 복음서는 바리새인들이 (개인적으로?) 육지와 바다를 여행하며 이방인 개종자를 얻었음을 말해 준다(마 23:15). 증빙할 만한 자료가 부족하기 때문에 이런 일이 얼마나 빈번히 발생했는지를 말하기는 어렵다. 그러나 이런 일들은 바울의 순회 사역에 대한 몇 가지 선례를 제공한다.

바울의 선교 조직의 규모나 그 주위에 형성된 복합적인 관계망에 비길 만한 것이 있었을까? 문헌에 따르면, 디오게네스와 같은 견유학파 철학자들은 주로 개인 교사의 자격으로 여러 지역을 여행했던 것 같다. '선지자' 알렉산더(Alexander)와 같은 일부 순회 교사들은 한 명의 동반자와만 여행했다. 다른 이들은 아폴로니우스처럼 일단의 무리와 여행을 했는데, 그 무리는 순수한 동료가 아니라 '제자들'과 한 명의 '서기' 그리고 한 명의 '비서'였다.[17] '소피스트들'은 자신이 제공하는 서비스에 대한 대가를 요구했는데, 이것은 바울이 일관성 있게 거절한 권한이다. 신약성경을 제외하면, 바리새인들이 디아스포라 지역에서 개종 활동을 했다는 어떤 증거도 없다. 복음서에 따르면 유대 지방 밖에서는 바리새인들이 보통 무리를 지어 등장한다.[18]

일반적으로, 바울이 후기 선교 여행에서 풀타임 및 파트타임 조력자들을 모집하여 때때로 그의 동역자 선교팀의 규모를 키운 점은, 당시 포교의 영역에서 비견할 만한 예를 찾을 수 없다. 또한 바울의 선교는 그것이 세운 공동체에게 사자(使者), 서신, 기도 등을 통해 지속적으로 친밀한 관계를 맺었고, 그 공동체들은 바울의 지속되는 선교 사역에 방

---

17 Dio Chrysostom, *Orationes* 8-9. Lucian, *Alexander the False Prophet* 6. Philostratus, *Vita Apollonii* 1.18; 4.37-38; 8.19, 21, 24(4.25와 42.31에 나오는 Demetrius는 원래 독립적이다)를 보라.
18 막 2:24; 3:6; 8:11; 10:2; 눅 5:17; 13:31; 15:2; 16:14; 17:20.

문, 서신, 선물, 기도를 통해 참여했다. 기존의 순회 활동에서는(그것이 종교적이든 철학적이든 간에) 볼 수 없었던 새로운 역동성이 여기서 작동하고 있었다.

특수한 경우

예루살렘의 가난한 성도들을 위해 이방인 교회들에 재정적 지원을 독려하고 모금하여 전달한 것은 바울 사역의 중요한 측면이다.[19] 이 점에 대해서는 면밀한 검토가 요구되는데, 왜냐하면 유대 사회의 다른 제도에 유례가 있는 듯하기 때문이다. 바울의 모금과 디아스포라 전역에 걸쳐서 유대인들이 해마다 납부한 성전세(마 17:24-27)의 유사점은 자주 거론되어 왔다. 광범위한 순회 활동, 모금과 납부를 감독하는 일단의 사람들의 조직, 구별된 종교적 중심지로서 예루살렘을 인정한 점 등은 양자가 일치한다.

그러나 현저한 차이점들도 있다. 예를 들어 바울의 모금은 독이한 기반을 지니고 있는데, 그것은 예루살렘에서 행해진 교회의 기초가 되는 설교에 대해 이방인 교회들이 감사하는 표시라는 점이다. 또한 이것은 연보에 유대인과 비유대인이 모두 참여하는 보편적인 사안이었다. 그에 더해서, 가난한 자의 궁핍을 경감하는 목적이 있으므로 사회적 차원을 갖는다. 이 모든 점 때문에, 바울의 모금은 법적이며 제의적인 성격을 띤 성전세와 구별된다. 이 둘 사이에는 또 다른 차이들도 있다. 하나는 자발적이고, 다른 하나는 강제적이다. 하나는 각 가정에서 모으지만, 다른 하나는 중앙의 모금 장소들에서 모은다. 하나는 구제에 지출하도록

---

19 고전 16:1-4; 고후 8-9장; 롬 15:24이하; 참조. 갈 2:8-10; 행 11:27-30.

예루살렘 공동체에 건네졌지만, 다른 하나는 성전 당국자들에게 바쳐졌다. 결국 이 두 모금 제도 사이에는 단지 일반적 유사점들만 남는다.

결론

우리는 '에클레시아'에 대한 바울의 개념이 1세기의 여타 자발적 조합의 개념과 차이가 있을 뿐만 아니라 '에르곤'에 대한 개념도 다르다는 것을 알 수 있다. 교회와 사역 이 두 가지는 추후 그리스도인들의 사고에서 자주 그랬던 것처럼, 서로 혼동되어서는 안 된다. 바울은 자신의 선교사 팀을 '에클레시아'로 보지 않고, 도리어 흩어져 있는 그리스도인 공동체들과 병존하는 것으로 여겼다. 오직 보조적인 방식으로만 지역 교회들 사이에 조직적 연결을 제공하여, 일종의 '교파'와 같은 좀 더 넓은 '에클레시아' 개념을 위한 기초를 마련한다. 바울의 선교 팀은 그들의 은사로 검증된 전문가들의 집단으로, 후원하는 여러 가정들과 공동체들의 지원을 받으며, 특별한 기능과 구조를 지닌다. 새로운 복음 전도 사역과 교회 개척 사역을 계속 진행하는 것과 함께, 바울의 사역체는 분명히 기존 그리스도인 공동체들과 상호 관계를 유지하고 있다. 바울의 사역체는 본질적으로 봉사 기구로서, 그 구성원들은 지역 공동체들과 구조적으로가 아니라 개인적으로 연결되어 있으며, 지역 공동체를 지배하고 규제하기보다는 발전시키기를 추구한다.

17

바울의 권위의 성격

이제 바울이 세운 교회들에서 바울 자신의 권위가 어떠했는지를 살펴 보자. 그 전에, 다른 세 집단에 대한 바울의 입장이 어떠했는지 짚어 보아야 한다. 그 집단들은 사도로서 바울이 이끌던 팀, 예루살렘에 있는 원 사도들(the Original Apostles), 끝으로 바울의 사역을 깎아내리려 했던 다른 '사도들'이다.

친밀한 동료들 사이에서 바울의 권위

우리는 이미 디모데나 디도 같은 동료들과 바울의 관계에 대해 논의했다. 의심할 여지 없이 바울은 자신의 사역 팀 안에서 가장 탁월한 위치에 있었고, 동지들의 활동에 영향을 미치는 결정에도 주된 책임을 지고 있었다. 그러나 그가 명령하면 그들은 그저 복종하는 것 같은 권위주의적 방식으로 그가 행한 것 같지는 않다. 바울은 그들 공동의 사역에 대해 자발적 동의나 때로는 대체로 합의하는 방법을 추구하는 성인들 간의 가족적 틀 안에서 자신의 권위를 행사했다.

이것은 유대교의 권위와 위임의 모형인 '샬리아흐'(shaliach, 공식 '사절' 또는 '대표') 제도와 얼마나 유사했는가? 이 용어 때문에 야기된 많은 토론은 그리스도에 의한 바울의 사명 위임 문제에 관한 것이다. 그러나 실제로 이것은 바울과 그의 동역자들 사이의 관계를 이해하는 데 더 적실성이 있다. '샬리아흐'는 결국 하나님이 아니라 사람들에 의해 사명을 위임받고 그들을 대신하여 임무를 수행하는 사람이었다.

'샬리아흐'란 말은 특별하고 제한된 임무를 수행하는 사자(messenger)라는 뜻이다. 그는 위임받은 사명의 범주 밖에서는 아무런 권위도 없으며, 단지 자신을 보낸 사람의 연장(extension)으로 간주된다.[1] 이 '샬리아흐' 제도는 보냄 받은 사람을 독립된 권한이 있는 사람으로 보지 않는다. 이는 바울의 보냄을 받아 그의 가르침을 교회에 전달한, 바울의 친밀한 동료들 또는 일시적 동역자들과 바울 사이의 관계에 대해 약간의 유사점을 제공한다.

이제 우리는 그들의 사역 가운데 이러한 면모를 좀 더 면밀히 살펴볼 것이다. 분명히 바울의 동역자들은 선교에 참여할 때 다른 기능들을 수행한다. 즉 하나님이 주신 개인의 은사를 따라, 그들 **자신의** 권한으로 수행하는 사역이 있었다. 바울은 사도로서 자신의 초기 사역에 관해 말하면서, 자신과 함께 그 동역자들을 언급함으로써 이 사실을 인정한다(고후 5:11이하). 다른 경우들에도 그는 복음의 진보와 교회의 성숙을 위해 행한 각 사람의 특별한 기여에 대해서 강조한다(고후 8:17). 아울러 그의 공동체들이 이 동역자들을 환영하고 그들이 자유롭게 공동체 안에

---

1 *m. Ber.* 5.5; *m. Git.* 3.6; 4.1; *m. Qidd.* 2.1; *m. Yoma.* 1.15; *m. B. Metz.* 1.3, 4; 2.2.

서 사역하도록 해 줄 것을 요청한다.[2] 그렇다고 해서 바울의 동료들이 방랑하는 견유학파 철학자들처럼 자의식적이고 과장된 권위를 주장했다거나,[3] 스토아학파 철학자들처럼 침묵을 통해 권위를 나타냈다는 말은 아니다. 그들은 바울에게 복종했는데, 그것은 의무적이라기보다는[4] 자발적인 복종이었다.[5] 바울 선교의 이러한 특징 역시 유대나 헬레니즘 사회에서 발견되는 포교 활동의 언어로는 쉽사리 이해할 수 없는 것이다.

원 사도들과 바울의 관계

때때로 바울의 선교와 겹쳤던 다른 사도들의 선교와의 관계에서 바울의 권위는 어떠했을까? 예를 들면, 베드로는 바울이 이방인에게로 부름을 받기 전에 '할례자를 위한 복음'을 위탁받았다(갈 2:7). 아볼로도 주로 유대인에게 집중했던 것 같다(행 18:24-28). 하지만 베드로와 아볼로도 바울 공동체들의 생활에 때때로 공헌했다. 바울이 자신이 세우지 않은 교회들을 방문했을 때의 행동을 보면 이를 알 수 있다. 그는 그 공동체 안에서 어떠한 특권이나 지위도 주장하지 않는다. 그곳에 개인적으로 아는 지체들이 있을 때에도 마찬가지다. 그는 그 공동체에 들어갈 특별한 권한을 가진 사람으로서가 아니라, 청중을 찾는 기품 있는 방문객으로 그 지체들에게 간다. 자신을 그들과 동등한 자로 여겼다. 그가 자신의 은사로 그들에게 유익을 끼친다면, 그들 또한 바울에게 유익을 끼칠

---

2 고전 16:10-11; 고후 8:22, 24; 빌 2:20-22, 25-28; 골 4:7, 12-13.
3 Epictetus, *Dissertationes* 3.22, 41이하.
4 참조. 고후 8:17.
5 참조. 고전 4:17; 빌 2:22.

수 있는 다른 은사들을 가지고 있다고 생각한다(롬 1:11-12). 그는 그들에게 어떤 것들을 말할 수 있는 충분한 '담대함'을 가지고 있더라도 그것을 "다시 생각나게" 하는 방식으로 전하는데, 이는 이방인의 사도라는 그의 일반적 사명(롬 15:15-16) 때문이며, 그는 그 한계를 특별히 의식하고 있다(고후 10:13-16).

바울은 자신의 교회들과 다른 사도들의 관계도 같은 시각에서 보는 것 같다. 예를 들면, 베드로와 아볼로가 함께 고린도를 방문한 것에 대해 바울은 기쁘게 그들의 사역을 승인하고 격려했다.[6] 하지만 그는 항상 공동체가 그러한 사람들의 공헌을 **시험하여** 바울이 처음에 놓은 기초에 반하는지 아닌지 점검해야 한다고 주장한다.[7] 이것은 방문객들이 하나님께서 주신 사명 이상으로 나아가는 것을 공동체가 허락해서는 안 된다는 그의 원칙과 일치한다(고후 10:15). 확실히 예루살렘의 원 사도들에게는 어떠한 특권적 지위도 부여되지 않았다. 다른 사람들은 원 사도들을 기독교 운동의 기둥으로 여겼을지라도, 바울은 그들의 지위에 전혀 개의치 않은 듯하다(갈 2:6, 9). 그는 이것이 교회들의 태도에 영향을 줄 것이라는 희망으로 기본적인 원칙들이 흔들릴 때 그들에게 이의를 제기하기도 한다(갈 2:4-20). 또한 그는 예루살렘의 믿는 자들을 위한 모금을 공동체들의 감사 표시로 간주하지, 예루살렘 교회에 대한 예속으로 간주하지 않는다.[8]

---

6   고전 3:5-9, 21-23; 16:12.
7   갈 1:9; 참조. 고전 4:10-15.
8   고후 9:11-13; 롬 15:26-27.

다른 '사도들'에 대한 바울의 태도

앞에서 언급한 사람들 외에, 바울의 교회들과 시간을 보낸 자칭 '사도들'이 있었다. 갈라디아와 고린도에서는 이러한 일이 혼란을 일으켰다. 바울이 보기에, 이 '사도들'은 진정한 사도가 아니고 거짓 사도들이었다. 그러므로 바울은 이 "거짓 사도"들을 심하게 경멸하거나(고후 11:13), 그들이 자신에게 주어진 사명의 경계를 뛰어넘어 아무 권한도 없는 지역 교회들에서 한 자리씩 차지한 '지극히 큰' 사도들이라고 비꼬듯 묘사한다(고후 12:11). 그러한 사람들은 "자기를 칭찬"하며(10:12, 18), "자기로써 자기를 비교"하고(10:12), "남의 수고를 가지고 분수 이상의 자랑을" 한다고(10:15) 그는 말한다. 그들은 다른 사람들이 자신들에 대하여 열심을 내게 하려고(갈 4:17), 스스로 높이고, 다른 사람들의 이익을 빼앗고, 그들을 잡아먹으며, 결과적으로 자신들이 섬겨야 할 사람들을 오히려 종으로 삼는나?

바울이 한두 번 자신의 권위에 대해 담대히 '자랑'하지만(고후 11:21), 그것은 자신이 그들의 주장을 능가할 수 있음을 보여 주기 위해 어쩔 수 없이 한 것이다(11:22이하). 그는 이런 자랑을 정말로 믿지는 않았으며(12:1), 드물게 자랑해야 할 때는 "마음으로 하지 않고 외모로 자랑하는 자들"(고후 5:12)과는 전혀 다른 이유를 제시하며 자신을 자천했다(고후 6:4). 바울은 반대자들의 접근을 철저히 거절했으며, 옳다 인정함을 받는 자는 자기를 칭찬하는 자가 아니라 "주께서 칭찬하시는 자"라고 주장했다(고후 10:18). 그가 무엇을 자랑한다면 그것은 그의 '약함'인데, 이

---

9 고후 1:12이하; 10:8; 11:1이하.

는 그가 자신의 개인적 기량이 아니라 "그리스도의 능력"이 드러나기를 바라서다(12:9). 그는 자신의 공동체들로부터 '이득을 취하는' 대신 (12:17), 예수님의 말씀이 뒷받침해 주는 때에도 마땅히 주장할 수 있는 권리를 포기했다(고전 9:14-15). 또한 자신을 '죽음에 넘겨주고'(고후 4:11), 그들을 위해 '환난 당했다'(1:6-7). 그에게 사는 것은 곧 "그리스도"이므로, "그리스도께서…나를 통하여 역사하신 것 외에는" 아무것도 감히 말하지 않았다(롬 15:18). 이 모든 것은 "우리는 우리를 전파하는 것이 아니라 오직 그리스도 예수의 주 되신 것과 또 예수를 위하여 우리가 너희의 종 된 것을 전파함이라"(고후 4:5)라고 한 그의 주장으로 요약된다. 이것이 그의 사역의 본질이며, 우리가 살펴보겠지만, 또한 그가 그의 교회들의 생활에 관여하는 기준이었다.

그의 교회들 안에서 바울의 권위

바울은 자신의 교회들에서 어떤 종류의 권위를 가졌을까? '권위'를 의미하는 '엑수시아'(exousia)라는 단어는 여기서 우리에게 큰 도움이 못 된다. 바울은 자신의 서신에서 이 어휘를 열두 번 이상은 쓰지 않았고, 많은 경우에 예수님의 명백한 명령이 뒷받침해 줄지라도 그 권위를 사용하지 않았다.[10] 그가 이 말을 적극적으로 언급한 경우가 꼭 두 번 있었는데, 그것은 고린도 교회의 거짓 사도들 때문에 선택의 여지가 없는 경우였다(고후 10:8; 13:10). 바울은 기본적으로 그가 세운 교회들에서 자신이 갖는 권위의 속성을, 법적 영역이나 정치적 영역, 심지어는 종교적

---

10 살전 2:6; 살후 3:9; 고전 9:4이하(3회), 12, 18; 그리고 특히 고전 9:12.

영역에서 가져온 유비를 통해 나타내기보다 가족 관계에서 가져온 용어들, 즉 그들을 낳은 "아버지"나 '어머니' 혹은 그들을 돌보는 "유모" 등의 표현을 통해 드러낸다.[11] 이러한 가족적 정서는 부모-아이 관계가 아니라 부모와 장성한 성인 자녀 사이의 관계에 기반을 둔다. 바울은 그 교회들이 생각하는 것과 행하는 것에서 성숙하게(장성한 데까지) 자라도록 끊임없이 격려한다.

바울은 **일**(work)이라는 단어에서 유래한 은유도 채택한다. 비록 앞에서 말한 바와 같이, '오이코노모스'(oikonomos, 청지기; 고전 4:1-5; 9:16-23)라는 용어가 가정의 환경에서 사용되긴 하지만, 이는 가정 밖의 상거래 상황에서도 사용된다. 이 단어가 언급되는 주요 분야는 일의 세계이며, 기술 보유자인 바울의 배경과 '에르곤'(ergon, 일)으로 묘사되는 그의 선교 사역, 둘 다와 연결된다. 청지기는 주로 종이었던 이들 중에서 차출되었기 때문에, 이는 바울이 자신을 주인이 아니라 종으로 내세우려고 하는 소망에도 들어맞는다. 바울은 이 단어를 사용함으로써 자신을 상위 계층의 권리를 가진 사람이 아니라 그리스도의 종과 교회의 종으로 표현할 수 있었다.

바울 공동체들이 처음 세워질 때(고전 4:15)와 마지막 날 그리스도 앞에 설 때[12] 바울의 근본적 역할을 고려하면 바울과 공동체들은 서로 떼어놓을 수 없는 불가분의 관계이지만 이 관계가 본질적으로 가부장적인 것은 아니다. 교회 생활의 초기에 사도의 책임은 회심자들이 하나님과 다른 지체들 안에 견고히 뿌리내리도록 하는 것이다. 하지만 바울은

---

11 고전 4:14-15; 참조. 고후 12:14; 살전 2:11(아버지); 갈 4:19(어머니); 살전2:7; 참조. 고전 3:2(유모).

12 살전 2:19; 참조. 고후 1:14; 빌 4:1.

처음부터, 비록 어떤 영역에서는 간헐적으로 자신의 도움이 필요하더라도, 그들이 성령 안에서 충분히 자급자족할 잠재력이 있음을 인식했다.[13] 데살로니가전서에서 그는 다음과 같이 인정한다. "형제 사랑에 관하여는 너희에게 쓸 것이 없음은 너희들 자신이 하나님의 가르치심을 받아 서로 사랑함이라. 너희가 온 마게도냐 모든 형제에 대하여 과연 이것을 행하도다"(살전 4:9-10). 바울이 그들에게 서로 사랑하기를 계속하라고 권면하는 것은 단지 그들의 안녕에 대한 지속적 관심을 표현하는 것이다. 그러나 그에 덧붙여, "형제들아, 자는 자들에 관하여는 너희가 알지 못함을 우리가 원하지 아니하노니"(살전 4:13이하)라고 이어 말하면서 그들에게 더 깊은 가르침이 필요한 새로운 주제를 시작한다. 그는 자신이 설립하지 않은 공동체에도 비슷하게 말할 수 있다. "그러나 내가 너희로 다시 생각나게 하려고 하나님께서 내게 주신 은혜로 말미암아 더욱 담대히 대략 너희에게 썼나니"(롬 15:15).

이 모든 것에서 두드러지는 점은, 자신의 공동체들이 더 깊은 안목을 갖도록 격려하거나, 잘못된 방향에서 돌이키도록 일깨우거나, 그들이 이미 알고 실행하는 것들을 단순히 환기시키는 바울의 방식이다. 그는 일반적으로 명령이나 교령(decree)보다는 권면과 호소의 방식을 사용한다. 단연코 가장 자주 쓰인 용어는 '파라칼레인'(*parakalein*), 즉 '권하다'이며, 그의 서신에서 23회 가량 나온다.[14] [이 어휘는 교회 밖의 사람들에게 복음을 전하는 상황에서 사용되는 '페이토'(*peithō*), 즉 '설득하다' 또는 '확신

---

13 살전 4:8; 갈 2:3-5; 고전 2:12-16; 롬 8:9-14.
14 예를 들면, 살전 2:11; 4:1, 10; 5:14; 살후 3:12; 고전 1:10; 4:16; 16:16; 고후 5:20; 6:1; 10:1; 13:11; 롬 12:1; 15:30; 16:17; 빌 4:2; 엡 4:1.

시키다'라는 용어와 유사하다.][15] 바울은 청중의 자발적 수용을 일관되게 추구한다. 그는 자신이 말해야 하는 것에 대해 그들이 전적으로 동의하고 헌신하는 것을 중요하게 생각한다. 종종 그는 이러한 결과를 얻기 위해, 단순히 그들에게 말하거나[16] 요구하기보다[17] 열정적으로 '권고'한다.

바울이 자신의 교훈에 대해 명령을 뜻하는 강한 어조의 '에피타게'(epitagē)라는 단어를 절대 쓰지 않았다는 점은 의미심장하다. 그는 이 단어의 명사형을 몇 번 썼는데, 단순히 자신의 의견을 제시하는 경우였으며, 동사형을 사용한 한 군데에서도 그렇게 말하기를 거절한다.[18] 그는 '지도하다'라는 의미의 '디아타쎄인'(diatassein)과 '지시하다' 또는 '명하다'라는 의미의 '파랑겔레인'(parangellein)을 종종 사용하는데, 어느 경우에도 법적인 방식으로 사용된 적은 없다. 첫째 용어는 바울이 자신의 교회들에 제공한 정규 지침을 나타낸다.[19] 둘째 용어도 거의 같은 의미로, '교훈'을 뜻한다(고전 11:17, 개역개정판은 '명하다'의 의미로 번역한다). 이 단어는 고린도인들에게 명한 한 번의 진술(고전 7:10) 외에 나머지 다섯 번은 데살로니가 교회와 관련 있으며, 그중 네 번은 한 단락에서 나온다.[20] 셋째 용어인 '엔톨레'(entolē, '명령' 또는 '교훈')는 고린도전서와[21] 데살로니가전후서에 나온다.[22]

바울이 오직 이 두 공동체와 갈라디아서에서 발생한 한 사건과 관련

---

15 고후 5:11; 참조. 행 13:43; 17:4; 18:4; 19:8, 26; 26:28; 28:23, 24.
16 갈 1:9; 5:2, 16; 고전 7:8, 12; 롬 12:3; 15:8; 빌 4:4; 골 2:4; 엡 4:17.
17 살전 4:1; 5:12; 살후 2:1; 엡 3:20.
18 고전 7:6, 25; 고후 8:8; 몬 8절.
19 고전 11:34; 16:1.
20 살후 3:4-12; 살전 4:11(참조. 4:2).
21 고전 7:19; 14:37.
22 한 번의 예외는 골 4:10이다.

해서만 가장 권위적인 어조를 채택했다는 점은 중요하다. 의미심장하게도 이들은 기본적인 가르침에서 심각하게 이탈한 공동체들이다. 바울은 이 지체들이 정신을 차리도록 가능한 한 가장 강한 언어를 사용한다. 이 중에서 가장 극적인 예가 고린도전서에서 바울이 "내가 너희에게 편지하는 이 글이 주의 명령인 줄 알라"(고전 14:37)라고 통명스럽게 말한 부분이다. 그러나 여기서조차 그는 그들이 이것을 '알고' 또 '깨닫기를' 바란다(고전 14:37-38). 그렇게 하지 못한다고 해서 그 결과로 공동체에서 강제로 배제되는 것은 아니고, 단지 사람들로부터 인정받지 못한다. 또한 바울이 데살로니가 성도들에게 "[이를] 저버리는 자는 사람을 저버림이 아니요…하나님을 저버림이니라"(살전 4:8)라고 강하게 경고한 것도 비교해 보라. 왜냐하면 '이'는 "주 예수로 말미암아" 주어진 명령을 가리키기 때문이다. "하나님"은 "너희에게 그의 성령을 주신" 분이라고 그가 상기시키는 것은 다시 한번 이 진술이 자명한 진실임을 알려 준다.

이상의 것들은 바울의 일반적인 접근 방식에 어긋나는 표현이다. 바울은 명령을 내리는 대신 동의를 구한다. 성숙한 자세를 보여 주는 교회들에 쓴 그의 편지들은 상이한 분위기를 나타낸다. 빌립보서가 훌륭한 예다. 이 서신에는 비록 다양한 충고가 포함되지만, 고린도전서나 데살로니가후서에서 발견할 수 있는 강한 어조로 전달되지는 않는다. 그는 빌립보 성도들이 알고 실천하는 일을 다시 언급하면서, "같은 말을 쓰는 것이 내게는 수고로움이 없고 너희에게는 안전하니라"(빌 3:1)라고 말한다. 그의 다정한 편지인 빌레몬서도 비슷한 분위기를 표현한다. 즉 "내가 그리스도 안에서 아주 담대하게 네게 마땅한 일로 명할 수도 있으나, 도리어 사랑으로써 간구하노라"(몬 8-9절)라고 그는 말한다. 그의 담대한 명령의 표현조차도 어떤 공식적 권리보다는 그리스도 안에서 그가 누리게 된 새로운 자유에서 유래한다.

사안의 핵심

문제가 있는 공동체들에 말한 두 가지 표현이 바울이 견지했던 태도의 핵심을 밝혀 준다. 즉 그가 고린도 성도들에게 "우리가 너희 믿음을 [**위에서**(over)] 주관하려는 것이 아니요 오직 너희 기쁨을 [**함께**(with)] 돕는 자가 되려 함이니"(고후 1:24)라고 말한 것이 그 첫 번째다. 사도는 자신의 신령한 부르심과 여러 가지 은사와 교회를 세운 수고에도 불구하고, 공동체들 위에 군림하는 자리에 앉지 않는다. 이것을 거부하는 까닭은 자신이 아니라 그리스도께서 그들의 주인이시기 때문이다(고후 4:5). 그리스도께 복종하는 사람으로서, 바울은 그가 하는 모든 일 가운데 그의 공동체들과 **함께** 서 있다. 이것이 바로, 바울 자신이 교회에 속한 것이지 교회가 자신에게 속한 것이 아니라고 다른 곳에서 말한 이유다.[23] 그는 찬성, 권면, 교훈, 경계, 질책 등을 할 때, 공동체와 동떨어진 곳에 있는 자로서 하는 것이 아니라 그 공동체 안에 함께 선 자로서, 성령이 그 공동체의 다른 지체들에게 허락하신 은사들과 사역들에 둘러싸인 채로 하는 것이다. 거리상 떨어져 있을 때도, 그는 공동체의 지체들 가운데 그분의 영으로 함께하면서 동일하게 그들을 마음속에 그릴 수 있다(고전 5:3; 골 2:5). 이것을 표현하기 위해 바울은 끊임없이 '쉰'(syn-), 즉 '함께' 또는 '공동의'라는 의미의 접두어를 가진 새로운 복합어들을

---

23 고전 3:5-9.

만드는데, 이 단어들은 그가 공동체들과 교제하고 있음을 강조한다.[24] 바울은 그들의 약함과 강함, 싸움과 수고, 고난과 위로, 기도와 감사, 기쁨과 승리에서 자신을 그들과 동일시한다. 그들에게 말할 때, 그는 항상 그들 중의 한 사람으로서 말한다. 심지어 가장 통렬하게 말할 때조차 마찬가지다. 그래서 바울은 갈라디아 성도들에게 편지할 때, "형제들아, 내가 너희와 같이 되었은즉 너희도 나와 같이 되기를 구하노라"(갈 4:12)라고 말한다.

바울이 이런 식으로 자신의 공동체들과 자신을 동일시하는 데에는 의미심장한 이유가 있다. 우리에게 도움을 주시기 위해 가장 먼 길을 오신 그리스도께서 자신을 우리와 동일시하지 않으셨는가? 바울은, 하나님이 "죄로 말미암아 자기 아들을 죄 있는 육신의 모양으로 보내어 육신에 죄를 정하[셨다]"라고 기록한다(롬 8:3). 또한 그는, "하나님이 죄를 알지도 못하신 이를 우리를 대신하여 죄로 삼으신 것은 우리로 하여금 그 안에서 하나님의 의가 되게 하려 하심이라. 우리가 **하나님과 함께 일하는 자로서** 너희를 권하노니 하나님의 은혜를 헛되이 받지 말라"라고 말한다(고후 5:21-6:1, 저자 강조). 바울은 복음의 메시지를 이와 같은 관점에서 선포할 뿐만 아니라, 자신의 말과 행실을 통해 복음의 삶을 전함으로써 복음을 **구현한다**.

그리스도께서 인류와 자신을 동일시하신 것이, 바울이 그의 회심자들에게 말하는 방식에도 영향을 준다. 하나님이 힘을 행사하심으로써가 아니라, 오히려 십자가에서 '연약함'을 나타내 보이심으로써 사람들

---

24 고전 12:26; 롬 1:12; 15:32; 16:9, 21; 빌 1:7; 2:2, 17, 25; 3:17; 골 4:11; 엡 2:19, 21, 22; 3:6; 4:16.

을 자신에게 이끌고 계시기 때문이다(고전 1:20-24). 하나님의 약하심이 "사람[의 강함]보다 강하"다(고전 1:25). 그리스도의 겸손 때문에 바울은 자신의 독자들에게 고압적으로 명령할 수가 없었다. 그래서 그는 공동체들에 복음을 전할 때, "두려워하고 심히 떨"면서(고전 2:3) 복음을 전했고, 이는 실제로 "성령"과 "능력"을 드러냈다(2:4). 그는 "그리스도께서 약하심으로 십자가에 못 박히셨으나 하나님의 능력으로 살아 계시니 우리도 그 안에서 약하나 너희에게 대하여 하나님의 능력으로 그와 함께 살리라"라고 말한다(고후 13:4). 바울은 자신이 섬기도록 부름받은 교회들에 대한 자신의 권위를 그리스도의 죽음을 통해 이해한다.

Paul's Idea of
Community

바울의 영향력 행사

바울은 자신의 공동체들이 자신의 관점을 받아들이도록 설득함으로써 그 공동체에서의 권위를 표현한다. 그는 자신의 회심자들에게 강요하려 하지 않는다. 오히려 바울의 설득은, 자신이 그들에게 바라는 것은 오직 복음이 요구하는 것뿐임을 말과 본으로써 그들에게 납득시킬 수 있는 그의 역량에 근거한다.

권위와 자유의 관계

권위에 대한 바울의 접근은 자유에 대한 그의 이해와 별개로 전개되지 않았다. 그는 자신의 공동체들이 복음으로 말미암아 이미 자유를 경험하고 있다고 천명한다(갈 5:1, 13). 그는 이 자유 주위에 단계별로 선을 긋고서 그들이 점진적으로 자유를 확장해 나가도록 허락하는 방식을 택하지 않는다. 처음부터 그들의 자유는 그리스도 안에서 주어졌고(고후 3:3, 17), 사도의 임무는 그들이 그 자유의 온전한 너비와 길이와 높이를 발견하고 그릇된 자유를 분별하도록 돕는 것이다(고전 3:21-23). 이것이 바울의 가르침이 일반적으로 명령이나 교령보다는 오히려 호소와 권면의 말들로 표현되는 이유다. 심지어 수신자들을 아끼지 않고 벌하기 위해 '매'를 가지고 나아가겠다고 위협할 때조차, 바울이 그들에게 내미는 것은 바울 자신의 뜻에 복종하도록 강제하는 무언가가 아니라 **하나님의 말씀**의 '매'와 '처벌'과 '엄중함'이다(고후 10:3-6).

그는 어떤 상황에서도 그들에게 "사랑과 온유한 마음으로" 나아가기를 원했다.[1] 이것은 바울이 심한 조치를 취해야 하는 상황을 두려워하여 주저하고 멀리 떨어져 있었던 이유를 설명해 준다. 이는 고린도 성도들이 실제 문제를 인식하고 그에 따라 그들의 태도를 바꾸도록 시간을 준다. 그 결과 그의 계획은 변동이 심하다는 비난을 듣자 바울은 다음과 같이 대답한다. "내가 다시 고린도에 가지 아니한 것은 너희를 아끼려 함이라…내가 다시는 너희에게 근심 중에 나아가지 아니하기로 스스로 결심하였노니…내가 이같이 쓴 것은 내가 갈 때에 마땅히 나를 기쁘게 할 자로부터 도리어 근심을 얻을까 염려함이요, 또 너희 모두에 대한 나의 기쁨이 너희 모두의 기쁨인 줄 확신함이로라"(고후 1:23; 2:1, 3). 그는 다른 곳에서 그에게 "주께서 주신 권세"가 "너희를 무너뜨리려고 하신 것이 아니요, [너희를] 세우려고 하신 것"이라고 말한다.[2] 사람들이 그것의 참됨을 알고 그것을 받아들이지 않는다면, 바울의 견해에 순응한다고 할지라도 얻는 것은 아무것도 없다. 명목상의 순종은 그들의 이해나 삶 속에 어떤 진정한 성장도 만들어 내지 못한다.

권위에 대한 바울의 접근은 또 다른 면에서 자유에 대한 그의 견해

---

1 고전 4:21; 참조. 고후 10:3-6.
2 고후 10:8; 참조. 13:10.

와 관련된다. 앞서 보았듯이 그가 생각하는 자유는 어떤 것을 위하여 다른 어떤 것으로부터 독립하는 것을 수반한다. 이것은 그리스도께 의존하는 것을 통해서만 가능하며, 이는 자유가 다른 사람에게 복종하는 것을 포함한다는 것을 나타낸다. 자유는 또한 상호 의존을 포함하며, 이는 지체들 상호 간의 섬김을 낳는다는 것을 우리는 이미 살펴보았다. 이는 그리스도인의 자유의 자연스러운 표현이며 성숙에 이르는 유일한 환경이다. 이러한 관점에서 우리는 바울 서신에 나오는 순종에 대한 몇몇 언급을 제대로 이해할 수 있다.

바울은 빌립보 성도들에게 "너희가 나 있을 때뿐 아니라 더욱 지금 나 없을 때에도 항상 복종하[라]"라고 요청한다(빌 2:12). 이것은 일면 하나님의 일로 보일 수 있지만 다른 한편으로는 그들 자신의 일로 볼 수 있다. 바울은 여기서 자신에게가 아니라 복음에 순종할 것을 요구한다. 왜냐하면 그들에게 "두렵고 떨림으로 [그들 자신의] 구원을 이루라"라고 요구하는 것이 복음이기 때문이다(빌 2:12). 바울은 데살로니가 성도들이 복음을 "사람의 말로 받지 아니하고 하나님의 말씀으로 받음이니 진실로 그러하도다"라고 말함으로써(살전 2:13), 이 사실을 더 분명히 한다. 유사하게, 그가 '이방인들로부터' 얻어 낸 순종(이것은 로마서에서 여러 번 언급된다) 역시 그 대상은 "그리스도의 복음"이다.[3] (디도가 그들을 방문한 결과로 나타난) 고린도 성도들의 순종은 이제 그들이 '믿음에 견고히 서도록' 해 주었다(고후 1:24). 바울은 고린도 성도들이 범사에 순종하는지 알기 위하여 그들에게 편지를 쓰고,[4] 데살로니가 성도들에게 "이

---

3 롬 15:18; 참조. 1:5; 16:17-19, 26.
4 고후 2:9; 참조. 10:6.

편지에 한 우리 말을 순종"하라고 요구하며,[5] 빌레몬에게는 그가 "순종할 것을 확신"한다고 자신의 의향을 드러낸다(몬 21절). 이것은 기본적으로 그들이 아는 것을 기억하라는 요청이며 그들이 성령을 소유하고 있다는 인식을 수반한다.[6] 그가 이미 표현했든지 아직 전달하지 않았든지, 그가 말하는 모든 것은 그들의 공동체가 놓여 있는 기초에 뿌리를 두고 있다. 갈등의 문제가 일어날 때, 그는 공동체 전체의 주의를 그 공동의 출발점으로 이끌어 해당 특정 이슈에 대한 결과를 추적함으로써 그것을 다룬다.[7]

궁극적 권위로서의 복음

이는 우리를 문제의 핵심으로 이끈다. 그리스도인 개인과 그들의 공동체와 심지어 사도 자신까지도 복종해야 할 궁극적 권위는 무엇인가? 이것은 다름 아닌 '유앙겔리온'(*euangelion*, 복음)이다. 이것을 전하도록 바울은 부르심을 받았고, 자신의 삶으로 이것을 구현했으며, 자신이 세운 공동체에 이것을 건네주었다.[8] 그가 말이나 삶에서 복음에 충실할 때에만, 그는 복음의 권위를 가지며 다른 이들로부터 인정을 받을 수 있다. 바울은 자신이 놓은 기초 위에 다른 사도들이 세울 자유는 보장하지만, 그런 사람들이 공헌한 내용이 그 기초 자체를 반대하는지를 그의 공동체들이 시험해야 한다고 주장한다(갈 1:9; 2:11-21). 그는 원 사도들도

---

5 참조. 살후 3:14.
6 살전 4:8; 고전 2:12이하.
7 살전 4:13이하; 갈 3:1이하; 고전 1:17이하; 고후 5:11이하; 롬 6:15이하; 빌 3:2이하; 골 2:8이하; 엡 5:1이하를 보라.
8 예를 들면, 고전 1:17; 9:19-23; 15:1-3.

자신의 복음에 아무것도 더하여 준 것이 없고, 단지 그 정당성을 확증했을 뿐이라고 강조한다(2:6-10). 그의 교회들은 바울 자신의 가르침도 동일한 기준으로 평가해야 한다. 바울은 이것을 아주 분명하게 말한다. "우리나 혹은 하늘로부터 온 천사라도 우리가 너희에게 전한 복음 외에 다른 복음을 전하면 저주를 받을지어다"(1:8). 만약 사도가 복음으로부터 근본적으로 이탈한다면, 교회는 그가 그 교회의 사도일지라도 출교할 권위를 가지고 있다.

여기서, 바울이 때때로 예수님의 말씀과 자신의 추론을 의식적으로 구별하는 방식을 유념해 보면 매우 흥미롭다. 그렇게 함으로써, 그는 사도의 지위나 무오성에 기대지 않고 이전 상황에서 자신의 신뢰할 만한 조언에 호소한다(고전 7:25). 그는 성령께서 자신을 인도하셨다고 분명히 생각하지만(7:40), 자신의 공동체들에게 자신이 어떻게 그러한 결론에 도달했는지 보게 하고 그 결론들이 그의 기본 메시지에서 합당하게 도출된 것인지 아닌지 판단하게 한다.

바울에게 복음은 우리를 위한 하나님의 구원 활동이다.[9] 이는 예수님의 죽음과 부활에, 그리고 복음의 결과로 인간과 하나님 사이에 이루어진 화해에 가장 분명하게 드러나 있다.[10] 그 중심에는 "십자가의 도"가 있다(고전 1:18). 그러나 그것은 또한 세상 속에서 살아 있고 자라 가는 실체로서, 사람들을 변화시키고 세상 속에 거룩한 속령(colonies)을 세워 나간다. 이 일은 하나님으로부터 오시는 성령(고전 2:12)을 통해서 일어난다.[11] 복음은 단지 말이나 메시지가 아니라 '삶'이고 '인격'이다(롬

---

9 살전 1:5, 9-10; 골 1:26-27.
10 고전 15:3-4; 고후 5:18-19.
11 살전 1:5; 고전 2:4; 고후 3:6.

10:14). 이는 그리스도에게도, 그의 사도에게도, 믿는 자들에게도 마찬가지였다. 사실 이들의 말은 중요하다. 말 없이는 그들이 전하려는 내용을 이해할 수 없기 때문이다. 그러나 이와 동등하게 중요한 것은 이들이 행한 것과 특히 그들이 견딘 고난이다(살전 1:6).

그리스도는 복음의 내용일 뿐만 아니라 지속되는 잠재력의 원천이다. 예수님은 복음이 가리키는 객관적 권위일 뿐만 아니라 그분의 능력 안에서 복음이 작동하는 주관적 권위이기도 하다. 성령은 지금 여기에 살아 계신 그리스도의 능력이다.[12] 복음이 이렇게 두 가지 측면을 지닌 실체라는 것은, 복음의 상당 부분이 먼저 된 사도들에 의해 바울에게 전해진 것임에도 바울이 자신에게 위임된 '전통'을 그리스도에게서 받은 것이라고 말하는 이유를 설명해 준다.[13] 이는 또한, 단지 하나의 "질그릇"에 불과한 그가(고후 4:7) 그리스도의 이름으로 말하고 고난받는 사역을 충성스럽게 수행할 때 **그리스도의** 권위를 나타내 보인다는 의미다.

바울이 "나의 복음"[14] 혹은 "우리 복음"[15]에 대해 말할 때, 사도와 복음 사이의 이 밀접한 관계가 더욱 강조된다. 이것은 이방인에게 복음이 적용됨을 의미하는 것이 아니라 **그가** 복음에 참여했음을 나타낸다. 여기서는 복음의 내용보다 복음의 역동성이 고려된다. 바울은 '전통'에 대한 자신의 이해를 통해 이 둘 사이의 연관성을 더 심도 있게 묘사한다. 우선 그는 원 사도들에 의해 그에게 전해진 전통에다 자신이 초기에 경험한 그리스도 체험을 덧붙인다(고전 15:8-10). 또한 그는 전통이 다음 두

---

12 고후 3:17; 참조. 갈 1:12, 16.
13 고전 11:23; 15:3.
14 롬 2:16; 16:28; 참조. 갈 1:11; 2:2.
15 살전 1:5; 살후 2:14.

가지 방식으로만 복음이 된다고 간주했다. 즉, 누군가 복음 전파를 통해 전통을 해석할 때와 그 결과 그것이 다른 사람들의 살아 있는 경험이 될 때다.[16] 그의 생각에는 이 둘이 실제로 동일하기 때문에, 사람들에게 자신을 본받도록 아주 분명하게 격려할 수 있었다. 그는 데살로니가 성도들에게 "너희는⋯우리와 주를 본받은 자가 되었"다고 상기시킨다(살전 1:6). 고린도 성도들에게는 심지어 "내가 그리스도를 본받는 자가 된 것같이" "나를 본받는 자가 되라"고 호소한다(고전 11:1). 갈라디아 성도들에게는 "나와 같이 되"라고 권한다(갈 4:12). 빌립보 성도들에게는 "함께 나를 본받으라"고 격려한다(빌 3:17).

바울은 자신을 복음과 거의 동일시하고, 전통에 건설적으로 관여하고 있다고 여기며, 그리스도를 선명하게 반영하는 본이라고 생각했다. 그렇다 할지라도 바울만 이러한 사람이라고 말할 수는 없다. 빌립보 성도들은 "너희가 우리를 본받은 것처럼 그와 같이 행하는 자들을" 본받아야 했으며(빌 3:17), 데살로니가 성도들은, 예수님이 그러셨던 것처럼 고난을 통해 "유대에 있는 하나님의 교회들을 본받은 자"가 이미 되었다(살전 2:14-15). 바울은 분명히 자기 자신이나 자신의 교훈이 아니라 복음의 모든 영역에 순종할 것을 촉구하기 때문에, 그리스도와 자기 자신 그리고 자신의 회심자들 사이를 자유롭게 행할 수 있었다. 이것은 바울과 그의 회심자들 일부에게 명료해졌다. 공동체의 어떤 지체가 그리스도의 영을 반영하는 한, 믿는 자들은 그에게 배우며 "경외함으로 피차 복종"해야 한다(엡 5:21). 다시 말해, 루터가 그리스도인의 자유에 관한 그의 글에서 말한 것처럼, 그들은 서로에게 일종의 그리스도가 되어야

---

16   고전 15:1-3; 참조. 11:2, 23; 롬 6:17.

한다. 구약성경에 예시되어 있고(갈 3:8) 이어진 사도적 전통으로 정교하게 다듬어진(살후 2:15; 3:6) 이 복음은 모두가 평가받아야 하는 기준이자, 모두가 따라 살아야 하는 능력이다.

권위에 대한 바울의 견해의 독창성

권위에 대한 바울의 접근 방식의 다양한 줄기를 함께 모아 보면, 우리는 다음과 같은 결론을 내릴 수 있다.

1. 성자 예수 그리스도 안에 계시된 것처럼, 모든 권위는 성부 하나님에게서 나오고 성령에 의해 매개된다.
2. 이스라엘의 예언 역사와 교회의 사도적 발전에서 이 권위의 존재는 결정적이었다.
3. 하나님의 영은 늘 권위 있게 말씀하시며 권위 있게 일하신다. 사람들을 억압하는 것이 아니라 진리를 확신시키고 사랑으로 그들의 마음을 따뜻하게 함으로써 그들이 자유롭게 권위를 받아들이도록 하신다.
4. 권위는 말과 행위로, 은사와 사역으로 다른 사람을 섬김으로써 나타난다. 예수님은 이 같은 방법으로 행하신 가장 훌륭한 본보기다.

권위에 대한 이러한 이해는 1세기의 다른 견해들과 구별될 수 있다. 제사장직의 **성직권**(sacerdotal rights)에 기반을 둔 권위는 선택된 남성들 중에서 한 세대에서 다음 세대로 계승되거나 선출됨으로써 전달되었다 (에세네파나 쿰란 공동체의 경우처럼). 다른 접근법은 공인된 일련의 교사들이 상세히 해설해 주는 **종교적 커리큘럼**을 중심으로 권위를 바라보았다 (유대 랍비들과 서기관들의 경우처럼). 또 다른 집단들에서는 신비적으로나 이성적으로 계몽된 사람들의 **내적 체험**으로부터 권위가 발생했다(신비 종교와 스토아학파에서처럼). 비록 바울의 용어들 가운데 일부는 이런 집단들의 견해와 겹치기도 하지만, '전통'을 이야기하고 '명령'을 내리고 '순종'을 기대하는 등의 이런 어휘들이 그가 이해한 권위의 핵심은 아니다. 진정한 차이는 바울이 지닌 견해의 독특한 내용에 있다.

바울이 지닌 권위의 전형에 대한 모델을 유대인의 '샬리아흐' 제도에서 찾아보려는 시도들에 대해서는 이미 간략하게 살펴보았다. 양자 사이에 어떤 유사성이 존재한다면, 비록 그것이 형식적 유사성에 불과할지라도 바울과 그의 동료들 사이의 관계는 비교해 볼 만한 분야를 제공한다. 바울이 모금을 감독했지만, 그것을 진행하는 책임은 주로 그의 일행들이 지고 있었다. 여기에 부가적인 문제점이 있는데, 이 점이 바울을 이 논의에 끌어들이는 것을 더 어렵게 한다. 유대인 선교사들이나 선지자들은 한 번도 '샬리아흐'라는 용어로 묘사되지 않았으며, 랍비들조차도 그런 용도로 사용하지 않았다. 이 용어가 예루살렘의 성전세를 모으는 일에 관여한 사람들에게 쓰인 것은 주후 70년 이후의 관습을 반영할 것이다. '샬리아흐' 제도에 대한 최초의 문헌적 증거는 주후 2세기 중엽의 것이기 때문에, 우리가 논하는 형태는 주후 70년의 성전 파괴 이전에는 존재하지 않았을지도 모른다.

적어도 에픽테토스가 묘사한 바에 따르면, 사도권에 대한 바울의 견해는 견유학파 철학자들의 자기 이해와 더 많은 접촉점을 지닌다. 양자 모두 신적 부르심과 사명을 의식하고 있다.[17] 양자 모두 자신의 과업을 하나님을 보는 것과 사람을 가르치는 것으로 여겼다.[18] 양자 모두 자유를 기뻐하며 다른 사람들이 그 안에 들어와 누리기를 바란다.[19] 양자 모두 소명을 추구하면서 기꺼이 고난을 받는다.[20] 양자 모두 자신들의 부르심에 열중한다.[21] 그러나 여전히 실제적인 차이점이 있다. 견유학파에서는 사도권의 개념이 선명하게 표현되지 않으며, 그들의 선포에는 종말론적 끝이 없고, 은혜보다는 자기 노력이 더 앞서며, 고난을 그들의 소명에 내재하는 어떤 것이라기보다는 본을 보이기 위한 일로 여겼다. 어떤 면에서 견유학파는 지역 공동체의 개념이 없는 개인주의자들이기도 했다. 그들은 보편적 우정의 개념을 전파했지만, 더 심도 있는 형태의 공동체 생활에 대한 필요성은 보지 못했다.

바울이 자신의 권위를 어떻게 이해했는지 이끌어내려는 최근의 시도는 다른 헬레니즘적 배경을 제안한다. 바로, 그리스 종교들의 전통적인 창시자들이 하던 역할이다. 그들이 설립한 신비 종교에서 그들의 역할은 저술을 통해 공식화되었고, 특히 그들의 지역을 넘어 다른 영토에까지 그러한 단체들의 확장에 적용되었다. 이는 그들이 이 목적을 위해 신에게 선택받았다는 믿음에 근거했고, 그 믿음은 그들이 채택한 책임과 전략들의 범위까지 확장되었다. 이러한 해석에는 몇 가지 어려움이 있다. (1) 이 해석은, 바울이 이교도의 종교적 선례에 일차적이고 긍정적인 방식으로 의존했고 자신의 공동체들을 신비 종교로 인식했다는 전제를 요구한다. (2) 권위를 공식화한 문서 증거가 부족하다. (3) 성령을 통해

17　Epictetus, *Dissertationes* 3.22.23. 참조. 갈 1:1.
18　Epictetus, *Dissertationes* 3.22.24이하. 고전 1:4, 17; 참조. 롬 1:15.
19　Epictetus, *Dissertationes* 3.22.48, 96이하. 참조. 갈 5:13; 고전 9:1; 고후 13:12이하.
20　Epictetus, *Dissertationes* 3.24.113이하. 참조. 고후 4:10.
21　Epictetus, *Dissertationes* 3.22.94이하. 참조. 고후 11:27이하.

그리스도 안에서 하나님을 깊이 경험한 것이 바울의 권위 이해 및 행사에 부차적 영향을 미쳤다는 전제가 필요하다.

결론

그러므로 바울의 부르심과 그 부르심에 내재한 권위를 바울이 어떻게 이해했는지에 대해서는, 유대인의 '샬리아흐' 제도나 견유학파 철학자들, 헬레니즘 종교 창시자의 활동과 온전히 견줄 수 없다. 그의 개념은 그보다 앞선 몇몇 선지자들의 선지자적 소명과 더 많은 공통점을 갖는다. 그러나 그가 전하고 구현한 그리스도의 독특한 인격, 그리고 복음으로 말미암아 발생한 공동체 생활의 새로운 자유, 이 두 가지는 바울에게 독특한 표지를 붙여 주었다. 바울의 사도적 권위는 다마스쿠스 도상에서 그리스도가 주신 부르심의 결과로서, 그 부르심은 복음 전도의 선교와 공동체들의 양육을 위한 것이었다. 바울의 견해와 동시대인들의 견해 사이에 어떠한 표면적 또는 부차적 유사성이 존재하든지, 궁극적으로 바울의 공동체 사상은 어느 문화적 영향력으로부터가 아니라 그리스도의 부르심, 그분의 인격, 그분의 영으로부터 나온 것이다.

Paul's Idea of
Community

나가는 글

바울의 공동체 사상은 실현 가능한 것일까? 의심할 여지 없이 바울의 교회들은 그가 제시한 공동생활의 이상에 부응하지 못했다. 바울도 분명 이 사실을 충분히 알았다. 하지만 그의 견해를 이상적인 것으로만 결론짓는다면 그것은 잘못이다. 그의 사상은 인간의 현실이 닿을 수 없는 유토피아적 관점에서 나온 것이 아니라, 주님 안에서 그분이 영으로 말미암아 그 교회들의 잠재력을 냉정하게 평가하여 나온 산물이다.

인간관계의 실패와 덧없음을 다루는 데 있어서 바울보다 실제적인 사람은 없을 것이다. 그런데도 그는 자신의 공동체들 앞에, 그들의 공동생활이 어떠해야 하며 언젠가 어떠하리라는 비전을 계속 제시한다. 그의 공동체관은 필연적으로 그가 복음을 어떻게 이해하고 있는지, 복음이 인간 존재의 실질적 모순을 어떤 방식으로 다루는지를 펼쳐 보여 준다. 공동체의 관계와 그 모임에 대한 바울의 견해는 그리스도의 혁신적인 말씀인, "누가 내 형제들이냐?"와 "두세 사람이 내 이름으로 모인 곳에는 나도 그들 중에 있느니라"에 기초를 두고 있다. 그리스도의 희생적 섬김은 바울 자신을 포함하여 공동체 안에서 특별한 책임을 맡은 이들에게 모범이자 동기를 부여한다. 그리스도의 부활 능력은 공동체 연합의 원천이자, 은사와 사역이 실행되게 하는 원동력이다. 그러므로 공동체에 대한 바울의 견해는 조직의 형태를 한 복음 자체, 그 이상도 그 이하도 아니다!

공동체 생활에 대한 그의 체제에는 세부적 신앙 고백이나 서약해야 할 신조 같은 것이 없으며, 모임 진행을 위한 전례 순서도 없고, 공동체의 사무를 관장하는 성직자 조직도 없다. 이는 바울이 올바른 신앙과 행실, 교회 안의 질서와 체제 확립, 각 공동체 내부 및 공동체들 사이의 안정과 연합 등에 관심이 없었다는 말이 아니다. 또한 분명한 확신, 윤리적 원칙들, 회합의 기준, 교제의 실제적 표현 등이 존재하지 않았다는 말도 아니다. 하지만 이 모든 것 중 어느 것도 앞에서 언급한 공적 수단에 의해 보증된 것은 아니었다. 이것은, 바울의 사역이 나중에 그리스도의 다시 오심이나 더 제도적인 조치들로 대체되도록 의도된 일련의 잠정적 임시 조치였다는 의미는 아니다.

이 책의 서론에서 나는 바울의 공동체 사상이 신약 시대에 가장 구체적일 뿐 아니라 가장 발전되고 심오한 형태로 묘사되었다고 언급했다. 바울의 공동체관의 우월성은 1세기 이후의 기독교 문헌들과 비교해 보면 아주 분명해진다. 이에 더하여, 바울은 고대 사회의 가장 기본 조직인 가정 및 국가에 종속되지 않은 일상생활 가운데서 평범한 사람을 위한 공동체라는 사상을 공식화해서 이행한 최초의 개인일 것이다. 또 다른 측면에서, 바울의 공동체 이해는 기독교 사상과 관습의 발전에서 그리고 더 일반적인 사회 이론의 형성에서 역사적으로 중요한 역할을 했다. 전자에 대해서는 더 말할 필요가 없다. 고대 후기의 아우구스티누스부터 종교개혁기의 칼뱅과 재세례파를 거쳐 지난 세기에는 교회 및 선교 구조의 개혁을 위한 다양한 운동들까지, 교회관에서 바울 사상의 배아적 중요성은 잘 알려져 있다. 공동체에 대한 바울의 접근 방식을 재발견하는 것은 주기적으로 교회에 관한 전통적인 생각을 깨뜨리고 제도화된 관행에 도전을 주었다.

바울이 더 일반적인 사회사상에 어떻게 기여했는지에 대해서는 인식이 부족하다. 예를 들면, 서양 사회사상에 근본적 공헌을 한 아우구스티누스 사상의 기본 요소 중 상당수가 그 기원을 바울의 글에 두고 있다. 그 한 가지 예가 아우구스티누스의 고도로 발전된 유기적 사회관이다. 바울의 영향력이 지속적이고 폭넓게 이어지고 있음을 보여 주는 현대의 예로는 '카리스마'의 개념을 도입한 막스 베버(Max Weber)를 들 수 있다. 권위에 대한 초기 기독교 개념을 밝히는 측면에서 '카리스마'의 가치는 막스 베버가 루돌프 솜(Rudolf Sohm)의 교회사와 법에 관한 저서를 읽는 가운데 그에게 인상 깊게 다가왔는데, 솜은 이 용어를 바울로부터 직접 취했다. 베버는 여기에 더 넓은 사회학적 적실성을 부여했고 어떤 중요한 측면에서는 그 의미를 바꾸기도 했다. 솜은 그것을 인식하지 못했을지라도, 베버가 제시한 개념의 뿌리와 일반 사회적 적용의 기초는 바울의 글 자체에 있다.

바울의 역사적 중요성은 여기서 그치지 않는다. 문화적 상황의 변화로 바울의 실제 **실천들**을 오늘날에 맞게 항상 적용할 수는 없어도, 그 배후에 있는 **원리들**은 적극적으로 공동체를 추구하는 이들의 관심을 계속 받고 있다. 공동체에 대한 바울의 급진적 견해는 바울과의 역사적 연계성을 주장하는 기성 교회 구조들에 대해서뿐 아니라, 합류하는 이들에게 열렬하게 '공동체'를 약속하는 반문화적 집단들에 대해서도 심각한 의문을 제기한다. 전자는 공동체의 본질에 관한 바울의 기본적 통찰들을 많이 제외시켜 버리고 다른 것들은 경직된 형태로 굳혀 놓았다. 후자는 그들의 노력에 유일하게 충분한 응집력과 깊이를 더해 줄 수 있는 복음 안에서의 기초가 빈약하다.

바울의 공동체관은 (가정 교회나 그리스도인 기초 공동체와 같은) 교회 구조나 반문화 집단에 대한 대안들을 만들어 내도록 자극해 왔지만, 이것들 역시 1세기 가정에 존재했던 더 넓은 차원들을 희생시키면서 교회의 가정집 환경의 중요성만을 강조해 왔다. 또한 그의 공동체관은 전통적 교회 구조나 더 새로운 교회 구조 안에 셀 그룹과 은사 중심 모임을 개발하도록 자극해 왔다. 물론 이러한 움직임이 그들이 운영하는 교회 기관을 바울의 노선에 따라 재평가하는 결과로 이어지는 경우는 거의 없다. 확실히, 바울의 공동체 사상을 뒷받침하는 원리들은 1세기에 그랬던 것처럼 21세기에도 여전히 혁신적이며 도전적인 것으로 남아 있다.

부록

목회서신에 나타난 이탈

바울의 공동체 사상의 이탈은 언제부터 시작됐을까? 어떤 이들은 바울의 관점에서 벗어나기 시작한 것이 바울 이후 시기인 속사도 시대의 저술에만 나온다고 말하는 한편, 다른 이들은 그 뿌리가 신약성경 자체에, 심지어 바울 자신이 썼거나 썼다고 여겨지는 글들 속에도 있다고 판단한다. 에베소서의 경우, 몇 군데서 상이한 용어들이 사용되고(예를 들면, *charisma* 대신에 *doma*), 더 강한 강조점들이 감지되며(예를 들면, 교회가 사도들과 선지자들의 터 위에 세워졌다는 내용), 더 명백한 발전이 나타나기도 하나(예를 들면, 인종적 통합에 대한 공동체 신학), 이것들이 바울의 저작권을 인정하지 않는 주장의 근거는 되지 못한다. 사도행전의 경우, 자세한 내용들이 바울 서신에서 발견되는 것들을 자주 지지하고 확장해 준다(예를 들면, 바울의 교회들이 가정에 기반을 두었다는 것, 그 교회들 사이에 인적 교류가 있었던 것, 그들의 모임이 형식에 얽매이지 않았던 것 등). 바울 이전의 분위기가 유지되는 곳도 있고(예를 들면, 성령의 비상한 역사에 더 집중한 점이나 공동체를 "제자들" 또는 "믿는 자들"이라고 다소 단조롭게 기술한 점), 몇몇 반바울계(para-Pauline) 관점들이 반영된 곳도 있지만(예를 들어, '에클레시아'

를 공동체뿐 아니라 모임 자체를 지칭하는 데 사용하는 경향, 장로의 존재에 대해 더 많이 언급하는 경향), 이상의 어느 것도 누가를 '초기 가톨릭주의'(early Catholicism)의 공급자로 만들지는 않는다.

그러면 목회서신은 어떨까? 디모데전후서와 디도서를 바울의 친필 서신들과 비교하기 위해, 우리는 세 서신에 나타난 '에클레시아' 개념과 공동체의 은유들, 은사들과 질서에 대한 관점, 공동체 내의 계층과 지도자에 관한 묘사, 바울과 그 동역자들의 권위에 대한 이해를 차례로 살펴보고자 한다.

'에클레시아' 개념과 공동체의 은유들

비록 좀 더 포괄적인 의미로 사용된 경우가 한 군데 있지만(딤전 3:15), 목회서신에는 '에클레시아'의 지역적 의미가 여전히 보전된 것 같다(딤전 3:5; 5:16). 그러나 '모임'의 개념은 더 이상 전면에 나타나지 않는다. '에클레시아'는 실제로 공동체와 비슷한 말이 되었다. 바울의 친필 서신에서 보이던 가족 관계에 관한 어휘들도 목회서신에 등장한다. 또한 교회가 '하나님의 집'으로 묘사되기도 한다(딤전 3:15). 에베소서를 제외한 바울의 다른 서신들의 경우보다는 적게 나오지만, "형제"라는 어휘도 종종 나온다(4:6; 6:2). 우리는 디모데에게 주어진 "늙은이를 꾸짖지 말고 권하되 아버지에게 하듯 하며 젊은이에게는 형제에게 하듯 하고 늙은 여자에게는 어머니에게 하듯 하며 젊은 여자에게는 온전히 깨끗함으로 자매에게 하듯 하라"라는 인상적인 충고를 발견하기도 한다(5:1-2).

무척 흥미로운 것은, (후기 서신에 속하는) 빌립보서에도 없는 것처럼, 목회서신에는 공동체가 몸으로 묘사된 곳이 한 군데도 없다는 점이다. 건물 은유가 목회서신에 나오지만 다른 곳에서보다는 정적인 형태다. 교회는 "살아 계신 하나님"의 소유이지만, 그 기능은 "진리의 기둥과 터"이다(딤전 3:15).

이러므로 목회서신에서 사용된 용어들이 다른 서신의 용어들과 일반적으로 비슷하지만, 다른 서신의 경우보다 조금 덜 역동적인 그리스도인 공동체관이 제시된다. 하지만 여기서 일부 사람들이 주장하는 성례전적 교회관은 찾아볼 수 없다. 세례나 주의 만찬은 강조는 고사하고 언급도 되지 않는다.

은사들과 질서에 대한 관점

'카리스마'라는 용어도 디모데전후서에 나오지만, 공동체의 지체들을 전반적으로 지칭한다기보다는 디모데만을 언급하는 곳에서 나타난다(딤전 4:14; 딤후 1:6). 그러나 바울의 친필 서신들에서 언급되고 묘사되던 '카리스마타'의 많은 기능은 분명히 기록되었다. 예를 들면, 예언,[1] 가르침,[2] 권면,[3] 목회적 돌봄,[4] 섬김,[5] 도와줌[6] 등이다. 목회서신에서는 상호적인 사역에 대한 강조도 적다. 거짓 가르침을 시험해야 하는 임무는 참된 교사들에게 위임되고(딤후 2:2; 딛 1:9-11), 일반적으로 공동체는 간접적으로만 책임이 있다. 이는 이 서신들이 지역 교회의 지체들이 아니라 바울의

---

1 딤전 1:18; 4:14; 딛 1:12.
2 딤전 4:13; 딤후 2:2; 딛 1:9; 2:1.
3 딤전 4:13; 5:1; 딛 2:2이하; 2:15.
4 딤전 3:5.
5 딤전 3:10, 11.
6 딤전 5:25.

선교 팀에 소속된 동료들에게 쓰였기 때문일 것이다.

'아가페'(agape)라는 용어는[7] 목회서신에도 나오지만 그 어디에서도, 바울의 친필 서신들에서처럼, 그 정신으로 공동체의 지체들이 서로에 대한 자신들의 상호적 의무를 수행해야 한다고는 묘사하지 않는다. 세 서신 중에서 성령에 대한 언급은 단지 세 번 나온다.[8] '예언'에 대한 암시도 세 번 나온다. 두 번은 디모데의 임무와 관련된 예언적 은사들이고, 다른 한 번은 크레타 출신의 이방 선지자를 지칭한다.[9] 이 중 어떤 것도 공동체의 삶에서 지속적으로 일어나는 활동을 언급하지는 않는다. 이제는 가르침이 권면과 함께 일차적으로 중요한 위치를 차지한다. 병 고침이나 기적, 방언 같은 더 극적인 은사들에 대한 언급은 없다. 로마서도 비슷하게 침묵하기 때문에 아마도 이런 현상에 대해 비중을 많이 두지 않았다고 볼 수 있다. 그러나 로마서와 달리 목회서신에는 사도들이 이런 은사들을 사용했다는 언급도 없다.[10] 이처럼 목회서신에서 몇몇 단어를 다른 서신과 동일하게 사용했을지라도, 은사에 대한 역동적 접근이나 공동체에 대한 참여적 관점은 다른 서신들보다 떨어지는 듯 보인다.

계층과 지도력에 대한 묘사

목회서신에서 이야기되는 기능들은 공동체 안에서 두드러진 사람들에

---

7   딤전 1:5; 2:15; 4:12; 6:11; 딤후 1:7; 2:22; 3:10; 딛 2:2. 참조. 딤전 1:14.
8   딤전 4:1; 딤후 1:14; 딛 3:5.
9   딤전 1:18; 4:14; 딛 1:12.
10 참조. 롬 15:19.

게만 참여를 요구하는 것이 아니다. 목회적 책임과 가르치는 책임은 회중 가운데 더 성숙한 지체들에게만 국한되었지만,[11] 과부들에게는 여자들 가운데서 비슷한 사역에 참여하라고 격려했고(딛 2:3-4), 젊은이들은 아마도 자기 아내와 함께 집사에 알맞은 임무를 수행할 수 있었으며(딤전 3:8-13), 누구든 교회의 두세 지체가 장로에 대해 송사를 할 수도 있었다(5:19).

교회에서 여성들의 역할로 돌아가면, 전체 서신은 공동체에서 어떤 일이 벌어져야 하는지를 서술하는 것이 아니라 잘못된 가르침과 관행을 바로잡는 것임을 명심해야 한다. 또한 그것의 맥락은 구성원들의 모임보다는 구성원들의 가정에서 더 자주, 일상적으로 일어나는 일들이다. 이것은 우리가 여성이 가르치는 것과 자기 남편에게 권위를 행사하는 것에 대한 명백한 제한을 이해하는 데 영향을 미친다(딤전 2:12).

우선, 종종 '권위'(authority)라고 번역되는 '아우텐테인'(authentein)이라는 강한 어휘는 '지배'라고 표현하는 것이 더 좋은데, 이는 부적절한 통제가 문제라는 것을 보여 주며, 남성도 똑같이 잘못할 수 있는 문제임을 드러내기 때문이다. 디모데전서 2:12이 고린도전서 14:34에서 여자에게 "잠잠하라"고 한 바울의 명령을 반향하는 것은 여성들의 공적인 사역을 부정하는 것이 아니라 일부 여성들이 가정의 영적인 운영을 도맡으려는 경향에 대한 응답이다. 타락의 원인과 결과 그리고 해산의 위험에서 살아남은 여성의 약속에 대한 언급(딤전 2:14-15)[12]은 이 구절의 가정이라는 문맥을 강화한다.

---

11   딤전 3:1-7; 딛 1:5-12.
12   고후 11:3; 롬 5:15 이하.

목회서신에서 '감독'(episkopos)은 다른 서신들에 언급된 어떤 인물보다도 공동체 생활의 다양한 영역, 즉 조직적 체제, 목회적 돌봄과 징계, 공동체의 인도, 발전, 보호 등의 영역에 영향력을 행사한다. 하지만 여전히 직분보다는 기능에 관한 언어가 목회서신을 주도하는데, 그 이유는 '에피스코포스'라는 말의 의미가 '직책'이 아니라 **직무**(딤전 3:1)이기 때문이다. 권면과 가르침에 "수고하는" 자들은 존경을 받는 것이 마땅하다(5:17). 그와 같은 사역에 임명되는 사람들의 자질이 규정되어 있는 것은 그런 일에 합당한 자로 확인된 후에 그 일이 맡겨졌음을 나타낸다. 하지만 그런 일을 "훌륭한 일"(3:1, 새번역)이라고 표현하고 희생적 섬김보다는 "좋은 평판"(3:7, 새번역)을 강조하는 것은 다른 바울 서신들과는 다른 분위기를 띤다고 볼 수 있지만, 이것은 사소한 차이다.[13]

집사의 일은 주로 기능적인 어휘들로 묘사되며(딤전 3:13) 사전에 시험해 보는 것이 필요하다(3:10). 하지만 만약 그들이 그 일을 잘하면 "아름다운" 지위와 직책을 얻게 된다. 반면 바울이 고린도인들에게 보낸 서신에서처럼, 은사적 재능은 도덕적 자질을 갖추지 않으면 적절하지 않다. 임직식과 관련한 내용은 여기에 나오지 않으며,[14] 장로직의 계승이 엿보이지만, 이는 직책이라기보다는 가르치는 일의 하나였다(딤후 2:2). 다시 말해서, 목회서신에서 사역의 제도화를 말하는 것은 지나친 해석이다.

13　참조. 고전 16:15.
14　딤전 4:14(사명 위임); 5:22(다시 받아들임); 딤후 1:6(세례).

바울과 그 동역자들의 권위에 대한 이해

디모데와 디도는 정확히 어떤 역할을 했을까? 그들은 본래 사도의 대리인으로서 사도의 가르침과 관행을 상기시키며, 바울을 대신하여 행동했다. 그들이 바울과 연결되었기 때문에 자동으로 공동체의 인정을 받은 것은 아니다. 그들은 자신의 특권적 지위를 주장함으로써가 아니라, 자신들과 자신의 가르침을 '살핌'으로써, 또한 "말과 행실…에 있어서 믿는 자에게 본이 [됨]"으로써 인정받을 수 있도록 힘써야 했다(딤전 4:12, 16). 그들의 사역은 주로 권면을 중심으로 이루어져야 하고, 사람들에게 공식적 권력을 행사하기보다 그들과 가족적인 관계를 발전시켜야 했다(딤후 2:24-25).[15]

그러나 몇 가지 다른 경향들이 있다. '파랑겔레인'(*parangellein*)을 사용하는 등 명령의 어조는 여기서 더 강해지는 특징을 보이고,[16] 책망한다는 용어들이 다른 서신들보다 많이 나온다.[17] 처음으로 바울의 동료들도 이 공동체들에 "말씀을 전파"하는데(딤후 4:2), 바울은 다른 곳에서 이 어휘를 불신자들에게만 썼다. 비슷한 종류의 징계 행위가 신약의 다른 책들에도 나타나지만[18] 여기서 사도의 동료들은, 장로들 가운데서 '에피스코포이'(감독들)를 세우는 일에서처럼(딛 1:5), 그 과정을 집행하는 데 강경하게 임한다.[19] 이것은 안디옥에서 선지자와 교사들이 선교 사역

---

15 예를 들면, 딤전 5:1-2; 딤후 4:2.
16 딤전 1:3; 4:11; 5:7; 6:13, 17; 참조. 딤전 1:5, 18.
17 딤전 5:20; 딤후 4:2; 딛 1:13; 2:15, 그러나 딤전 5:1과 비교해 보라.
18 딤전 1:3-4; 5:19-20; 딤후 4:3; 딛 1:9-16; 3:9-11.
19 딤전 1:3; 5:20-22; 딛 3:10.

을 위해 바나바와 바울을 따로 세운 경우와 유사하다.

목회서신에서 바울의 모습은 다른 서신서들에서 발견되는 것과 아주 유사하다(예를 들어, 복음의 중심성,[20] 그와 동역자들의 관계,[21] 징계에 대한 접근[22] 등). "바른 교훈"과[23] "성경"이[24] 더 중요한 것은 사실이지만, 이것은 이 교회들의 특수한 상황 때문이었을 수 있다. 거역하는 지체들을 다룰 때 '바울은' 그들이 속한 공동체와 상의하는 일 없이 일방적으로 두 사람을 출교시킨다(딤전 1:20). 성령에 대한 강조가 부족하고, 자기 자신을 사도뿐만 아니라 "전파하는 자"와 "스승"이라고 형식화하지만,[25] 바울 특유의 표시들이 이 서신들에 스며 있음은 분명하며, 그의 사역에 따르는 고난이 목회서신보다 더 분명하게 기록된 곳은 없다.[26]

결론

이 모든 것으로부터 우리는 어떤 결론을 끌어낼 수 있을까? 바울의 친필 서신과 목회서신 사이에는 분명한 차이점이 많은 것처럼, 분명한 유사점들도 존재한다. 목회서신의 내용은, 학자들이 자주 제안하는 것처럼 우리가 다른 서신들에서 발견하는 것들과 멀지도, 가깝지도 않다. 이러한 차이점들이 후기에 작성되었다거나 역사적 환경이 바뀌었다는

---

20 예를 들면, 딤전 1:12-17; 2:3-7; 3:14-16; 4:9-10; 6:11-16; 딤후 1:8-12; 2:8-13; 딛 2:11-14; 3:3-8.
21 딤전 1:2, 18; 딤후 1:2; 2:1; 딛 1:4.
22 참조. 딤전 5:1-2; 딤후 4:2.
23 딤전 1:3, 10; 4:6, 11, 13, 16; 5:17; 6:1, 3; 딤후 2:2; 3:10, 14; 4:2-3; 딛 1:9; 2:1, 10.
24 딤전 4:13; 딤후 3:16.
25 딤전 2:7; 딤후 1:11.
26 딤후 1:11-12; 2:8-9; 3:10-12.

것으로 설명될 수 있을까? 그럴 수도 있다. 바울의 초기 서신들과 옥중서신들의 차이는 이런 식으로 이해될 수 있다.

하지만, 목회서신에서의 차이는 바울의 다른 서신들의 차이보다 더 크다. 목회서신과 바울의 다른 서신들(에베소서를 포함한) 사이의 편차는 수적으로 많을 뿐만 아니라, 더 뚜렷하다. 내가 앞에서 이미 지적한 것들 말고도 더 추가적인 차이들이 있다. 목회서신에는 참신한 주제, 독창적 스타일과 어휘 그리고 다음과 같은 있음직하지 않은 표현들도 있다. "이를 위하여 내가 전파하는 자와 사도로 세움을 입은 것은 참말이요 거짓말이 아니니 믿음과 진리 안에서 내가 이방인의 스승이 되었노라"(딤전 2:7). 이 사안에 대해 최종적으로는 독자들이 스스로 판단해야 한다. 이것은 무거운 요구다. 하지만 목회서신이 사도 바울 자신이 아니라 그의 추종자에 의해 기록되었다 하더라도, 이 서신들은 여전히 성경의 일부이며 오늘날 교회 생활을 위한 적실성이 있다. 특히, 이 서신들이 지적하는 바와 흡사한 경향들과 문제들을 포함하는 상황에서는 더욱 그러하다.

Paul's Idea of
Community

용어 해설

가이사랴의 에우세비우스(Eusebius of Caesarea)
최초의 교회사가이며 3세기 이상을 망라하는 『교회사』(*Ecclesiastical History*)의 저자다. 그는 또한 가이사랴의 감독이었고 아리우스(Arius)의 온건한 지지자였다.

견유학파(Cynics)
주전 4세기의 철학자 시노프의 디오게네스(Diogenes of Sinope)가 세운 원칙들을 특이하게 따르는 사람들이다. 디오게네스는 청빈을 실행하고 인습을 배격하여 일부러 동시대 사람들을 당황케 했다.

디오게네스 라에르티우스(Diogenes Laertius)
주후 3세기 초엽의 작가로, 그들의 상황이 전혀 알려지지 않은 고대 그리스 철학자들의 생애와 가르침을 연구했다.

디오니소스 축제(Dionysiac festivals)
고전기(classical period)에 아테네의 도시 국가 종교에 통합된 극적인 관능적 제의로, 트라키아(Thrace) 또는 브루기아(Phrygia)에서 유래한 감정적 종교의 신을 중심으로 발전했다.

디온 크리소스토모스(Dio Chrysostom)
주전 1세기의 헬라의 웅변가, 철학자, 문필가다. 그 당시의 다른 이들이 그렇듯이 그도 스토아학파와 견유학파의 이상들을 복합시켰다. 당시 대부분의 사람들과 달리 그는 말년에 추방당해서 방랑하는 설교자로 보냈다.

루키아노스(Lucian)
아테네의 다작 작가(주후 약 120-180)다. 특이한 대화 형식을 완성했으며, 종교적 '사기꾼'과 '광신자'로 추정되는 자들에 대항해 큰 효과를 내기 위해 그것을 사용했다.

무소니우스 루푸스(Musonius Rufus)
개화된 스토아 철학자다. 주후 30년에 태어나서 대부분의 생애를 로마에서 보냈다. 불행하게도 그의 작품은 단편밖에 없다.

미쉬나(Mishnah)
랍비의 법률 전승 모음집이다. 기독교 이전의 것도 있지만 주후 3세기 초에 문서화되었다.

미트라스(Mithras)
고대 페르시아의 신으로, 미트라스의 남성적 종교는 군대와 상인 계급을 통해 로마 세계 전역에 퍼졌다. 종교 자체는 주후 1세기 말엽부터 있었으나 실제로 광범위한 대중성을 얻지는 못했다.

바리새파(Pharisees)
율법 중심의 경건한 유대인 집단이다. 주전 2세기에 헬레니즘의 침투에 반대하여 일어났고, 점차 대중의 존경을 받아 주후 66-70년의 유대 전쟁 이후에는 유대인의 종교 생활을 지배했다.

세네카(Seneca)
주후 1세기 로마의 유명한 철학자며 정치가다. 윤리학 논문, 서신, 담화, 비극, 그리고 산문집 등의 저술이 있다. 그는 좀 더 인간적인 스토아 철학의 대표자다.

소피스트(Sophists)
교육 받은 엘리트 계급에서 나온 숙련된 웅변가들을 말한다. 그들은 교육, 법률, 정치에 관여했고, 종종 큰 군중이 따르기도 했다.

순교자 유스티누스(Justin)
주후 2세기 로마의 기독교 호교론자다. 그의 글들은 기독교에 대한 유대교의 회의론, 그리스도인들에 대한 로마인들의 비판, 플라톤 철학관 등을 논한다.

스토아학파(Stoicism)
주전 300년경에 아테네에서 제논(Zeno)에 의해 창설된 철학의 한 학파다. 범신론적 세계관, 이성의 강조, 세계주의적 조망, 훈련된 감정생활 등으로 주후 1세기에는 지식 계층을 폭넓게 지배했다.

시몬 마구스(Simon Magus)
사도행전에 나오는 사마리아의 거짓 그리스도인이다. 후기의 구전에 따르면 강한 영지주의적 경향을 띤 기독교의 이단 종파를 창시했다고 한다.

아도니스(Adonis)
다산과 식물의 신으로, 주전 1세기에 키프로스(Cyprus)에서 아테네로 건너온 이교의 신이다. 언제나 아프로디테(Aphrodite)의 제의와 함께 존재했다.

아리스토파네스(Aristophanes)
주전 4-5세기경의 유명한 고전 시-희곡 작가다. 남아 있는 그의 희곡으로는 『뤼시스트라타』(*Lysistrata*), 『새』(*The Birds*), 『개구리』(*The Frogs*) 등이 있다.

아티스(Attis)
브루기아(Phrygia)의 여신 키벨레(Cybele)의 젊은 파트너로서, 여신 키벨레의 제의가 그리스와 로마에 전파될 때 종속적인 위치에 있었으나, 글라우디오 황제에 의해 공적인 인정을 받았고, 주후 50년에는 동등하게 예우를 받았다.

아풀레이우스(Apuleius)

주후 123년경에 태어난 라틴 시인, 철학자, 작가다. 그의 소설 『변신』(The Metamorphoses, 『황금 당나귀』로 더 많이 알려져 있음)은 이시스(Isis, 이집트 신화에서 농사와 수태를 관장하는 여신)와 관련된 의식을 소설 형식으로 전해 주는 일차 자료다.

알렉산더(Alexander)

작가 루키아노스(Lucian)가 쓴 『거짓 선지자』(The False Prophet)라는 풍자시의 대상이다. 알렉산더는 2세기 중엽에 아시아에서 의술의 신 아스클레피오스(Asclepius)의 새로운 이교 형태를 만들어 냈다.

에세네파(Essenes)

유대 등지에서 그리스의 문화적 침입을 거부하며 율법을 철저하게 지키기를 요구한 도시 및 시골의 은둔 그룹들을 지칭한다.

에피쿠로스학파(Epicureans)

주전 4세기 말과 3세기 초 그리스의 도덕 및 자연 철학자 에피쿠로스(Epicurus)의 추종자들을 지칭한다. 항상 소수의 무리였으며, 단순하고 공동체적인 삶을 좋아했다. 신들은 더 이상 인간사에 관여하지 않는다고 가르쳤으며, 특이한 우주론과 과학을 고안해 냈다.

에픽테토스(Epictetus)

스토아 철학자(주후 55-135)다. 원래 노예로 무소니우스 루푸스의 제자다. 주후 8년에 도미티아누스 황제에 의해 유배되기 전에는 로마에서 성공적으로 가르쳤다. 집중적인 도덕 강화집, 간략한 소책자인 『엔케이리디온』(Encheiridion), 그리고 그의 견해들을 담은 몇몇 단편을 남겼다.

엘레우시스 신비 종교(Eleusinian Mysteries)
고대 농업 종교로, 6세기경 아테네의 도시 국가 종교에 통합되었으며, 다양한 의식, 진행 절차, 회원 가입 의식 등이 있었다.

영지주의(Gnosticism)
주후 2세기의 현상으로, 유대, 그리스, 동방의 요소들과 특히 기독교적 요소들을 포함하며, 구원을 얻기 위해서는 비전(秘傳)의 지식과 육체에 대한 거부가 중요하다고 가르쳤다.

오르페우스교(Orphism)
그리스의 오래된 종교 운동이다. 한 사람에 의해 창시되었고, 형제 우애의 성격을 띠며, 고전 시기와 이후 시기에 간헐적으로 이어지는 경전이 존재했다.

오리게네스(Origen)
가장 유명한 초기 기독교 교부 중 한 사람으로, 후기에는 이단으로 정죄되었다. 그는 클레멘트를 이어 주후 3세기 동안 알렉산드리아와 가이사랴에서 기독교와 철학의 융합을 위해 노력했고, 이교도의 공격에 맞서 기독교를 수호하는 일도 했다.

요세푸스(Josephus)
주후 66-70년에 유대인들이 로마에 반란을 일으킬 때 유대 사령관이었다. 그는 로마로 건너가 전쟁을 변증하는 기록(『유대 전쟁사』)과 유대인의 역사(『유대 고대사』), 자신의 생애 등을 헬라어로 저술했다.

의의 교사(Teacher of Righteousness)
쿰란 공동체의 창설자는 아니지만, 주전 2세기에는 한동안 이 공동체의 지도자였다. 율법서와 예언서의 해석자로 유명하다.

이그나티우스(Ignatius)
시리아의 영향력 있는 교회 감독으로, 주후 2세기 초에 로마 제국에 의해 순교당했다. 그는 여러 교회와 동료 감독 폴리카르포스(Polycarp)에게 보낸 마지막 편지들에서 단일 행정 체제의 교회 구조를 주장했다.

이시스와 세라피스(Isis and Serapis)
이집트의 여신과 그 남편이다. 주전 4세기부터, 특별히 2세기부터 이시스는 그리스와 로마 세계의 지도적인 여신이 되었다. 따라서 제국의 공인과 폭넓은 추종 세력도 얻었다.

쿰란(Qumran)
사해 주변의 수도원적 공동체로 잘 알려져 있다. 그들의 글들이 발견됨에 따라 이 공동체가 에세네파와 같은 성격을 띠었다는 사실과, 아울러 주전 1세기와 주후 1세기경의 유대주의 전반에 대해 밝혀졌다.

크라테스(Crates)
주전 365-285년에 살았던 그리스의 방랑하는 견유학파 철학자다. 그는 회심 후에 자원하여 가난하고 인도주의적인 행실의 삶을 영위했다.

크세노폰(Xenophon)
초기 그리스의 역사가(주전 428-354)로, 주로 아테네 또는 스파르타에서 살았다. 많은 작품을 지었으며 후에는 로마인들에게도 상당한 명성을 얻었다.

키벨레(Cybele)
브루기아의 위대한 어머니 여신이다. 이 여신을 숭배하는 제의는 주전 3세기 말엽 그리스에 알려졌다.

키케로(Cicero)
주전 1세기경 로마의 유명한 철학자, 정치가, 웅변가 및 문필가였다. 그의 견해는 플라톤주의자들과 스토아 철학자들의 요소들을 다 포함하고 있다.

투키디데스(Thucydides)
그리스의 유명한 역사가다. 주전 431-404년에 일어난 아테네와 스파르타 간 전쟁을 기술했는데, 이는 전쟁사의 시초라 볼 수 있다.

티불루스(Tibullus)
주전 1세기의 라틴 시인이다. 그의 생애는 거의 알려져 있지 않으나, 일부 남아 있는 비가(悲歌)의 우수성 때문에 주로 기억된다.

티아나의 아폴로니우스(Apollonius of Tyana)
바울과 동시대인으로 갑바도기아의 순회 교사이자 기적을 행하는 자였다. 그의 사실적이며 전설적인 공적이 주후 3세기 초 필로스트라투스(Philostratus)의 책, 『생명』(*Life*)에서 찬양되었다.

포시도니우스(Posidonius)
스토아 철학이 부흥하던 주전 1세기 건축가 중 한 사람이다. 그는 플라톤주의의 요소를 고취시킴으로써 스토아 철학을 더 활기 있게 했으며 특별히 선험적인 것을 강조했다.

플라톤주의(Platonism)
플라톤(Plato)으로부터 유래한 철학적 전통으로, 주전 1세기에 부흥이 있었지만, 주후 2세기에 이르러서는 최초에 가졌던 폭넓은 영향력은 갖지 못했다.

플루타르크(Plutarch)
주후 50년에 태어나 120년에 죽은 절충주의 철학자이며 저술가로서 이시스 숭배 종교의 신학적 해석가였다. 그는 영웅적인 그리스인과 로마인의 전기 작가이기도 하다.

필로스트라투스(Philostratus)
주후 3세기 초엽에 셉티미우스 세베루스(Septimius Severus) 황제와 그의 부인 율리아 돔나(Julia Domna)의 후원을 받은 철학자 집단의 한 사람이다. 티아나의 아폴로니우스를 비롯한 다양한 철학자의 생애에 대한 글을 썼다.

필론(Philo)
알렉산드리아 출신의 유대인(주전 30-주후 45)이다. 여러 철학 서적에서 그는 유대주의에 대한 아주 정교한 호교론을 발전시켰는데, 그의 책은 대부분 성경을 풍유적으로 푼 주석의 형태를 취하고 있다.

헬레나(Helena)
구전에 따르면 초기 기독교를 영지주의로 변질시키고 기적을 사용하여 포교한 시몬 마구스(Simon Magus)의 파트너다.

히파르키아(Hipparchia)
초기 견유학파 철학자인 크라테스(Crates)의 개종자로서 후에 그와 결혼하여 그의 여행길의 동반자가 된다.

선별된 참고 문헌

논제를 주제별로 관련지어 인접한 장들끼리 다루었기 때문에, 나는 참고 문헌도 그에 따라 배열했다. 이 목록은 본질적으로 선별적이며, 여기에 수록된 주요 작품들에서 더 광범위한 자료 목록을 찾을 수 있다. 중요한 용어들에 대한 훌륭한 논의를 싣고 있는 여러 사전, 즉 *Theological Dictionary of the New Testament, New Interpreters' Bible Dictionary, Anchor Bible Dictionary, Dictionary of Paul and His Letters* 등과 같은 표준적인 사전과 백과사전들은 생략했다. 주석들도 생략했다. 그러나 주요 구절들은 주석을 참조해야 한다. 또한 핵심 용어에 대한 깊이 있는 연구를 위해 신약성경 헬라어의 문학적 사용이나 파피루스 및 비문의 용례를 알기 원하면, 그에 해당하는 표준적인 사전들을 보아야 한다. 이 책의 주요 독자층을 고려하여, 여기서는 영어로 저술되었거나 번역된 자료들만 포함시켰다.

물론 이 주제에 대한 많은 기초 서적이 번역되지 않은 상태이며, 특히 독일어 서적들이 그렇다. 이 부분을 조사해 보기 원하는 사람은 다음 목록에 나오는 문헌들의 각주에서 충분한 참고 자료를 발견할 수 있을 것이다. 폭넓은 참고 문헌을 싣고 있는 *Reallexikon für Antike und Christentum*에 나오는 다양한 논문도 필수적으로 읽어 볼 자료다.

서론

Banks, R. "From Fellowship to Organisation: A Study in the Early History of the Concept of the Church." *Reformed Theological Review* 3, no. 30 (1971): 79–89.

Stowers, S. "The Concept of 'Community' and the History of Early Christianity." *Method and Study in Religion* 23 (2011): 238–256.

1, 2장

Ascough, R. S. *What Are They Saying about the Formation of the Pauline Churches?* New York: Paulist Press, 1998.

Barclay, J. M. G. *Pauline Churches and Diaspora Jews.* Tübingen: Mohr Siebeck, 2011.

Benko, S., and J. J. O'Rourke, eds. *Early Church History: The Roman Empire as the Setting of Primitive Christianity.* London: Oliphants, 1971.

Bowden, H. *Mystery Cults in the Ancient World.* Princeton: Princeton University Press, 2010.

Branick, V. *The House Church in the Writings of Paul.* Wilmington, DE: Michael Glazier, 1989. 『초대교회는 가정교회였다』(기독교연합신문사).

Burkert, W. *Ancient Mystery Cults.* Cambridge, MA: Harvard University Press, 1987.

Cumont, F. *Oriental Religions in Roman Paganism.* New York: Dover, 1956.

Drane, J. *Paul, Libertine or Legalist? A Study in the Theology of the Major Pauline Epistles.* London: SPCK, 1975.

Furnish, V. P. *Theology and Ethics in Paul.* Nashville: Abingdon, 1968. 『바울의 신학과 윤리』(대한기독교서회).

Gager, J. G. *Kingdom and Community: The Social World of Early Christianity.* Englewood Cliffs, NJ: Prentice Hall, 1975. 『초기 기독교 형성 과정 연구』(대한기독교서회).

Gruen, E. S. "Synagogues and Voluntary Associations as Institutional Models." *Journal of the Jesus Movement in its Jewish Setting* 3 (2016): 125–131.

Halliday, W. *The Pagan Background to Early Christianity.* New York: Cooper Square, 1925.

Horrell, D. G. *After the First Urban Christians: The Social-Scientific Study of Pauline Christianity Twenty-Five Years Later.* London: Bloomsbury T&T Clark, 2009.

Judge, E. A. *The Social Pattern of Christian Groups in the First Century.* London: Tyndale, 1960.

Longenecker, R. N. *Paul: Apostle of Liberty.* 2nd ed. New York: Harper & Row, 2015.

Martin, D. B. *Slavery as Salvation: The Metaphor of Slavery in Pauline Christianity.*

New Haven: Yale University Press, 1990.
McMullen, R. *Roman Social Relations: 50 BC to AD 284*. New Haven: Yale University Press, 1974.
Meeks, W. A. *The First Urban Christians: The Social World of the Apostle Paul*. 2nd ed. New Haven: Yale University Press, 2004.
Moore, G. F. *Judaism in the First Three Centuries of the Christian Era*. 2 vols. New York: Schocken, 1971.
Morris, L. L. *The Apostolic Preaching of the Cross*. Grand Rapids: Eerdmans, 1955.
Neyrey, J. H., ed. *The Social World of Luke-Acts: Models for Interpretation*. Peabody, MA: Hendrickson, 1991.
Nock, A. D. *Conversion: The Old and New in Religion from Alexander the Great to Augustine of Hippo*. Lanham, MD: University Press of America, 1988.
Sampley, J. P. *Pauline Partnership in Christ: Christian Community and Commitment in the Light of Roman Law*. Philadelphia: Fortress, 1980.
Sandmel, S. *The First Christian Century in Judaism and Christianity: Certainties and Uncertainties*. New York: Oxford University Press, 1969.
Schnabel, E. J. *Paul the Missionary: Realities, Strategies, and Methods*. Downers Grove, IL: InterVarsity, 2008.
Tod, M. N. "Clubs and Societies in the Greek World." In *Sidelights on Greek History*, 71–96. London: Oxford University Press, 1932.

3, 4장

Adams, E. *The Earliest Christian Meeting Places: Almost Exclusively Houses?* Rev. ed. London: T&T Clark, 2016.
Balch, D. L., and C. Osiek, eds. "Domus and Insulae in Rome: Families and Households." In *Early Christian Families in Context: An Interdisciplinary Dialogue*, 3–18. Grand Rapids: Eerdmans, 2003.
Baldry, H. C. *The Unity of Mankind in Greek Thought*. New York: Cambridge University Press, 1965.
Barton, S. C., and G. E. Horsley. "A Hellenistic Cult Group and the New Testament Churches." *Jahrbuch für Antike und Christentum* 24 (1981): 7–41.
Blue, B. "Acts and the House Church." In *The Book of Acts in its First Century Setting*, edited by D. W. J. Gill and C. Gempf, 119–278. Grand Rapids: Eerdmans, 1994.
Branick, V. *The House Church in the Writings of Paul*. Wilmington, DE: Michael Glazier, 1989.
Campbell, J. Y. "The Origin and Meaning of the Christian Use of the Word

Ἐκκλησια.'" In *Three New Testament Studies*, 41-54. Leiden: Brill, 1965.

Cato, S. K. *Reconstructing the First Century Synagogue: A Critical Analysis of Current Research*. London: T&T Clark, 2012.

Cerfaux, L. *The Church and the Theology of St. Paul*. London: Herder & Herder, 1959.

Downey, G. *A History of Antioch in Syria*. Princeton: Princeton University Press, 1961.

Elliot, J. H. "Philemon and House Churches." *Bible Today* 22 (1984): 145-150.

Filson, F. V. "The Significance of the Early House Churches." *Journal of Biblical Literature* 58 (1939): 105-112.

Gartner, B. *Temple and Community in Qumran and the New Testament*. New York: Cambridge University Press, 1965.

Goguel, M. *The Primitive Church*. London: Allen & Unwin, 1964.

Green, E. S. "Synagogues and Voluntary Associations as Institutional Models: A Response to Richard Ascough and Ralph Korner." *Journal of the Jesus Movement in Its Jewish Setting* 3 (2016): 125-131.

Harland, P. Associations, *Synagogues and Congregations: Claiming a Place in Ancient Mediterranean Society*. Minneapolis: Fortress, 2003.

Horrell, D. G. "Domestic Space and Christian Meetings at Corinth: Imagining New Contexts and the Buildings East of the Theatre." *New Testament Studies* 50 (2004): 349-369.

Jewett, R. "Tenement Churches and Communal Meals in the Early Church: The Implications of a Form-Critical Analysis of 2 Thessalonians 3:10." *Biblical Research* 38 (1993): 23-43.

Judge, E. A. "Contemporary Political Models for the Interrelations of New Testament Churches." *Reformed Theological Review* 22 (1963): 65-76.

Judge, E. A., and G. S. R. Thomas. "The Origin of the Church at Rome: A New Solution?" *Reformed Theological Review* 25 (1966): 81-94.

La Piana, G. "Foreign Groups in Rome during the First Century of the Empire." *Harvard Theological Review* 20 (1927): 183-354.

Malherbe, A. J. "House Churches and Their Problems." In *Social Aspects of Early Christianity*, 2nd ed., 60-91. Philadelphia: Fortress, 1983.

Murphy-O'Connor, J. *St. Paul's Corinth: Texts and Archeology*. Wilmington, DE: Michael Glazier, 1983. 『바울이야기』(두란노).

Oakes, P. *Reading Romans in Pompeii: Paul's Letter at Ground Level*. Minneapolis: Fortress, 2009.

Panikulam, G. *Koinonia: A Dynamic Exposition of Christian Life*. Rome: Biblical Institute Press, 1979.

Peterson, J. M. "House-Churches in Rome." *Vigiliae Christianae* 23 (1969): 264-272.
Schüssler, Fiorenza E. *In Memory of Her: A Feminist Theological Reconstruction of Christian Origins*. New York: Crossroads, 1987. 『크리스찬 기원의 여성신학적 재건』(종로서적).
Strom, M. *Reframing Paul: Conversations in Grace and Community*. Downers Grove, IL: InterVarsity, 2000.
Trebilco, P. "Why Did the Early Christians Call Themselves 'ἡ ἐκκλησία?'" *New Testament Studies* 57 (2011): 440-460.
Verner, D. C. *The Household of God: The Social World of the Pastoral Epistles*. Chico, CA: Scholars Press, 1983.

5, 6장

Barth, M. "A Chapter on the Church: The Body of Christ." *Interpretation* 12 (1958): 131-156.
Best, E. *One Body in Christ*. London: SPCK, 1955.
Bonhoeffer, D. *Sanctorum Communio*. London: Collins, 1963. 『신도의 공동 생활』(대한기독교서회).
Bornkamm, G. "The More Excellent Way." In *Early Christian Experience*, 180-193. London: SCM, 1969.
Campbell, J. Y. "KOINONIA and Its Cognates in the New Testament." In *Three New Testament Studies*, 1-28. Leiden: Brill, 1965.
Cerfaux, L. *The Church in the Theology of St. Paul*. New York: Herder & Herder, 1959.
Doohan, H. *Paul's Vision of Church*. Wilmington, DE: Michael Glazier, 1989.
Furnish, V. P. *The Love-Command in the New Testament*. Nashville: Abingdon, 1972.
Gundry, R. H. *Sōma in Biblical Theology: With Emphasis on Pauline Anthropology*. London: Cambridge University Press, 1976.
Hellerman, J. H. *The Ancient Church as Family*. Minneapolis: Fortress, 2001.
Kruse, C. *New Testament Models for Ministry: Jesus and Paul*. Nashville: Thomas Nelson, 1989.
Lincoln, A. T. *Paradise Now and Not Yet*. New York: Cambridge University Press, 1981.
McDermott, M. "The Biblical Doctrine of Koinōnia." *Biblische Zeitschrift* 19 (1975): 64-77.
Minear, P. S. *Images of the Church in the New Testament*. Philadelphia: Westminster, 1960.
Moxnes, H., ed. *Constructing Early Christian Families: Family as Social Reality and Metaphor*. London: Routledge, 1997.

Neyrey, J. H. *Paul in Other Words: A Cultural Reading of His Letters*. Louisville: Westminster, 1990.

O'Brien, P. "The Church as a Heavenly and Eschatological Entity." In *The Church in the Bible and the World*, edited by D. A. Carson. Exeter: Paternoster, 1987.

Osiek, C., and D. Balch. *Families in the New Testament World*. Louisville: Westminster John Knox, 1997.

Robinson, J. A. T. *The Body*. London: SCM, 1952.

Sampley, J. P. *And the Two Shall Become One Flesh*. New York: Cambridge University Press, 1971.

Schweizer, E. *The Church as the Body of Christ*. Richmond: John Knox, 1964.

Thompson, J. W. *The Church according to Paul: Rediscovering the Community Conformed to Christ*. Grand Rapids: Baker Academic, 2014.

Williams, D. J. *Paul's Metaphors: Their Context and Character*. Peabody, MA: Hendrickson, 1998.

7, 8장

Ascough, R. "Of Memories and Meals: Greco-Roman Associations and the Early Jesus-Group at Thessalonikē." In *From Roman to Early Christian Thessalonikē*, edited by L. Nasrallah, C. Bakirtzis, and S. J. Friesen. Cambridge, MA: Harvard University Press, 2010.

Barrett, C. K. *Church, Ministry, and Sacraments in the New Testament*. Exeter: Paternoster, 1985.

Bonner, S. F. *Education in Ancient Rome: From the Elder Cato to the Younger Pliny*. Berkeley: University of California Press, 1977.

Bornkamm, G. "Faith and Reason in Paul." In *Early Christian Experience*, 29–46. New York: Harper & Row, 1969.

Brookins, T. A. *Corinthian Wisdom, Stoic Philosophy, and the Ancient Economy*. Cambridge: Cambridge University Press, 2014.

Cullmann, O., and F. Leenhardt. *Essays on the Lord's Supper*. London: Lutterworth, 1958.

Dutch, R. *The Educated Elite in 1 Corinthians: Education and Community Conflict in Graeco-Roman Context*. Edinburgh: T&T Clark, 2005.

Ferguson, E. "Laying On of Hands: Its Significance in Ordination." *Journal of Theological Studies* 26 (1975): 1–12.

_____. "Selection and Institution to Office in Roman, Greek, Jewish and Christian Antiquity." *Theologische Zeitschrift* 30 (1974): 273–284.

Jeremias, J. *The Eucharistic Words of Jesus*. Philadelphia: Fortress, 1977.
Jewett, R. "Tenement Churches and Pauline Love Feasts." *Quarterly Review* 14 (Spring 1994): 43-58.
Johnson, L. T. *Sharing Possessions: Mandate and Symbol of Faith*. Philadelphia: Fortress, 1991.
Kemmler, D. *Faith and Human Reason: A Study of Paul's Preaching as Illustrated by 1-2 Thessalonians and Acts 17:2-4*. Leiden: Brill, 1975.
Kennedy, H. A. A. *St. Paul and the Mystery Religions*. London: Hodder & Stoughton, 1913.
Koenig, J. *New Testament Hospitality: Partnership with Strangers as Promise and Mission*. Philadelphia: Fortress, 1985. 『환대의 신학』(한국장로교출판사).
Laverdiere, E. *The Eucharist in the New Testament and the Early Church*. Collegeville, MN: Liturgical Press, 1998.
Malherbe, M. J. *Paul and the Popular Philosophers*. Minneapolis: Fortress, 2006.
Moule, C. F. D. *Worship in the New Testament*. London: Lutterworth, 1961.
Murphy-O'Connor, J. "Eucharist and Community in First Corinthians." Pts. 1 and 2. *Worship* 50 (1976): 370-385; 51 (1977): 56-69.
_____. *Paul on Preaching*. New York: Sheed & Ward, 1964.
Nock, A. D. *Early Gentile Christianity and Its Hellenistic Background*. New York: Harper & Row, 1964.
Robinson, D. W. B. "Towards a Definition of Baptism." *Reformed Theological Review* 24 (1975): 1-15.
Roller, M. B. *Dining Posture in Ancient Rome: Bodies, Values, Status*. Princeton: Princeton University Press, 2006.
Smith, C. S. *Pauline Communities as "Scholastic Communities": A Study of the Vocabulary of "Teaching" in 1 Corinthians and 2 Timothy and Titus*. Tübingen: Mohr Siebeck, 2012.
Smith, D. E. *From Symposium to Eucharist: The Banquet in the Early Christian World*. Minneapolis: Fortress, 2009.
Stendahl, K., ed. *The Scrolls and the New Testament*. London: SCM, 1953.
Streett, R. A. *Subversive Meals: An Analysis of the Lord's Supper under Roman Domination during the First Century*. Eugene, OR: Pickwick, 2013.
Wagner, G. *Pauline Baptism and the Pagan Mysteries*. Edinburgh: Oliver & Boyd, 1967.
White, D. L. *Teacher of the Nations: Ancient Educational Traditions and Paul's Argument in 1 Corinthians 1-4*. Berlin: de Gruyter, 2017.

9, 10장

Best, E. "Ministry in Ephesians." In *Essays on Ephesians*, 157–178. Edinburgh: T&T Clark, 1990.

Bornkamm, G. "On the Understanding of Worship." In *Early Christian Experience*, 161–179. New York: Harper & Row, 1969.

Bourke, M. M. "Reflections on Church Order in the New Testament." *Catholic Biblical Quarterly* 30 (1969): 493–511.

Campenhausen, H. von. *Ecclesiastical Authority and Spiritual Power in the Church of the First Three Centuries*. London: A & C Black, 1969.

_____. "The Problem of Order in Early Christianity and the Ancient Church." In *Tradition and Life in the Church*, 123–140. London: Collins, 1968.

Carson, D. A. *Showing the Spirit: A Theological Exposition of 1 Corinthians 12–14*. Sydney: Anzea, 1988.

Cullmann, O. *Early Christian Worship*. London: SCM, 1953. 『원시 기독교 예배』(대한기독교서회).

Delling, G. *Worship in the New Testament*. Philadelphia: Westminster, 1962.

Dunn, J. D. G. *Jesus and the Spirit*. Philadelphia: Westminster, 1975.

_____. "The Responsible Congregation." In *Charisma und Agape* (1 Kor. 12–14), edited by P. Benoit, 201–269. Rome: St. Paul, 1984.

Ellis, E. E. "Spiritual Gifts in the Pauline Community." In *Prophecy and Hermeneutic in Early Christianity*, 30–44. Grand Rapids: Eerdmans, 1984.

Gupta, N. *Worship That Makes Sense to Paul*. Berlin: de Gruyter, 2010.

Hahn, F. *Worship in the New Testament*. Philadelphia: Fortress, 1973. 『원시기독교 예배사』(대한기독교서회).

Hiu, E. *Regulations concerning Tongues and Prophecy in 1 Corinthians 14.26–40: Relevance Beyond the Corinthian Church*. Edinburgh: T&T Clark, 2010.

Hui, A. "The Spirit of Prophecy and Pauline Pneumatology." *Tyndale Bulletin* 50, no. 1 (1999): 93–115.

Käsemann, E. "The Cry for Liberty in the Worship of the Church." In *Perspectives on Paul*, 122–137. Philadelphia: Fortress, 1971.

_____. "Worship in Everyday Life: A Note on Romans 12." In *New Testament Questions of Today*, 188–195. Philadelphia: Fortress, 1969.

Koenig, J. *Charismata: God's Gifts for God's People*. Philadelphia: Westminster, 1978.

Kruse, C. *New Testament Models of Ministry: Jesus and Paul*. Nashville: Thomas Nelson, 1983.

Last, R. *The Pauline Church and the Corinthian Ekklēsia: Greco-Roman Associations in Comparative Context.* Cambridge: Cambridge University Press, 2015.

Lindsay, T. M. *The Church and the Ministry in the Early Centuries.* London: Hodder & Stoughton, 1902.

Oesterley, W. O. E. *The Jewish Background of the Christian Liturgy.* Gloucester: Peter Smith, 1964.

Peterson, D. "The Biblical Concept of Edification." In *Church, Worship and the Local Congregation*, edited by B. Webb, 45–58. Sydney: Lancer, 1987.

Schweizer, E. *Church Order in the New Testament.* Naperville, IL: Allenson, 1961.

_____. "The Service of Worship: An Exposition of 1 Corinthians." *Neotestamentica* 14 (1964): 333–343.

Strom, M. "Paul and Religion." In *Reframing Paul: Conversations in Grace and Community.* Downers Grove, IL: InterVarsity, 2000.

Winter, B. W. *After Paul Left Corinth: The Influence of Secular Ethics and Social Change.* Grand Rapids: Eerdmans, 2001.

11, 12장

Atkins, R. A., Jr. *Egalitarian Community: Ethnography and Exegesis.* Tuscaloosa: University of Alabama Press, 1991.

Balsdon, J. P. V. D. *Roman Women: Their History and Habits.* Westport, CT: Greenwood, 1962.

Barclay, J. M. G. *Pauline Churches and Diaspora Jews.* Tübingen: Mohr Siebeck, 2011.

Bartchy, S. S. *First Century Slavery and the Interpretation of 1 Corinthians 7.21.* Missoula, MT: Society of Biblical Literature, 1973.

_____. "Power, Submission and Sexual Identity among the Early Christians." In *Essays on New Testament Christianity*, edited by C. R. Wetzei, 50–80. Cincinnati: Standard, 1978.

Caird, G. B. "Paul and Women's Liberty." Manson Memorial Lecture, University of Manchester, 1971.

Dix, G. *Jew and Greek: A Study in the Primitive Church.* New York: Harper, 1953.

Ellis, E. E. "Paul and the Eschatological Woman." In *Pauline Theology: Ministry and Society*, 53–86. Grand Rapids: Eerdmans, 1989.

Harnack, A. *The Mission and Expansion of Christianity.* Vol. 2. New York: Putnam, 1905.

Hayter, M. *The New Eve in Christ.* Grand Rapids: Eerdmans, 1987.

Heyob, S. *The Cult of Isis among Women in the Graeco-Roman World.* Leiden: Brill, 1975.

Holmberg, B. "Jewish 'versus' Christian Identity in the Early Church." *Revue Biblique* 105, no. 3 (1998): 397–425.

Hooker, M. D. "Authority on Her Head: 1 Cor. 11:10." *New Testament Studies* 10 (1963–64): 410–416.

Jeremias, J. *Jerusalem in the Time of Jesus*. Philadelphia: Fortress, 1969. 『예수 시대의 예루살렘』(한국신학연구소).

Keener, C. S. *Paul, Women, and Wives: Marriage and Women's Ministry in the Letters of Paul*. Peabody, MA: Hendrickson, 1992. 『바울과 여성: 바울 서신의 결혼관과 여성 목회』(CLC).

Lieu, J. M. *Neither Jew nor Greek? Constructing Early Christianity*. London: T&T Clark, 2002.

Loewe, R. *The Social Position of Women in Judaism*. London: SPCK, 1966.

MacMullen, R. *Roman Social Relations, 50 BC to AD 284*. New Haven: Yale University Press, 1974.

Malherbe, A. J. *Social Aspects of Early Christianity*. 2nd ed. Philadelphia: Fortress, 1983. 『초기 그리스도교의 사회적 이해』(대한기독교서회).

Payne, P. B. *Man and Woman, One in Christ: An Exegetical and Theological Study of Paul's Letters*. Grand Rapids: Zondervan, 2009.

Pomeroy, S. B. *Goddesses, Whores, Wives, Slaves: Women in Classical Antiquity*. New York: Schocken, 1976.

Schüssler, Fiorenza E. *In Memory of Her: A Feminist Theological Reconstruction of Early Christian Origins*. New York: Crossroad, 1987.

Still, T. D., and D. G. Horrell. *After the First Urban Christians: The Social-Scientific Study of Pauline Christianity Twenty-Five Years Later*. Edinburgh: T&T Clark, 2009.

Walker, W. O., Jr. "1 Corinthians 11.2–16 and Paul's Views regarding Women." *Journal of Biblical Literature* 94 (1975): 94–110.

Westfall, C. *Paul and Gender: Reclaiming the Apostle's Vision for Men and Women in Christ*. Grand Rapids: Baker Academic, 2016.

Winter, B. W. *Roman Wives, Roman Women*. Grand Rapids: Eerdmans, 2002.

Witherington, B., III. *Women in the Earliest Churches*. New York: Cambridge University Press, 1988.

13, 14장

Barrett, C. K. *Church, Ministry, and Sacraments in the New Testament*. Exeter: Paternoster, 1985.

Branick, V. *The House Church in the Writings of Paul*. Wilmington, DE: Michael Glazier, 1989.

Campenhausen, H. von. *Ecclesiastical Authority and Spiritual Power in the Church of the First Three Centuries*. London: A & C Black, 1969.

Chow, J. K. *Patronage and Power: A Study of Social Networks in Corinth*. Sheffield: Sheffield Academic Press, 1992.

Collins, J. N. *Diakonia: Re-interpreting the Ancient Sources*. Oxford: Blackwell, 1990.

Doohan, H. *Leadership in Paul*. Wilmington, DE: Michael Glazier, 1984.

Dunn, J. D. G. *Jesus and the Spirit*. Philadelphia: Westminster, 1975.

Forkman, G. *The Limits of Religious Community*. Lund, Sweden: Gleerup, 1972.

Giles, K. *Patterns of Ministry among the First Christians*. San Francisco: Harper & Row, 1991.

Goguel, M. *The Primitive Church*. London: Allen & Unwin, 1964.

Goppelt, L. *Apostolic and Post-apostolic Times*. New York: Harper & Row, 1970. 『사도시대』(크리스챤다이제스트).

Hall, D. R. "Pauline Church Discipline." *Tyndale Bulletin* 22 (1969): 3–26.

Holmberg, B. *Paul and Power: The Structure of Authority in the Primitive Church as Reflected in the Pauline Epistles*. Lund, Sweden: Gleerup, 1978.

Käsemann, E. "Ministry and Community in the New Testament." In *Essays on New Testament Themes*, 63–94. London: SCM, 1964.

Kruse, C. *New Testament Models for Ministry: Jesus and Paul*. Nashville: Thomas Nelson, 1983.

Last, R. *The Pauline Church and the Corinthian Ekklēsia: Greco-Roman Associations in Comparative Context*. Cambridge: Cambridge University Press, 2015.

Martin, D. B. *Slavery as Salvation: The Metaphor of Slavery in Pauline Christianity*. New Haven: Yale University Press, 1990.

Powell, D. "Ordo Presbyterii." *Journal of Theological Studies* 26 (1975): 290–328.

Sabourin, L. *Priesthood: A Comparative Study*. Leiden: Brill, 1973.

Schweizer, E. *Church Order in the New Testament*. Naperville, IL: Allenson, 1961.

Stanley, D. M. "Authority in the Church: A New Testament Reality." *Catholic Biblical Quarterly* 29 (1967): 555–573.

Warkentin, A. *Ordination: A Biblical Historical View*. Grand Rapids: Eerdmans, 1982.

15, 16장

Allen, R. *Missionary Methods: St. Paul's or Ours?* Grand Rapids: Eerdmans, 1962.

Beardslee, W. *Human Achievement and Divine Vocation in the Message of Paul*.

London: SCM, 1961.
Bowersock, G. W. *Greek Sophists in the Roman Empire*. Oxford: Clarendon, 1969.
Bruce, F. F. *The Pauline Circle*. Grand Rapids: Eerdmans, 1985. 『바울 곁의 사람들』(기독지혜사).
Burtchaell, J. T. *From Synagogue to Church: Public Services and Offices in the Earliest Christian Communities*. Cambridge: Cambridge University Press, 1992.
Collins, J. N. *Diakonia: Re-interpreting the Ancient Sources*. Oxford: Blackwell, 1990.
Deissmann, A. *Paul: A Study in Social and Religious History*. New York: Harper, 1957.
Ellis, E. E. "Paul and His Co-Workers." *New Testament Studies* 17 (1971): 437–452.
Gehring, R. W. *House Church and Mission: The Importance of Household Structures in Earliest Christianity*. Peabody, MA: Hendrikson, 2004.
Green, M. *Evangelism in the Early Church*. London: Hodder & Stoughton, 1970.
Hanson, A. T. *The Pioneer Ministry*. London: SCM, 1961.
Harnack, A. *The Mission and Expansion of Christianity in the First Three Centuries*. Vol. 1. New York: Putnam, 1905.
Harvey, A. E. "Elders." *Journal of Theological Studies* 25 (1974): 315–332.
Holmberg, B. *Paul and Power: The Structure of Authority in the Primitive Church as Reflected in the Pauline Epistles*. Philadelphia: Fortress, 1980.
Jewett, R. J. *Christian Tolerance: Paul's Message to the Modern Church*. Philadelphia: Westminster, 1982.
Judge, E. A. "The Early Christians as a Scholastic Community II." *Journal of Religious History* 2 (1961): 125–137.
Keller, M. N. *Priscilla and Aquila: Paul's Co-workers in Christ Jesus*. Wilmington, DE: Michael Glazier, 2010.
MacDonald, M. Y. *The Pauline Churches: A Socio-Historical Study of Institutionalization in the Pauline and Deutero-Pauline Writings*. New York: Cambridge University Press, 1988.
Malina, B. J. *Timothy: Paul's Closest Associate*. Wilmington, DE: Michael Glazier, 2008.
Nickle, K. F. *The Collection*. Naperville, IL: Allenson, 1966.
Redlich, E. B. *St. Paul and His Contemporaries*. London: Hodder & Stoughton, 1913.
Robinson, D. W. B. "The Doctrine of the Church and Its Implications for Evangelism." *Interchange* 15 (1974): 156–162.
Schüssler, Fiorenza E. "Women in the Pre-Pauline and Pauline Churches." *Union Seminary Quarterly Review* 33 (1978): 153–166.
Stenstrup, K. *Titus: Honoring the Gospel of God*. Wilmington, DE: Michael Glazier,

2010.

Witherington, B., III. *Women in the Earliest Churches*. New York: Cambridge University Press, 1988.

17, 18장

Barrett, C. K. *The Signs of an Apostle*. London: Epworth, 1970.
Best, E. *Paul and His Converts*. Edinburgh: T&T Clark, 1988.
Bruce, F. F. "Paul and Jerusalem." *Tyndale Bulletin* 19 (1968): 3-25.
Doohan, H. *Leadership in Paul*. Wilmington, DE: Michael Glazier, 1984.
Dunn, J. D. G. *Jesus and the Spirit*. Philadelphia: Westminster, 1975.
Giles, K. *Patterns of Ministry among the First Christians*. San Francisco: Harper & Row, 1991.
Goodrich, J. K. *Paul as an Administrator of God in 1 Corinthians*. Cambridge: Cambridge University Press, 2012.
Grassi, J. *The Secret of Paul the Apostle*. New York: Orbis Books, 1980.
Hanges, J. C. *Paul, Founder of Churches: A Study in Light of the Evidence for the Role of "Founder-Figures" in the Hellenistic-Roman Period*. Tübingen: Mohr Siebeck, 2017.
Hay, D. "Paul's Indifference to Authority." *Journal of Biblical Literature* 88 (1969): 36-44.
Holmbert, B. *Paul and Power: The Structure of Authority in the Primitive Church as Reflected in the Pauline Epistles*. Lund, Sweden: Gleerup, 1978.
Judge, E. A. "St. Paul and Classical Society." *Jahrbuch für Antike und Christentum* 15 (1972): 19-36.
Kirk, A. "Apostleship since Rengstorf." *New Testament Studies* 21 (1975): 249-264.
Kruse, C. *New Testament Models for Ministry: Jesus and Paul*. Nashville: Thomas Nelson, 1985.
Malherbe, A. *Paul and the Thessalonians: The Philosophic Tradition of Pastoral Care*. Philadelphia: Fortress, 1987.
Munck, J. *Paul and the Salvation of Mankind*. Atlanta: John Knox, 1977.
Munro, W. *Authority in Peter and Paul*. New York: Cambridge University Press, 1983.
Schmithals, W. *The Office of Apostle in the Early Church*. New York: Abingdon, 1969.
Schnackenburg, R. "Apostles before and during St. Paul's Time." In *Apostolic History and the Gospel*, edited by W. W. Gasque and R. P. Martin, 287-303. Exeter: Paternoster, 1970.
Schütz, J. H. *Paul and the Anatomy of Apostolic Authority*. New York: Cambridge

University Press, 1975.

Still, T. D. "Organizational Structures and Relational Struggles among the Saints: The Establishment and Exercise of Authority in the Pauline Assemblies." In *After the First Urban Churches: The Social-Scientific Study of Pauline Christianity Twenty-Five Years Later*, 79–98. London: Bloomsbury T&T Clark, 2009.

Tinsley, E. J. *The Imitation of God in Christ*. London: SCM, 1960.

Young, F., and D. F. Ford. *Meaning and Truth in 2 Corinthians*. Grand Rapids: Eerdmans, 1987.

찾아보기

가리는 것, 여성과 190
가이사랴의 에우세비우스 297
가정 32, 66-75, 84-85, 89-101
가족의 은유 91-101. 또한 가정도 보라
감독 292
거룩, 성령과 207-209
견유학파 38, 99, 126-127, 279-281, 297
결혼, 성별과 190-192
계승, 권위와 278
계층, 사회적 175-180, 183-185, 236-237, 290-292
공동 식사 135-142
공동체적 나눔 143-146
교사, 목사와 223-224
교제 코이노니아를 보라
교회 59-87, 245-253, 288-289
구별, 종교적 199-213, 234-239
구성원, 공동체 91-94
구원, 자유와 43-57
권위/권세 190-194, 248-249, 257-281, 291-294
균형, 은사의 163-164
그리스-로마 세계
　구별 175-176, 204-207
　배경 32-34, 37-39
　와 여성 187-188, 239-242
그리스도
　와 가족 91-94
　와 교회 78-82
　와 몸 104-107, 109-110
　와 복음 274-278
　와 자유 47-50, 55-57
기능
　바울 선교의 247
　으로서의 지도력 215-229
기독교, 자발적 조합과 41-42

나눔, 자선의 143-146

다른 사람(이웃) 48-49, 51, 56-57
다른 사람에 대한 섬김 48-49, 51, 56-57
다양성 103-107, 111-112, 175-185, 234-239
덕을 세우는 일 148-149, 161-163, 192-193. 또한 지식도 보라
독립성, 자유와 57
동네에서의 예배 73
동등성/평등 175-185, 213
동료 사역자들, 바울의 231-239, 257-259

동성애 178
동역자들, 바울의 231-234
두기고 94-95, 235-236, 252-253
등급, 은사의 157-158, 163-164
디도 184, 236, 249, 252
디모데 94, 235-236, 252-253
디아코니아 204-207, 291
디오게네스 라에르티우스 254, 297
디오니소스 축제 38, 297
디온 크리소스토모스 298

루키아노스 298

말씀 전파 293
맥락, 은사 활용의 164-165
명령의 어조 293
명료함, 은사의 164-165
모금, 예루살렘 83, 255-256
모임 에클레시아를 보라
목사, 교사와 223-224
목회서신 287-295
몸 103-115, 131, 288
무소니우스 루푸스 37, 298
무의식적 삶 162-163
문화 그리스-로마 세계를 보라
미쉬나 239, 298
믿음 119-120

바리새파 298
  와 공동체 35, 50-51, 99, 141, 207-209
  와 직분 202, 206
방언 164-165
방언을 말함 153, 157, 163-165
배경, 바울의 29-42, 239-242
베일, 여성과 189-190
복음의 권위 274-278

복지를 위한 책임 162, 211-212
뵈뵈 220
분배, 은사의 156
분별, 은사의 165-166
브리스길라(브리스가) 66-67, 237-238
빈도, 모임의 70-71

사도들, 바울 무리가 아닌 259-262
사도의 은사 157
사랑 55, 95-98, 123-124, 166-167
사업장으로서의 가정 66-68, 73-74
사역, 은사와 150-160
사제 199-204
사회 그리스-로마 세계를 보라
상점(taberna) 66-68, 73-74
상호 의존성, 자유와 57
새로워짐, 은사로 인한 159
생애, 바울의 29-31, 39-41, 231-233
샬리아흐 258, 279
선교 148-149, 231-243, 245-256
선지자 157-158, 165, 224, 246
섬김/섬기는 것 48-51, 57, 204-207, 218-229
성도, 평신도로서의 207-209
성령 47-50, 55-57, 167-168, 207-209
성별 175-180, 187-197, 237-243, 291
성숙, 그리스도인의 117-118, 149, 216-217
성장에 대한 책임 212-213
성직권, 권위와 278-279
성직자 204-208, 224-225
성찬 공동 식사를 보라
성찬 제정의 말씀 137-138
세네카 37, 114, 298-299
세례 132-134
세상 110-111
소망, 지식과 124
소유를 나눔 143-146

소피스트 232, 254, 299
순교자 유스티누스 69, 299
순회 활동으로서의 선교 247, 253-255
스데바나 68, 194, 218-219, 222-223, 251
스토아학파 37-38, 52-53, 126-127, 299
시몬 마구스 299
식사, 공동 135-142
신비 종교
    와 공동체 53-55, 141
    와 다양성 178-179, 195-196
    와 종교 38-39, 203, 207
    와 지식 125-126
신체적 복지 162
실행, 은사의 163-167
심리사회적 안녕 162

아굴라 66
아도니스 39, 299
아리스토파네스 299
아버지(성부) 91-92
아티스 39, 299-300
아풀레이우스 300
안수 134-135, 224-225
알렉산더('선지자') 254, 300
에세네 35, 208-209, 300
에클레시아 59-87, 245-253, 288-289
에피쿠로스학파 29, 300
에픽테토스 37, 279, 300
엘레우시스 제전 38-39, 301
여성 175-180, 187-197, 237-243, 291
여행 순회 활동으로서의 선교를 보라
연대, 바울의 28
영지주의 107, 113-114, 125-126, 301
예루살렘을 위한 모금 83, 255-256
예배 147-148, 167-168, 192-194, 200
예언 157, 223-224

오네시모 236
오르페우스교 301
오리게네스 301
오이코노미아 가정을 보라
온 교회 68-69, 72, 160
옷차림, 성별과 189-190
요세푸스 61, 204, 301
유대주의
    와 공동체 61-62, 98-99, 141
    와 다양성 178-183, 195-196, 234-236, 239-241
    와 성령 127-129, 169, 207-209
    에서의 직분 34-37, 202-203, 206-207, 258, 278-279
    또한 인종도 보라
유카리스트 공동 식사를 보라
은사(카리스마타) 150-173, 223, 248, 289-290
    간헐적인 158-160
    개방적인 155-156
    와 사역 150-160
    의 사용 163-167
은사, 영적 150-160, 223-224, 248, 289-290
은유, 공동체 89-115, 288-289
은혜, 질서와 161-173
의례(ritual) 131-142
의의 교사 301
의존성, 자유와 57
이그나티우스 221-222, 301-302
이방인 181-183, 234-236
이시스
    와 세라피스 302
    신비 종교 39, 195-196
이해의 증진 162-164
인종 175-185, 234-236. 또한 유대주의도 보라
일꾼, 그리스도인을 가리키는 93
일로서의 선교 247-248, 251-252, 263

일요일의 예배　71
임무로서의 선교　247-248, 251-252, 258
임직　224-225
입맞춤　142-143

자발적 조합　39-42, 84, 171, 226
자유　43-57, 271-274
작업장으로서의 가정　66-68, 73-74
장로직　225-226
재정 후원자, 바울의　233
저작 순서, 바울 서신의　28
저작권, 바울의　27-28
전통, 복음과　276-278
절제, 은사 사용의　166
정규성, 은사의　158-159
정치, 문화와　32
제사장직　199-204
조직에 대한 책임　210
조직적 책임　210-213
조합, 자발적　자발적 조합을 보라
종　177-179, 204-207, 236-237
종, 그리스도인을 가리키는　93
종교 집단　자발적 조합을 보라
종교, 문화와　34-42
주의 만찬　공동 식사를 보라
지도력　213, 215-229, 290-292
지식　120-129. 또한 덕을 세우는 일도 보라
지역 교회　82-84
지위, 성별과　190-194
직위, 지도력과　215-229
직분, 종교적　204-207, 217-229, 292
질서　161-173, 289-290
집단, 종교적　자발적 조합을 보라
징계, 공동체　211-212

차별, 다양성과　175-185

책임, 조직적　210-213
철학　37-38, 52-53, 126-127, 279-280
첫날, 그 주간의(예배 모임)　70-71
청지기직　93, 263
체험, 권위와　279

커리큘럼, 권위와　279
코이노니아　33, 100-101, 172
콜레기아　자발적 조합을 보라
쿰란　302
　과 공동체　98, 128, 141, 209
　과 여성　195
　과 유대주의　35, 50-51
　과 직분　203, 206-207
크기, 모임의　71-72
크라테스　302
크세노폰　302
키벨레　302
키케로　302

통일성　103-107, 111-112, 175-185
투키디데스　303
특성, 바울 선교의　246-247
티불루스　303
티아나의 아폴로니우스　170, 239, 303, 304

평신도　199-210
포시도니우스　37, 303
플라톤주의　38, 303
플루타르크　303
필로스트라투스　303-304
필론　150, 240, 304

하나님　그리스도; 아버지(성부); 성령을 보라
하나됨　103-107, 111-112, 175-185
하늘의 실체로서의 교회　77-87

학파, 철학 자발적 조합을 보라
헬레나 304
헬레니즘 그리스-로마 세계를 보라
협회, 자발적 자발적 조합을 보라
형제(자매) 된 그리스도인 91-94
형제단, 유대 35

환경, 바울의 29-42, 239-242
회당 36-37, 61-63, 202-203
회심, 세례와 133
회합 59-87, 245-253, 288
후원자들, 재정적 233
히파르키아 304

성경 및 고대 문헌 찾아보기

구약성경

창세기
1:27 178
17:10 180n13
18:19 134n5
36:6 134n5
47:12 134n5
48:14 134
50:7 134n5

출애굽기
12:6 68
12:21-27 138
21:2 179n9

레위기
10:4 98n23
14:9 113
19:17 98n23

민수기
8:9 68

신명기
4:10 61n3
9:10 61n3
15:3 98n23
15:12 179n9

사무엘상
1:21 134n5
11:4-7 61

열왕기하
11:15 226n7

역대하
6:3 61n3
6:12 61n3
28:14 61

느헤미야
11:9 226n7

에스더
6:3 204n14

시편
26:5 61
51:17 202n5
66:2 50
67:19 155
68:18 155n16
77:15 50
89:26 50
106:32 61n3
111:9 50
119:45 50

잠언
3:12 99n28
11:17 113

아가
4:9 99n31

이사야
58:3 202n5
61:1 50

예레미야
16:7 138n14
31:33 98
31:33-34 50

다니엘
3:38-40 202n7

호세아
2:1 99n31

요엘
2:28-29 189n7

아모스
5:25 98

미가
6:6-8 202n5

신약성경
마태복음
4:23 36n2
5:22-24 98n23
9:18 206n20
9:35 36n2
10:6 98n23
14:6 241
17:24-27 255
20:20 241
23:6 206
23:15 254

마가복음
2:24 254n18
3:6 254n18

3:34-35 100
5:35 206n20
8:11 254n18
10:2 254n18
10:38-39 133
10:45 206
12:30-31 100

누가복음
1:39-40 240n21
2:36-38 241n23
4:15 36n2
4:16-17 206
4:39 241n23
5:17 254n18
7:3 225
7:5 179
7:45 143
8:1-3 241
8:19-21 240n21
8:41 206n20
8:43 240n21
8:49 206n20
10:38-42 241n23
11:27-28 241n23
12:50 133
13:14 206n20
13:31 254n18
15:2 254n18
16:14 254n18
17:20 254n18
22:12 71n17

요한복음
4:7 240n21
4:27 136, 240n21

11:20 241n23
12:2 241n23

사도행전
1:13 68, 71n17
2:17-18 189n7
2:29 98n23
2:36 98n23
2:38 134n8
2:42-46 136
2:46 64, 68
4:36 235
5장 212
6:1-6 224
6:6 135
6:9 36n5, 39
8:3 64
8:12 134n6
8:17-19 134n9
9:2 36n5, 39
9:17 135n10
9:17-18 134n9
9:20 39
9:29 39
9:30 40n12
10:22 179n7
10:28 179n7
10:44 134n8
10:48 66n11
11:14 66n11
11:25 40n12, 232n1
11:26 40n12
11:27-30 255n19
11:30 232n1
12:5 149
12:12 68

성경 및 고대 문헌 찾아보기

12:25　232n1
13-19장　36n6
13:1　189n6
13:1-2　248n5
13:1-3　135
13:2-4　231
13:3　135, 135n12, 224
13:5　40, 232n2
13:7　232n1
13:13　232
13:14　40, 232n2
13:15　206
13:26　98n23
13:43　36, 180n17, 265n15
14:1　40, 180n17, 232n2
14:15　206n20
14:23　135n11, 224, 225
14:26　135n12, 250n11, 250n12
15:1　250
15:22　235
15:32　189n6, 246
15:36-41　249
15:40　232, 235
16:1　180n17, 235
16:1-3　232
16:10　235
16:11-40　181n18
16:13-15　237
16:14　134n6, 183n23
16:14-15　242
16:15　66n11, 68, 77, 133n4, 232n3
16:16-18　209
16:31　134n6
16:33　66n11, 133n4, 134

16:33-34　133
16:40　68, 77, 237
17:1　40, 232n2
17:2　40
17:4　180n17, 183n23, 237, 265n15
17:4-7　232n3
17:10　40, 232n2
17:12　180n17, 183n23, 232n3, 237
17:17　40, 232n2
17:18　41
17:22-34　30
17:27-30　44n1
17:28　41, 45n6, 128
17:34　183n23, 237
18:1-2　235
18:1-3　237
18:2　180n17
18:2-3　184n24
18:3　67, 232n4, 242
18:4　40, 181n18, 232n2, 265n15
18:5-7　232n3
18:6-8　184n24
18:7　183n23
18:7-8　71n16
18:8　66n11, 133n4, 134, 134n6, 180n17, 206n20, 234
18:17　184n24, 206n20
18:18　237n13, 238n14
18:18-19　66n10
18:19　40, 232n2
18:22-23　250n11, 250n12
18:24-28　259

18:26　193, 237n13, 238, 242n28
19:4　134n6
19:5　133n4
19:6　134n9
19:8　40, 232n2, 265n15
19:9　40, 180n17
19:11　135n10
19:13-15　253
19:18　232n2
19:21-41　60
19:22　235n8
19:24-27　40
19:26　265n15
19:29　235
19:31　232n3
19:39　61
19:41　61
20장　70
20:4　235, 236n10
20:7　70
20:7-11　168n5
20:7-12　75, 149
20:8　68, 71n17, 136n13
20:9　72
20:9-11　75
20:10　135n10, 156n19
20:17　149, 225n5
20:27　120
20:28　225
20:33-35　232n4
20:34　156n19, 247
20:37　142n19
21:9　189
22:3　39
24:19　39

26:4 39
26:28 265n15
28:8 135n10
28:8-9 246
28:23 265n15
28:24 265n15

로마서
1-2장 215
1:1 93n10, 182
1:3-4 168n4
1:4 46
1:5 273n3
1:7 69, 208n27
1:8 250n8
1:9 49, 200
1:11 153, 170n13
1:11-12 260
1:11-13 106
1:12 268n24
1:15 280n18
1:18-19 46n7
1:19-20 128
1:19-21 45n6
1:21-23 46n7
1:24 45
1:25 200
1:26-27 178
1:29-32 178n6
1:32 45, 45n5
2:11 177n4
2:14-15 45n6, 128
2:16 276n14
2:17 44n3
2:17-21 128
2:23 44

3-5장 119n11
3:1-2 177
3:9-18 44n1
3:20 44n3
3:21-38 119n13
3:22-23 176
3:25 139n16
4:16-17 177
4:16-20 119n13
5:2 201n3
5:3-4 118n5
5:5 47, 97
5:9 139n16
5:12 46
5:15 291n12
5:15-17 151
6장 127
6:1-11 138n15
6:3 46n8
6:3-4 132n1, 133
6:7 47n10
6:13 45n5
6:15 274n7
6:16 45n5
6:17 44n2, 277n16
6:17-18 48
6:20 44n2
6:21 45n5
6:22 47n10
6:23 45n5, 47, 151
7:4-6 47n11
7:5 45n5
7:7-12 44
7:14 44n2
7:15-24 44n1
7:21-24 48

7:24-25 48n12
7:25 44n2
7:25-8:11 48
8:1-4 47n11
8:3 46, 268
8:5-7 118n9
8:9-14 264n13
8:10-11 47n10
8:15-18 49
8:16-17 92
8:18-21 118n4
8:18-23 49n13
8:21 47
8:23 201n3
8:26-27 163
8:38-39 47
9-15장 123
9:3 98n22
9:4 200
9:4-5 151n4, 177, 181n19
9:5 151n5
9:25-26 208n26
10:1-3 45
10:1-10 119n12
10:2-3 128
10:4 46
10:9-10 123
10:12 177
10:12-13 177n4
10:14 275-276
10:17 119
10:21 208n26
11:1-2 208
11:11-15 182n20
11:13 205n17
11:17 177, 181

11:17-24 90n4
11:25-27 182n20
11:28-29 181n19
11:29 151n4, 153n9
11:30-32 182n20
11:33-35 153n10
12장 107, 111, 220
12:1 200, 201n2, 264n14
12:1-2 147
12:2 121n19
12:3 151n6, 156n17, 157, 165, 265n16
12:3-13:4 148
12:4 106
12:4-6 160n21
12:5 107
12:6 107, 152n8, 156n18, 165, 189n6
12:6-8 154
12:8-9 166n2
12:9-10 95
12:13 101
12:20 249
13:1 45
13:1-7 142
13:6 200
13:8 97
13:10 97n21
13:11 124n25
13:12 118n8
13:14 118n3
14-15장 182, 215
14:1 216
14:1-15:7 216n1
14:5 121
14:17 183n22

14:19 89n2
14:20-23 182
15:1 183
15:1-2 96
15:4 124n24
15:5 112n1
15:5-6 96
15:7 59, 118n3, 183n22
15:7-13 138n15
15:8 206, 265n16
15:9 168n4
15:10 208n26
15:12 204n12
15:14 93n12, 212n36
15:14-15 120n17
15:15 264
15:15-16 260
15:16 200, 200n1
15:18 262, 273n3
15:19 156n19, 290n10
15:20 89n1, 250n9
15:24 255n19
15:25-26 208n28
15:25-27 83
15:26 101n36
15:26-27 260n8
15:27 101n35, 171n14, 200, 219
15:30 63, 97, 264n14
15:30-32 250n10
15:31 205n19
15:32 268n24
16:1 68, 83, 154n15, 184n24, 205, 220, 242n28, 245
16:1-2 94, 193

16:2 184n24, 208n27, 220, 232n3, 238
16:3 180n17, 237n13, 238, 238n14, 246n3
16:3-5 215
16:4 64, 65, 232n3, 238
16:5 67, 95n16, 201n3
16:6 238
16:7 154n13, 239, 246n2
16:8-9 95n16
16:9 246n3
16:10-11 74
16:12 95n16, 238
16:13 94
16:14-16 74
16:15 208n27
16:16 64, 65n9, 142n19
16:17 211n35, 264n14
16:17-18 224n4
16:17-19 273n3
16:17-20 112n2
16:19 122n23, 268n24
16:21 235, 246n3, 268n24
16:22 234
16:23 68, 94n13, 136n13, 184n24, 215, 232n3, 235n8
16:25 40n14
16:25-26 126n29
16:25-27 168n4
16:26 273n3
16:28 276n14

고린도전서

1:1 94n13, 156n19, 235, 245n1

1:2 65n9, 208n27	2:14-3:4 216n1	6:9-10 178n6
1:4 152n8, 250n8, 280n18	2:15 121n21	6:9-11 178
1:7 153	2:16 52	6:11 133n3
1:8 118n4	3:1-3 209	6:19 90
1:9 101n36	3:2 263n11	7장 215
1:10 112n1, 117n1, 121, 264n14	3:5 154n13	7:1 250n11
	3:5-9 260n6, 267n23	7:6 265n18
1:11 211n33, 234, 250	3:6-8 118n6	7:7 153n9
1:12 112	3:9 90n4, 246n3	7:8 265n16
1:12-13 68	3:10-14 89n1	7:10 265
1:14 180n17	3:13-15 247n4	7:10-11 138n15
1:14-16 184n24	3:16-17 90n3	7:12 265n16
1:16 68, 132	3:21-22 50n16	7:12-16 249
1:16-17 133	3:21-23 260n6, 271	7:14 134
1:17 132, 274n7, 274n8, 280n18	4:1 93	7:15 94n14
	4:1-2 93n9	7:17 64n7, 153n9
1:18 275	4:1-5 263	7:19 265n21
1:20 41	4:3 49n14	7:22 177
1:20-21 126	4:10-15 260n7	7:25 265n18, 275
1:20-24 269	4:14-15 94n15, 263n11	7:40 275
1:25 269	4:15 263	8:1 123
1:26 178, 184	4:16 264n14	8:6-15 40
1:26-29 178	4:17 64, 234n6, 248n6, 259n5	8:7-13 31, 40n12, 183
1:30 178		8:9 140
2:1 178	4:21 95n17, 272n1	8:11 93
2:3 269	5장 212	8:12 140
2:4 269, 275n11	5-6장 188	8:13 93
2:4-5 41	5:1-7 113	9:1 247n4, 280n19
2:6 204n13	5:3 267	9:3-6 232n4
2:6-10 153n10	5:3-5 212	9:4 262n10
2:8 204n13	5:4-5 149	9:5 94n14
2:10-11 47	5:6-7 90n5	9:11 171n14, 219
2:10-12 129	5:9 189n5	9:12 262n10
2:12 122, 274n6, 275	5:11 188n1, 211n34	9:14 219
2:12-16 264n13	6:1-6 31, 211	9:14-15 262
2:13 171n14	6:5 149, 215	9:15-18 219

성경 및 고대 문헌 찾아보기

9:16-23 263
9:17 93n9
9:18 262n10
9:19 49, 49n14, 56
9:19-23 274n8
9:21 49
9:22 30
9:22-23 56
9:24-27 118n7
10-11장 188
10:2 133n3
10:7 208n26
10:14 95n17
10:14-22 31, 40n13, 113
10:15 189n5
10:16 101n37
10:17 103, 140, 188n2
10:18 100n34
10:23-30 31, 183
10:23-31 113
10:32 64, 65n9
11장 189-191
11-14장 65
11:1 118n3, 277
11:2 277n16
11:3 191
11:5 189
11:7 191
11:8-9 190n8, 191
11:10 190, 191
11:11-12 190n8, 191
11:13 121n21
11:14 190, 191
11:14-15 31
11:15 190
11:16 64n7, 189, 191

11:17 188, 265
11:18 65, 112n2, 136
11:19 112
11:20 136
11:20-22 138
11:21 112, 188n4
11:22 65n9, 136
11:23 276n13, 277n16
11:23-25 139
11:23-26 138
11:23-27 137
11:24 139
11:25 139
11:27 140, 188
11:28 189
11:28-29 138
11:29 103, 140, 188n3
11:33 70n14, 104, 188, 188n1, 189n5
11:33-34 210n31
11:34 136, 188n3, 265n19
12장 218, 223
12-14장 188
12:1 170n13, 188n1
12:1-3 40n13
12:2 170
12:3 170, 177
12:4-7 152
12:4-11 106, 207
12:5 151n7, 205n19
12:6 151n6, 188
12:7 152, 156n17, 161, 188n4
12:7-11 153
12:9 167n3
12:10 170n12

12:11 152, 156n17, 188n4
12:12 106
12:12-27 160n21
12:12-30 104
12:13 104, 106, 132n1, 133, 177, 207
12:14-21 105
12:18 188n4
12:22-25 105
12:25 211n32
12:25-26 96
12:26 105, 188n2, 268n24
12:27 104, 106
12:28 151n6, 153, 159, 189n6, 218
12:29 158
12:29-30 156n18
12:30 159
12:31 124, 157
13장 166n2
13:1 40n13, 165
13:1-3 166
13:2 123, 154, 154n14
13:2-11 55
13:3 97, 144n21
13:4-8 96
13:8 123
13:9-12 124
13:10 152
13:13 123
14장 148, 154n14, 224
14:1 156, 170n13
14:1-5 189n6
14:2 163, 165
14:2-3 189
14:4 65n8, 148

14:5 65n8, 89n2, 158, 158n20, 188n2
14:6 120n17, 164, 188n1
14:9 164, 188n3
14:12 65n8, 89n2, 106, 149, 152, 161, 170n12
14:13 165
14:13-14 163
14:15 163
14:16 164, 188n3
14:18 188n2
14:18-19 165
14:19 65n8, 149
14:20 117n1, 122, 188n1, 192
14:20-25 189n6
14:21 189n5, 208n26
14:22 148
14:23 68, 70n14, 136, 164, 188, 188n2
14:24 188n2
14:24-25 149
14:26 89n2, 149, 162, 163n1, 165, 168n4, 188n1, 188n4
14:27 166, 188n3
14:27-28 165
14:27-33 160
14:28 65n8, 161, 166
14:29 121n21, 164, 165
14:30 168, 189n6
14:30-31 166
14:31 158n20, 188n2, 189n6, 212n36
14:32 166
14:33 65, 165, 167, 208n27
14:33-34 64n7
14:34 192, 193, 291
14:35 65, 192, 193
14:36 193
14:37 170n13, 265n21, 266
14:37-38 188n3, 266
14:39 164, 165, 188n1, 189n6
14:39-40 210n31
14:40 166, 168n6, 189n6
15장 149
15:1 138n15
15:1-3 274n8, 277n16
15:3 276n13
15:3-4 275n10
15:8-10 276
15:9 64n6
15:12-58 112
15:20 46n9
15:29 132n1
15:33 41
15:34 121
15:44 171n14
15:49-57 118n4
15:53-57 48n12
15:58 93n12, 223
16장 222
16:1 64, 208n28, 265n19
16:1-4 255n19
16:2 70, 144
16:2-3 210n31
16:3 234n7
16:10 247n4
16:10-11 252, 259n2
16:12 94n13, 245n1, 249, 260n6
16:14 97n19
16:15 68, 154n15, 180n17, 194, 201n3, 205n18, 206, 208n27, 222, 251, 292n13
16:15-17 184n24
16:15-18 218
16:16 189n5, 221n2, 223, 238, 246n3, 264n14
16:17-18 233n5, 250n11, 251n13
16:18 189n5, 223
16:19 65, 66, 66n10, 83, 215, 238
16:20 93n11, 142n19, 245n1
16:22 168n4, 211n35
16:24 95

고린도후서

1:1 65n9, 94, 208n27, 245n1
1:3 250n8
1:3-8 120n16
1:6-7 262
1:7 100n34
1:8-9 53n27
1:11 153n9, 250n10
1:12 261n9
1:13-14 117n1
1:14 263n12
1:22 134n7
1:23 272
1:23-2:8 55n36
1:24 267, 273
2장 212
2:1 272

2:3 272
2:3-4 53n27
2:9 273n4
2:12-13 53n27, 236n9
2:13 245n1
2:14 120n15
3:3 271
3:5-6 128
3:6 275n11
3:8 206
3:12 49n15
3:14-15 128
3:17 57, 271, 276n12
3:18 118, 118n3, 207
4:1 205n17
4:1-6 127
4:2 119
4:4 45
4:5 93n10, 262, 267
4:6 46n9, 126n29
4:7 276
4:7-12 120n16
4:10 280n20
4:10-11 98n22
4:11 262
4:11-18 49n13
5:3-5 53n27
5:11 119, 258, 265n15, 274n7
5:12 261
5:14 46n8
5:16 177n4
5:17 46n9, 159
5:18-19 275n10
5:20 264n14
5:21 46

5:21-6:1 268
6:1 264n14
6:3 205n17
6:4 261
6:7 118n8
6:11 49n15
6:11-12 53
6:14 101n37
6:16 90n3, 208
7:2 53
7:4 49n15
7:5 53n27
7:6 236n9
7:6-15 234n6
7:13 236n9
7:13-15 252
7:14 120n15
8-9장 255n19
8:1 65
8:2 49n15
8:2-3 144
8:4 101n37, 205n19, 208n28
8:6 236n9, 249n7
8:7 154
8:8 144, 144n21, 265n18
8:8-10 138n15
8:9 144, 251n13
8:11-13 83
8:14 144
8:15 144
8:16 236n9, 249n7
8:16-23 234n7
8:17 249n7, 252, 258, 259n4
8:18 154, 236n9, 245n1, 246, 248n6

8:19 64n7, 251
8:19-20 205n19
8:20 246
8:22 245n1, 259n2
8:23 100n34, 236n9, 245n1, 246n2, 246n3, 252
8:23-24 64n7
8:24 97n20, 259n2
9:1 205n19, 208n28
9:3 93n11
9:5 93n11, 144, 249n7
9:7 144
9:10 90n6, 118n6
9:11 53, 144n21
9:11-13 260n8
9:12 200, 208n28
9:12-13 205n19
9:13 49n15, 101n37, 144n21
9:15 144, 151
10:1 264n14
10:3-4 118n8
10:3-6 272, 272n1
10:5 121n22
10:6 273n4
10:8 89n1, 261n9, 262, 272n2
10:12 261
10:13-16 250n9, 260
10:15 260, 261
10:18 261
11:1 261n9
11:3 121n22, 291n12
11:8 64n7, 205n17
11:13 261
11:20-21 49n14

11:21 261
11:22 261
11:23 205n17
11:27 280n21
11:28 64n7
11:28-29 53n27
12:1 40, 156n19, 261
12:1-10 125
12:6 156n19
12:9 262
12:11 261
12:13 64n7
12:14 156n19, 263n11
12:17 262
12:18 156n19, 236n9, 249n7
12:19 89n1
13:1 211n33
13:2-11 55n36
13:4 269
13:9 250n8
13:10 89n1, 262, 272n2
13:11 264n14
13:12 280n19
13:13 59n1, 83, 101n36, 168n4, 208n27

갈라디아서

1:1 246, 280n17
1:2 64, 93n11
1:6-8 183n21
1:8 165, 275
1:9 113, 260n7, 265n16, 274
1:11 276n14
1:12 276n12
1:13 64n6
1:16 276n12

1:22 64
2-3 119n11
2:1-5 236n9
2:1-10 83
2:2 118n7, 156n19, 276n14
2:3-5 264n13
2:4-20 260
2:5 120n15
2:6 260
2:6-10 275
2:7 259
2:8-10 255n19
2:9 101n36, 260
2:11-16 183
2:11-21 274
2:18 89n1
2:19-20 47n11
3:1 274n7
3:1-5 123
3:5 119n14, 154
3:8 278
3:10 44n3
3:11 177n4
3:13 46
3:23-25 134n6
3:27 132n1, 133
3:28 177, 178, 180
3:29 177
4:1 92n8
4:1-7 49
4:3 45n4
4:4-5 91
4:6 91
4:8-10 183n21
4:8-11 47
4:11 238n15

4:12 268, 277
4:17 261
4:19 98n22, 118n3, 263n11
4:25-27 79, 80
5:1 48, 183n21, 271
5:2 183n21, 265n16
5:6 97, 123
5:9 90n5
5:13 271, 280n19
5:13-23 55
5:16 265n16
5:16-26 118n10
5:20 112
5:22 96, 166, 167n3
5:22-23 207
5:25 207
6:1 211, 216
6:2 49, 96, 211n32
6:4 247n4
6:6 101, 154, 219
6:10 92, 154
6:12-15 183n21
6:14-17 120n16
6:18 168n4

에베소서

1:1 208n27
1:3 81, 171n14
1:7 139n16
1:13 134n7
1:14 81
1:15 208n27
1:18 124n24, 208n27
1:21 108
1:22-23 81, 108
2:1-7 47n10

2:2   45, 45n5, 204n13
2:5-6   81
2:7   81
2:8   151
2:8-10   119n13
2:11   180n16
2:13   139n16
2:14-15   46n9
2:16   108
2:18   201n3, 207
2:18-19   92
2:19   80, 208n28, 268n24
2:19-22   90n6
2:20   89n1, 154n13, 154n14
2:21   268n24
2:21-22   90n3
2:22   268n24
3장   81
3:2   93n9
3:3-4   40n14
3:4-5   126n29
3:6   108, 268n24
3:7   151n6, 154n11, 157
3:7-10   120n15
3:9   40n14
3:9-10   126n29
3:10   81
3:12   201n3
3:13   98n22
3:17   90n4, 90n6
3:18   123, 208n27
3:18-19   123
3:20   265n17
3:21   81
4장   223
4:1   264n14

4:1-3   97n19
4:3   59n1, 112n1
4:4   108, 160n21
4:4-5   133
4:5   132n1, 134n6
4:7   151n7, 152n8, 156n17, 165
4:7-8   108
4:8   151n7, 168n4
4:8–10   81
4:11   151n7, 154, 156n18, 189n6, 221n2
4:11-16   117n1
4:12   89n1, 108, 161, 205n19
4:12-16   90n6, 160n21
4:13   92
4:14   108
4:15   166n2, 212n36
4:15-16   108-109
4:16   89n2, 118n6, 268n24
4:17   265n16
4:20   119
4:22-24   121n19
4:23-24   53n30
4:24   117n2
4:30   134n7
4:32-5:2   96
5장   81
5:1   117n2, 274n7
5:2   97, 200n1, 201n2
5:3   208n27
5:6   122n22
5:11   101n35
5:15   122n23
5:19   163n1, 168n4
5:21   277

5:21-6:9   55
5:22-6:4   75
5:23   82n1, 109
5:25   82n1
5:25-27   117n1
5:26   133n3
5:27   82n1
5:29   82n1
5:30   109
5:32   40n14, 82n1
6:1-3   138
6:5-6   250
6:6   93n10
6:10-17   118n8
6:10-20   118n9
6:12   204n13
6:18-20   250n10
6:21   94, 154n15, 205, 236n10, 245n1
6:21-22   234n6
6:22   248n6

빌립보서

1:1   78, 93n10, 154, 154n15, 205n18, 208n27, 221, 248n5
1:3   250n8
1:5   101n36
1:6   118n4
1:7   268n24
1:8   95
1:9   121n18
1:9-10   124
1:19-20   250n10
1:25   118n5
1:30   118n8

2:1 59n1, 101n36
2:1-2 112n1
2:1-4 96
2:2 268n24
2:4 211n32
2:5 118n3, 121n20
2:5-13 138n15
2:6-11 168n4
2:12 95, 95n17, 118n9, 273
2:15-16 53n30
2:16 118n7, 238n15
2:17 200, 201n2, 268n24
2:19 248n6
2:19-22 253
2:19-23 234n6
2:20 94
2:20-22 259n2
2:22 94, 245, 259n5
2:23 248n6
2:25 94, 154n13, 200,
    245n1, 246, 246n3,
    248n6, 250n11, 251,
    268n24
2:25-28 259n2
2:25-30 234
2:28 248n6
2:29-30 251n13
2:30 200, 247n4
3:1 93n12, 266
3:2 274n7
3:3 44n3, 200
3:6 64n6
3:10 101n36
3:12-14 118n7
3:12-21 118n4
3:13-14 216

3:15 121n20
3:15-16 217
3:16 165
3:17 268n24, 277
3:19-20 80
4:1 93n12, 263n12
4:2 249n7, 264n14
4:2-3 59, 215, 232n3
4:2-4 238
4:4 265n16
4:8 45n6, 121n22, 128
4:14-16 247, 250
4:15 77, 101n35
4:17 154n12
4:18 201n2, 221, 233,
    250n11
4:21 245n1
4:22 83, 208n27, 232n3

골로새서
1:1 94, 245n1
1:2 78, 93n11, 208n27
1:3 250n8
1:4 208n27
1:5 124n24
1:7 93n10, 119, 205n18
1:7-8 233n5
1:9 122n23
1:9-10 121n18
1:9-14 83
1:9-2:7 80
1:10 118n6
1:11 80
1:12 208n27
1:15 107, 118
1:16 80, 107

1:18 80, 108, 204n12, 206
1:19 107
1:19-20 118
1:20 107, 139n16
1:21-22 117n1
1:22 80
1:23 124n26
1:24 80, 98n22, 120n16
1:24-25 108
1:25 93n9
1:26 208n27
1:26-27 40n14, 275n9
1:27 126n29
1:28 80
1:29 118n7, 238n15
2:1 118n7
2:2 124
2:2-4 122, 126n29
2:4 125, 265n16
2:5 168n6, 267
2:7 89n2, 90n4, 90n6
2:8 45n4, 97n19, 125,
    274n7
2:8-23 30
2:11-12 132n1, 134
2:12 134n6
2:15 46
2:16-19 112n2
2:16-23 47n11, 52
2:16-3:4 119n12
2:18 40, 125, 200
2:19 90n6, 108, 118n6
3장 215
3:1 80
3:1-4 118n4
3:2 121n20

3:3   46n8, 80
3:4   80
3:8-4:5   55
3:10   46n9, 53n30, 117n2,
       121n18
3:11   177
3:12   194, 208n27
3:12-14   96, 112n1
3:14   97n19
3:15   108
3:15-21   75
3:16   163n1, 168n4, 171n14,
       194, 212n36
3:20   138
4:3-4   83
4:4   95n16
4:5   122n23
4:5-6   250
4:7   93n10, 95n16, 154n15,
      205, 236n10, 246, 251,
      259n2
4:7-8   253
4:7-9   234n6, 245n1
4:8-9   236n11, 248n6
4:9   94, 95n16, 177n5
4:10   180n17, 235, 265n22
4:10-11   236
4:11   180n17, 246n3, 268n24
4:12   93n10, 117n1, 154n15,
       233n5, 251
4:12-13   259n2
4:13   251n13
4:14   234
4:15   67, 78, 93n11, 194, 215
4:16   83
4:17   154n15, 205n18, 222

4:18   250n10

데살로니가전서
1:1   63, 91n7
1:2   250n8
1:3   91n7, 97
1:4-7   120n16
1:5   275n9, 275n11, 276n15
1:6   276
1:9-10   275n9
1:10   91
2:7   94n15, 156n19, 263n11
2:8   49, 120
2:11   263n11, 264n14
2:13   273
2:14   64, 276n15
2:14-15   277
2:19   263n12
2:19-20   118n4
3:1-8   253n14
3:2   94, 245n1, 248n6
3:6   234n6
3:11   91n7
3:12   95
3:13   91n7, 118n4
4:1   264n14, 265n17
4:2   265n20
4:8   264n13, 264, 274n6
4:9-10   264
4:10   264n14
4:11   265n20
4:13   124n25, 264, 274n7
4:15-17   79
4:16   79
5장   218, 222
5:8   118n8

5:11   211n32
5:12   217, 221n2, 265n17
5:12-13   222, 248n5
5:12-14   164
5:14   154, 222, 264n14
5:19-20   154n14, 189n6
5:21   121n21, 165
5:23   118n4
5:25   250n10
5:26   142n19
5:26-27   63

데살로니가후서
1:1   63
1:1-2   91n7
1:3   250n8
1:4   64
2:1   265n17
2:2   124n26
2:5   120n17, 124n26
2:13   201n3
2:14   276n15
2:15   156n19, 165, 278
2:16   91n7
3:1   250n8
3:4-12   265n20
3:6   278
3:6-9   232n4
3:9   262n10
3:12   264n14
3:14   211n34, 274n5

디모데전서
1:2   294n21
1:3   293n16, 293n19,
      294n23

1:3-4 293n18
1:5 290n7, 293n16
1:10 294n23
1:12-17 294n20
1:14 290n7
1:18 189n1, 290n9, 293n16, 294n21
1:20 294
2:2 142
2:3-7 294n20
2:7 294n25, 295
2:12 291
2:14-15 291
2:15 290n7
3:1 292
3:1-7 291n11
3:4 134n5
3:5 66, 288, 289n4
3:7 292
3:8-13 291
3:10 289n5, 292
3:11 289n5
3:12 66n12, 134n5
3:13 292
3:14-16 294n20
4:1 290n8
4:6 288, 294n23
4:9-10 294n20
4:11 293n16, 294n23
4:12 290n7, 293
4:13 289n2, 289n3, 294n23, 294n24
4:14 289, 289n1, 290n9, 292n14
4:16 293, 294n23
5:1 289n3, 293n17

5:1-2 288, 293n15, 294n22
5:2 94n15
5:7 293n16
5:14 66n12
5:16 288
5:17 292, 294n23
5:19 291
5:19-20 293n18
5:20 293n17
5:20-22 293n19
5:22 135n11, 292n14
5:25 289n6
6:1 294n23
6:2 288
6:3 294n23
6:11 290n7
6:11-16 294n20
6:13 293n16
6:17 293n16

디모데후서
1:2 294n21
1:5 194
1:6 289, 292n14
1:7 290n7
1:8-12 294n20
1:11 294n25
1:11-12 294n26
1:14 290n8
2:1 294n21
2:2 289, 289n2, 292, 294n23
2:8-9 294n26
2:8-13 294n20
2:22 290n7
2:24-25 293

3:10 290n7, 294n23
3:10-12 294n26
3:14 294n23
3:16 294n24
4:2 293, 293n15, 293n17, 294n22
4:2-3 294n23
4:3 293n18

디도서
1:4 294n21
1:5 293
1:5-12 291n11
1:9 289n2, 294n23
1:9-11 289
1:9-16 293n18
1:12 289n1, 290n9
1:13 293n17
1:15 50n16
2:1 289n2, 294n23
2:2 289n3, 290n7
2:3-4 291
2:9-10 250
2:10 294n23
2:11-14 294n20
2:15 289n3, 293n17
3:3-8 294n20
3:5 290n8
3:9-11 293n18
3:10 293n19

빌레몬서
1절 245n1, 246n3, 251
2절 67, 78, 94, 245, 246
6절 101n36
7절 94, 232n3

8절 265n18
8-9절 266
10절 94, 236n11, 245
12절 248n6
13절 236
16절 93n12, 177
17절 100n34
20절 245n1
21절 236, 274

야고보서
2:2 62

베드로전서
3:21-22 132n2

요한계시록
2:9 36n5
3:9 36n5

구약 외경
Ecclesiasticus (Sirach)
3:1 99n28
7:23-29 99n28
7:33 150n1
9:9 240n19
26:5 61
38:30 150n1
42:11-12 240n17

Judith
16:16 202n6

1 Maccabees
1:51 226n7
11:58 114n14

2 Maccabees
3:19 240n17
8:11 113n3
15:14 95n18

Wisdom of Solomon
9:15 113n3

위경
Apocalypse of Moses
33장 202n6

2 Baruch
77:13-16 223n3

1 Enoch
45:3 202n7

Jubilees
2:22 202n6

Letter of Aristeas
170장 202n7
234장 202n7

3 Maccabees
1:18-19 240n17

Sibylline Oracles
2:54 150n2

Testament of Levi
3장 202n6

사해 두루마리
CD
3.5-21 51n20
3.19 98n25
7.6-9 195n11
9.16-20 207n23
10-11 51n22
10.4-6 203n9
13.7-13 207n22
13.9 99n27
14.3-6 203n9
14.9-10 207n23
14.12-16 207n24
14.16 195n11
16.10 195n11

1QH^a
18.19-20 128n30
18.25-31 128n30

1QM
11.9-10 51n21

1QS
1.9 98n25, 98n26
1.21 203n9
2.11 203n9
2.19-23 203n9
2.24 98n26
3.13 98n25
3.17 169n8
3.20 98n25
3.22 98n25
3.25 98n25
4.4-5 98n26
4.5-6 98n25

4.6 128n30	*On the Contemplative Life*	요세푸스의 저술
4.18 169n8	69 195n9	*Jewish Antiquities*
4.22 98n25	70 205n15	2.65 205n15
5-7 51n22		4.273 179n9
5.2 203n9	*On Dreams*	4.309 62n4
5.6 98n25	2.127 171n15	7.66 114n8
5.21-24 203n9	2.186 226n7	11.163 205n15
5.25 98n26		11.166 205n15
6.2 209n30	*On the Embassy to Gaius*	12.254 226n7
6.2-5 203n9	156 36n4, 171n15	13.46-49 169n9
6.6-13 209n30	311 36n4	14.22-24 169n10
6.8 203n9		14.260-61 195n9
6.13-14 207n22	*Against Flaccus*	15.373-79 169n9
6.19 145n25	11 240n17	15.380-425 36n1
6.19-20 207n24	45 36n4	16.3 179n9
6.20-21 141n17	89 240n17	17.345-48 169n9
6.25-27 209n29		18.73 141n18, 202n4
7.2-3 203n9	*On the Life of Joseph*	19.300 36n3, 171n15
8.1-4 203n9	6.28-31 176n1	19.305 36n6, 86n3, 171n15
8.4-7 85		20.205 179n8
8.5 98n25	*On the Life of Moses*	20.207 179n8
8.9 98n25	2.215 36n4	
9.3-4 202n7	2.215-16 171n15	*Jewish War*
9.6 98n25		1.654 62n4
9.6-7 203n9	*On the Special Laws*	1.666 62n4
9.12-16 209n29	2.44 60n2	2.119-21 195n11
9.14-15 51n23	2.79 98n23	2.122 98n25
11.2-22 51n23	3.169 240n20	2.160-61 195n11
11.3 85	3.171 195n9	2.285 36n3
11.3-6 128n30		2.289 36n3
11.6-9 85	*That Every Good Person Is Free*	2.301 171n15
	81 36n6, 86n3	7.44 40n12
필론의 저술	138 60n2	
Allegorical Interpretation		*The Life*
3.78 150n3		268 62n4

랍비 문헌

미쉬나(Mishnah)

Arakhin
8.4 179n10

Avot
1.1 51n19
1.1-2 171n15
1.2 99n30
1.5 240n19
2.2 232n4
2.7 50n18
3.15-16 50n18
3.21 232n4

Bava Metzi'a
1.3 258n1
1.4 258n1
1.5 179n10
2.2 258n1
2.11 99n29

Berakhot
3.3 179n11
5.5 169n10, 206n21, 258n1
6.1 138n14
7.1 138n14

Demai
2.2-3 209n29

Eduyyot
1.4 99n29
1.12 240n21

Gittin
3.6 258n1
4.1 258n1

Hagigah
2.5-6 209n29

Ketubbot
1.10 240n21
7.6 240n18
9.4 241n22

Ma'aser Sheni
4.4 179n10

Makkot
2.3 99n29

Megillah
3-4 171n15
4.3 195n10, 203n8
4.6 203n8

Pe'ah
1.1 50n18

Pesahim
8.2 179n10
10.5-6 50n17

Qiddushin
2.1 258n1

Rosh Hashanah
1.7 179n8
4.9 206n21

Shabbat
7.1 51n19

Sotah
5.5 99n30
7.7-8 171n15, 206n20
9.5 169n10
9.15 169n7

Sukkah
2.1 179n11
2.8 179n11

Ta'anit
3.8 169n10

Tamid
5.1 206n21

Yevamot
15.2 240n21

Yoma
1.15 258n1
7.1 171n15, 206n20

페시크타(Pesiqta)

Pesiqta of Rab Kahana
1b 113n4

토세프타(Tosefta)

Berakhot
7 180n14
16 180n14
18 180n14

고전 작가

디오게네스 라에르티우스
(Diogenes Laertius)
Vitae philosophorum
6.63   85n2
6.72   85n2, 180n15
6.96   242n31

디온 크리소스토모스
(Dio Chrysostom)
Orationes
3.100   99n33
3.123   232n4
4.73   99n32
4.77-78   99n32
8-9   254n17
14.18   176n2
15.29-30   176n2
17.19   114n8

루키아노스(Lucian)
Alexander the False Prophet
in toto   253n16
6   254n17

The Passing of Peregrinus
11   63n5

리비우스(Livy)
Ab urbe condita
2.32   114n8
3.44   242n29

마르쿠스 아우렐리우스
(Marcus Aurelius)
Meditations
6.44   176n1

무소니우스 루푸스
(Musonius Rufus)
Fragment
III-IV   176n3

살루스티우스(Sallust)
Bellum catalinae
23.3   242n26
24.3   242n30
25.5   242n30
28.2   242n26

세네카(Seneca)
Ad Helviam
17.2-5   242n27

De beneficiis
2.35   145n22

De clementia
1.4.3-5.1   114n7
2.2.1   114n7

De ira
2.31.7-8   114n5

De Otio
4.31   176n1

Fragment
123   204n11

아리스토파네스
(Aristophanes)
Ranae (Frogs)
1346-1351   241n25

아풀레이우스(Apuleius)
Metamorphoses
7.9   143n20
11   171n16
11.6   196n12
11.10   203n10
11.12   54n31, 203n10
11.15   54n31
11.16-17   203n10
11.17   179n12
11.22   203n10
11.22-24   126n28
11.23   54n33, 125n27,
   179n12
11.24   54n35
11.24-25   141n18
11.25   54n31
11.26   99n32
11.27   54n34
11.27-28   179n12
11.6   54n31

에픽테토스(Epictetus)
Diatribai
1.12.26-35   53n29
1.13.4   99n33
2.1.27   176n2
2.10.3   114n6
3.22   259n3
3.22.23   280n17
3.22.24   280n18

3.22.48   280n19
3.22.77   99n33
3.22.94   280n21
3.22.96   280n19
3.22.97   225n6
3.24.113 280n20
3.26   52n26
3.39   52n26
3.41   259n3
4.1.1-5   176n2
4.1.52   52n24
4.1.63   52n24
4.1.89   176n2
4.1.97   53n28
4.22   239n16
4.45-47   239n16

Enchiridion
1   53n28
12   52n26
15   52n25
16   52n26
20   52n26

오비디우스(Ovid)
Ars amatoria
3.634-42   242n29

크세노폰(Xenophon)
Anabasis
7.2.25   98n24

Oeconomicus
8.10   241n24

클레안테스(Cleanthes)
Fragment
537   99n33

키케로(Cicero)
De officiis
1.15   145n22
1.48   145n22
1.150   232n4
2.5.54   145n24

타키투스(Tacitus)
Annales
1.3-14   242n30

투키디데스(Thucydides)
*History of the
    Peloponnesian War*
1.139   60n2
1.187   60n2
6.8   60n2
8.69   60n2

티불루스(Tibullus)
Elegy
1.23-32   54n34

프로클로스(Proclus)
Digest
21.1.17.4   236

플라톤(Plato)
Gorgias
491e   205n16

Minos
239a   98n24

플루타르크(Plutarch)
Conjugalia praecepta
19   242n27
32   242n27
48   242n27

*De Alexandri magni
    fortuna aut virtute*
1   176n1

Isis and Osiris
in toto   38n8
2   171n16
4   203n10
6-8   54n34
35   54n35
68   54n35, 126n28
77-78   54n35, 125n27
78-79   54n32

Pompeius
55.1   242n29

Solon
19.1   225n6

플리니우스(Pliny)
Epistulae
1.8   145n23
1.15   145n23
4.19.1-5   242n29
9.30   145n24
10.96-97   71n15

필로스트라투스(Philostratus)
Vita Apollonii
in toto 253n15
1.18 239n16, 254n17
4.25 254n17
4.37-38 254n17
8.19 254n17
8.21 254n17
8.24 254n17
8.26 170n11
42.31 254n17

교부 문헌
순교자 유스티누스
(Justin Martyr)
First Apology
26 242n31
67 69n13

에우세비우스(Eusebius)
Historia ecclesiastica
10.1 63n5

Praeparatio evangelica
2.2.22 38n9

오리게네스(Origen)
Contra Celsum
3.2 63n5
3.3 63n5

옮긴이 장동수는 서강대학교와 침례신학대학원(M.Div.)을 졸업하고, 뉴올리언스 침례신학대학원에서 신약성서학(Ph.D.)을 공부했다. 부산에서 7년간 가정 교회 사역을 하였으며, 25년간 한국침례신학대학원 신약학 교수로 재직하다가 현재는 은퇴하여 경남 하동에 살고 있다. 저서로는 『신약성서 사본과 정경: 헬라어에서 한글까지』, 『영문 밖으로 예수께 나아가자: 히브리서 해석과 설교』, 『바울서신과 히브리서』(이상 침례신학대학교 출판부), 『신약성서 헬라어 문법: 어형론과 문장론』(요단), 『요한서신: 설교를 위한 요한서신 원문 연구』(한국성서학연구소), 『그리스도의 신부와 군대: 에베소서 강해』(이화) 등이 있다. 역서로는 『교회, 또 하나의 가족』(IVP), 『밀림 속의 십자가』(두란노), 『신약 그리스어 본문 주석』(대한성서공회 성경원문연구소) 등이 있다.

바울의 공동체 사상

초판 발행_ 2007년 5월 10일
개정3판 발행_ 2023년 2월 28일

지은이_ 로버트 뱅크스
옮긴이_ 장동수
펴낸이_ 정모세

펴낸곳_ 한국기독학생회출판부
등록번호_ 제313-2001-198호(1978.6.1)
주소_ 04031 서울시 마포구 동교로 156-10
대표 전화_ (02)337-2257 팩스_ (02)337-2258
영업 전화_ (02)338-2282 팩스_ 080-915-1515
홈페이지_ http://www.ivp.co.kr 이메일_ ivp@ivp.co.kr
ISBN 978-89-328-1991-4

ⓒ 한국기독학생회출판부 2007, 2023

책값은 뒤표지에 있습니다.
무단 전재와 복제를 금합니다.